墨香财经学术文库

U0820666

成本管理会计业财融合研究

Research on the Integration of Cost Management Accounting and Business Activities

党晓峰 著

东北财经大学出版社
Dongbei University of Finance & Economics Press
大连

图书在版编目（CIP）数据

成本管理会计业财融合研究 / 党晓峰著．—大连：东北财经大学出版社，2024.11．—（墨香财经学术文库）．—ISBN 978-7-5654-5442-4

Ⅰ．F234.2

中国国家版本馆CIP数据核字第2024WE6496号

东北财经大学出版社出版发行

大连市黑石礁尖山街217号　邮政编码　116025

网　址：http://www.dufep.cn

读者信箱：dufep@dufe.edu.cn

大连永盛印业有限公司印刷

幅面尺寸：170mm×240mm　字数：244千字　印张：16.75　插页：1

2024年11月第1版　2024年11月第1次印刷

责任编辑：高　铭　孔利利　责任校对：那　欣

封面设计：原　皓　版式设计：原　皓

定价：85.00元

教学支持　售后服务　联系电话：（0411）84710309

如有印装质量问题，请联系营销部：（0411）84710711

前言

成本管理会计从业者必须具有较强的“业财融合”工作能力。成本管理会计活动，主要是针对企业生产特点，为企业各项经营管理活动设计出具体的工作流程、工作内容、质量指标等，从而把企业的各种经营目标具体化、规范化、可操作化。要很好地完成这一常规的成本管理会计活动，就要求成本管理会计从业者必须具有较强的“业财融合”工作能力，而“业财融合”的工作能力，必须通过努力学习并熟稔企业生产工艺特点和生产组织特点获得。

成本管理会计从业者亦应具有一定水平的“业财融合”应用研究能力。由于现代科技发展及成果转化越来越迅速，生产工艺技术、生产组织技术日新月异并能够很快形成生产力。企业在经营管理过程中，随时会遇到新问题。若所有问题都从外部请专家解决，将增加企业的经济负担和时间成本。所以，企业要求成本管理会计从业者具有一定水平的“业财融合”应用研究能力，能够及时、精准捕捉在企业生产经营过程中遇到的新问题，并找到行之有效的解决措施。

拙作旨在提高读者的上述两种能力，适合成本管理会计“业财融合”教研工作者和实务工作者参考。全书共3篇15章。第1篇为传统成本会计业财融合研究，包括制造费用核算、辅助生产费用核算等方面业财融合的思路及案例研究。第2篇为管理会计业财融合研究，包括作业成本法、本量利分析、费用预算、生产决策方面业财融合的思路及案例研究。第3篇为业财融合软件设计，包括简易成本管理会计应用软件的设计思路及案例研究。

未来成本管理会计业财融合活动与工程技术的联系将越来越紧密。这一趋势要求成本管理会计实务界和理论界不断学习相关的工程技术新知识。成本管理会计从业者和研究者应勇敢面对这一挑战，不断将业财融合的水平推向新高度，让科学的光芒照亮成本管理会计业财融合的世界。

本书是岭南师范学院教改课题“以业财融合为导向的‘管理会计学’课程教学改革研究”的主要结题成果之一。在此衷心感谢课题组全体成员付出的心血和智慧，衷心感谢为本课题提出建设性意见的领导和同事们!

党晓峰

2024年8月

目录

第1篇　传统成本会计业财融合研究

1　业财融合概述 / 2

1.1　业财融合发展简述 / 2

1.2　业财融合对成本管理会计人员素质及能力的要求 / 3

1.3　成本管理会计业财融合的工作步骤 / 4

1.4　业财融合型成本管理会计人才培养方式探索 / 5

2　生产组织费用会计处理方法改革研究 / 7

2.1　生产组织费用简介 / 7

2.2　现行生产组织费用会计处理方法及其弊端剖析 / 8

2.3　生产组织费用会计处理方法改进设计 / 9

2.4　案例研究 / 12

2.5　本章小结 / 17

3 辅助生产部门消耗自产产品的核算及控制效果分析 / 18
3.1 辅助生产部门消耗自产产品的概念 / 18
3.2 辅助生产部门消耗自产产品核算及控制效果分析工作的现状与不利影响 / 19
3.3 辅助生产部门消耗自产产品核算、控制效果分析体系设计 / 21
3.4 案例研究 / 24
3.5 本章小结 / 28

4 机电修配企业回收整机拆解后可用零配件入库成本确定方法设计 / 30
4.1 可用零配件入库成本确定方法的研究意义 / 30
4.2 回收整机拆解后可用零配件入库成本确定方法设计 / 31
4.3 案例研究 / 34
4.4 本章小结 / 38

5 石材生产企业车间内部航吊费用的基本核算方法设计 / 39
5.1 石材制造企业生产车间航吊设备系统的重要性 / 40
5.2 航吊费用的基本核算方法设计 / 41
5.3 案例研究 / 46
5.4 本章小结 / 53

6 产储一体化下车间内部非直接费用计算分配方法的改进 / 54
6.1 石粉制造企业车间内部区划特点及成本核算存在的问题 / 55
6.2 石粉制造企业车间内部非直接费用计算方法改进设计 / 56
6.3 案例研究 / 57
6.4 本章小结 / 63

7 小型工业企业初始账务处理体系设计 / 65
7.1 处理此类会计业务的意义和难点 / 65
7.2 初始账务处理体系设计的原则 / 67

7.3 初始账务处理体系设计及账务处理的步骤 / 67
7.4 案例研究 / 68
7.5 本章小结 / 73

第2篇 管理会计业财融合研究

8 ABC体系设计 / 76
8.1 ABC体系设计的原则 / 76
8.2 ABC体系设计的程序 / 79
8.3 ABC体系设计 / 81
8.4 会计信息载体系统设计 / 97

9 工业企业作业成本法业财融合 / 120
9.1 制药企业作业成本法应用 / 120
9.2 五金制造企业作业成本法应用案例研究 / 130
9.3 纺织企业作业成本法应用案例研究 / 140
9.4 合成晶体制造企业作业成本法应用案例研究 / 146
9.5 制鞋企业作业成本法应用案例研究 / 160

10 服务业作业成本法业财融合 / 173
10.1 住宿业客房成本作业成本法应用研究 / 173
10.2 超市作业成本法应用案例研究 / 185

11 本量利分析业财融合 / 195
11.1 畜类养殖业本量利应用改进研究 / 195
11.2 小型物流运输企业盈亏平衡分析与决策 / 203

12 费用预算业财融合 / 212
12.1 高速公路隧道通风电费预算 / 212

12.2 高速公路隧道设备维护费用预算研究 / 217
12.3 本章结语 / 222

13 生产决策分析业财融合 / 223
13.1 生产决策的内容 / 223
13.2 多因素约束下中小企业短期代工活动设备租赁方案评估方法设计研究 / 224
13.3 本章小结 / 236

第3篇 业财融合软件设计

14 小微工业企业作业成本法应用软件设计 / 238
14.1 小微工业企业作业成本法Excel应用软件设计的基本思路 / 238
14.2 案例研究 / 240
14.3 本章小结 / 247

15 代数分配法软件设计 / 248
15.1 设计代数分配法简易Excel软件的意义 / 248
15.2 代数分配法简易Excel软件的设计思路及步骤 / 250
15.3 代数分配法Excel软件基本设计 / 251
15.4 本章小结 / 256

主要参考文献 / 257

索引 / 259

后记 / 260

第1篇　传统成本会计业财融合研究

本篇所指的传统成本会计业财融合，是相对于管理会计业财融合而言的，特指制造成本法下的成本会计业财融合。

目前，企业成本管理的主要工作仍是以传统的制造成本会计为主。成本管理人员认真做好传统成本会计业财融合工作，无疑对企业成本管理日常工作有重要意义。本篇共分7章：第1章概述了业财融合的发展情况，探讨了业财融合对成本管理会计人员的素质及能力要求、业财融合工作的步骤、业财融合型成本管理会计人才的培养方式等问题；第2章至第7章，对生产组织费用、辅助生产费用、内部物流运输费用（航吊）、车间内部非直接费用等费用的核算进行了较为深入的研究，并采用真实的案例进行业财融合过程示范，希望对制造成本法下的业财融合工作有所启发。

成本管理人员在工作中往往会遇到一些例外问题。为了提高传统成本会计工作者应对非常规问题的处理能力，本篇也以机电修配企业回收整机拆解零配件入库成本、新办工业企业会计账务处理体系设计研究为例，探索了例外问题下的传统成本会计的业财融合问题。

1 业财融合概述

1.1 业财融合发展简述

关于“业财融合”的发展，国内会计学者姜慧同志和申利锋同志作了比较系统的归纳总结，并分别在其著作《业财融合管理新模式研究——以蒙牛集团为例》《业财融合视角下G企业财务管理优化策略研究》中做了简要介绍：

姜慧、申利锋同志认为，美国学者H.W.Quaintance1922年在《管理会计：财务管理入门》中提出“业财融合”概念。此后，“业财融合”的相关理论也逐渐随着管理会计的发展而发展。20世纪90年代，Michael Hammer提出了业务流程再造理论，该理论为业务财务一体化奠定了基础。1999年George Valiri认为需要信息技术为业务财务一体化发挥支撑作用，并强化企业对竞争环境的预测分析，从而促进业务财务绩效考核标准化。我国企业在20世纪80年代开始接受并重视管理会计。随着中国经济的快速发展，“业财融合”的理念及其对会计工作的重要意义也逐渐被认可。2014年财政部制定的《关于全面推进管理会计体系建设的指导意见》指出："推进面向管理会计的信息系统建设。指导单位建立面向管理会计的信息系统，以信息化手段为支撑，实现会计与业务活动的有机融合，推动管理会计功能的有效发挥。"2021年11月，财政部印发《会计改革与发展"十四五"规划纲要》，提出努力实现会计职能对内对外"两个拓展"，研究信息化新技术应用于成本管理会计实践。

目前国内企业亟需"业财融合"型成本管理会计人才以提高成本管理工作质量，对高校成本管理会计教学活动亦提出了更高的要求。

1.2 业财融合对成本管理会计人员素质及能力的要求

以前的成本管理会计人员，就是账房先生。只要每月把账对平、报表做平，就等于完成了成本管理工作。而以业财融合方式开展成本管理工作则要复杂得多，对成本管理会计人员也提出了更高的素质及能力要求：

（1）热爱成本管理本职工作，具有主人翁精神。

成本管理会计业财融合，对成本管理会计人员在工作上的主动性有更高的要求。只有关心企业命运，在主观上自觉地将个人成就感、个人职业发展、个人荣辱与企业命运高度统一，才能更好地提高业财融合的广度、深度，以及业财融合的工作质量。

（2）善于钻研新知，对创新与变革有浓厚兴趣。

随着现代管理技术、生产技术的高速发展，企业内部的管理方式、生产工艺技术也随之不断发展，成本管理会计人员应该与时俱进学习先进的管理技术和生产技术，从而有效地将成本管理工作与企业最新生产特点相结合，并随着企业内部管理技术、生产技术的发展，不断创新和变革解决成本管理问题的方法。

（3）具有比较广阔的知识面。

业财融合对成本管理会计工作人员综合能力提出了更高的要求，成本管理会计人员因此必须具有更广阔的知识面，不能仅仅成为会计工作的行家，还应该具有采购、储备、生产、营销等企业各个环节的知识。而由于数据处理需要，还应该具有较强的数学逻辑思维能力、熟稔的计算机操作能力及简易应用程序的编辑能力。

（4）具有较强的团队合作精神。

成本管理业财融合，涉及企业的各个方面，若缺少团队精神和协作积极性，则难以胜任业财融合工作。成本管理会计人员应该有大局观，因此个人性格应该比较开朗、态度比较谦虚，善于倾听他人观点、尊重并学会欣赏他人在团队中做出的贡献。

1.3 成本管理会计业财融合的工作步骤

业财融合工作量很大，只有按照一定的步骤有序开展，才能提高成本管理水平，从而节约所有成本管理专职人员和相关参与者的劳动量。

1）设立具有较强综合性的成本管理工作组织

成本管理会计业财融合工作涉及的横向部门比较多，企业应该设立综合性较强的成本管理工作组织，这一组织为专家组性质的组织。设计综合性强的成本管理工作组织的好处，一是可以突出成本管理工作的重要性，企业各个部门从主观上提高业财融合的积极性；二是可以提高成本管理业财融合工作的执行力，从而提高工作效率；三是可以群策群力，从而提高业财融合工作的质量。

成本管理工作组织的成员主要由各个部门的负责人、成本管理会计人员，以及技术专家组成，也可以吸收职工代表参加。与高校有良好合作的关系的企业，也可以将高校成本管理专业师资吸收进来。

2）分析企业生产经营特点

在成立了具有较强综合性的成本管理组织后，就应该分析企业生产经营特点，主要包括以下几个方面：

（1）分析企业管理组织机构特点。

企业成本管理工作质量，与企业管理组织机构密不可分。企业管理组织机构若重床迭架或者留有管理死角，都对科学设计管理部门费用定额、强化成本控制力度、公平公正考核成本控制业绩非常不利。所以，分析企业管理组织机构特点，是成本管理业财融合工作的必要前提。

（2）分析企业生产特点。

企业生产特点包括生产工艺特点和生产组织特点。生产工艺特点又分为简单生产工艺和复杂生产工艺。只有谙熟生产特点，才能分清费用走向，以及做好材料消耗定额、工时消耗定额、能源消耗定额等定额的制定工作。而生产组织又分为大量生产、成批生产、单件小批生产，只有准确把握企业生产组织特点，才能采取恰当的产品成本计算方法。

3）精准掌握成本管理关键问题及成因

成本管理工作追求及时性和有用性。企业成本管理工作往往存在多方面的问题，若面面俱到，势必会影响成本管理工作的及时性。所以应该对成本管理问题进行排序，先急后缓、先重后轻，从而将成本管理人员的智力、精力、时间，聚焦于解决关键问题，进而提高成本管理工作的及时性。成本管理问题的成因纷繁复杂，准确锁定问题成因，有的放矢提出解决方案才有针对性和实际价值。

4）探索解决问题的方法并总结规律

掌握了成本管理关键问题及其成因之后，成本管理人员即可研究解决问题的指导思想、思路，以及具体解决方法。对初步形成的解决方法采取小范围、有限时间的实验，然后对实验效果予以分析、纠正，最后正式形成对待同样问题的解决方法。将解决具体问题的方法不断归纳总结，找出内在规律，最终形成解决类似问题的应用理论。总之，遵循“解决个体问题—解决相同问题—解决类似问题”的逻辑思路，不断提高成本管理会计业财融合的实际能力和理论水平。

1.4 业财融合型成本管理会计人才培养方式探索

提高成本管理会计业财融合工作质量，需要成本管理会计人员具备一定的理工科知识。理工科知识越扎实，业财融合的能力越强。根据目前高等教育和企业技术人员继续教育的现状特点，可以从以下两方面入手：

（1）在全日制高校理工科专业开设成本管理会计微专业。

在全日制高校的机电类专业、纺织印染专业、食品化工类专业、土木工程专业、采矿冶炼专业、种植养殖专业等工科专业，开设成本管理会计微专业，招收有兴趣的同学学习。对成本管理会计核心知识进行筛选，设计精练的培养计划，编撰深入浅出的实用教材；根据具体情况设计学制时长、授课方式，学生通过考核后发放结业证，并指导学生通过初级会计师考试。这些学生未来若走上成本管理会计工作岗位，会大幅提高成本管理会计业财融合的水平。若不从事成本管理会计工作，也将成为具有较强管理知识的理工科人才，对其职业发展具有很大的促进作用。在大学四年内，学生除了获得了理工科学位，还具备了可以与本专业相结合的成本管理会计知识，从而提高了大学四年的学习密度、宽度，有很强的学习获得感。

（2）社会培养。

企业的广大技术人员和生产管理人员，不仅具有理工科专业知识背景，而且有本专业的实践经验，他们更容易将成本管理会计知识与企业管理特点相结合，大大缩短了知识转化的时间和转化质量。所以，可以在当地财政局会计管理部门指导下开设成本管理会计知识普及班，作为企业技术人员继续教育的一项重要经历。当地财政局鼓励、指导企业挑选工程技术人员、生产管理人员来参加学习。与在校生相比，社会培养方式可以更加灵活多样。

通过以上培养方式，可以提高成本管理会计人员业财融合能力，更重要的是有利于培养“成本重担大家挑、人人肩上有指标”的良好企业文化，使节约资源、减少浪费成为企业干部员工的个人习惯。

2 生产组织费用会计处理方法改革研究

随着制造业自动化和机械化水平的发展，企业的生产组织费用在产品成本中所占比重不断提高。基于成本会计业财融合需要，企业采用更为科学的生产组织费用会计处理方法，对准确核算生产组织费用，提高成本信息质量有重要意义。

2.1 生产组织费用简介

在深入研究生产组织费用会计处理方法之前，先对生产组织费用概念予以简介。生产组织费用是指车间或分厂（以下简称“生产单位”）为组织生产而发生的费用。在目前按费用分类称为间接费用，并在“制造费用”账户核算，主要包括生产单位生产用固定资产折旧费用及维护维修费用、生产单位管理部门（车间或分厂办公室）固定资产折旧费用及维护维修费用、生产单位公共福利设施（如洗手间等）折旧费及其维护维修费用；生产单位管理人员的工资及福利费、办公耗材费（含水电消耗）、差旅费等，项目繁杂。

2.2 现行生产组织费用会计处理方法及其弊端剖析

2.2.1 现行生产组织费用会计处理方法

1）指导思想

现行会计处理方法的指导思想是，先将所有生产组织费用都归集在“制造费用”账户，然后再采用某种制造费用分配方法，分配给不同品种的产品。

2）现行生产组织费用会计处理方法下账务处理的基本过程（以会计分录表示）

（1）对生产组织费用进行归集时，账务处理如下：

借：制造费用

　贷：有关资产账户（如“累计折旧”等）

（2）对生产组织费用进行分配时，账务处理如下：

借：生产成本——基本生产成本——甲产品

　　　　　　　　　　　　　　——乙产品

　贷：制造费用

2.2.2 现行生产组织费用会计处理方法弊端剖析

随着制造业现代化水平的不断提高，生产组织费用在产品成本中所占比重越来越大，现行生产组织费用会计处理方法的弊端亦愈来愈突出，归纳起来主要有以下5点。

（1）不符合成本核算的基本指导思想。

成本核算的基本指导思想，即为了保证成本信息的准确性，尽量扩大直接计入产品成本的费用范畴，尽量缩小需要分配计入产品成本的费用范畴，因为分配标准的选择往往带有主观随意性。现行生产组织费用分配方法是将所有生产组织费用都记入“制造费用”账户，然后按一定方法分配给所有产品，势必将可以直接计入某种产品的生产组织费用，分配给所有产品承担。

（2）不符合真实性原则。

真实性原则是成本会计工作的首要原则，是成本会计工作的底线。目前将所有生产组织费用先记入“制造费用”账户，然后再按一定标准分配给各种产品生产成本明细账（如生产成本——基本生产成本——甲产品），这势必使某些不应承担某项生产组织费用的产品承担了该项费用，从而虚增了这些产品的生产成本，相应地却虚降了应全部承担该项费用的一种（或几种）产品的生产成本。

（3）不符合准确性原则，不利于企业经营决策。

企业经营决策高度依赖成本会计信息，成本会计信息的准确性则是决策有效性的基础。现行的生产组织费用会计处理方法使产品成本信息失真，失真的成本信息不仅无助于经营决策，还容易导致决策失误。如果是重大决策失误，将给企业带来巨大损失。

（4）导致生产单位内部考核失去公平公正。

成本控制绩效是许多企业内部业绩考核的重要“量化”依据。现行生产组织费用会计处理方法导致成本信息失真，从而使依据成本信息对员工进行的考核有失公允，容易挫伤其工作积极性。

（5）账务处理过程复杂化。

根据成本核算的真实性原则，某种产品“专属”的生产组织费用本可以直接记入该产品“生产成本”明细账，但在现行的生产组织费用会计处理方法下，却必须先记入“制造费用”账户，然后分配转入“生产成本”账户，增加了会计处理环节，使账务处理过程冗繁化。

2.3 生产组织费用会计处理方法改进设计

2.3.1 改进设计的指导思想

尽量缩小需要分配计入产品生产成本的生产组织费用范畴，扩大直接计入产品生产成本的生产组织费用范畴，从而提高产品成本信息的准确性和决策有用性，同时，也尽量减少账务处理的工作量。

2.3.2 对生产组织费用进行分类

在改进设计的指导思想要求下，须根据生产组织费用发生的原因，将生产组织费用划分为“专属生产组织费用”和“联合生产组织费用”两类。

（1）专属生产组织费用。

“专属生产组织费用”是指专门为了组织某种产品生产而发生的生产组织费用，费用方向明确，包括生产该种产品所专用固定资产折旧费及维护维修费（含日常机物料消耗费）、该种产品单独使用的无形资产（如专利权）摊销费、技术咨询费、专为某种产品发生的差旅费等。

（2）联合生产组织费用。

“联合生产组织费用”是指车间（或分厂）为了组织全部（或多种）产品生产而发生的生产组织费用，包括生产这些产品所共用固定资产的折旧费及维护维修费（含日常机物料消耗费）、共用无形资产（如专利权）的摊销费、技术咨询费；车间（或分厂）管理部门固定资产折旧费及维护维修费；生产单位公共福利设施（如洗手间等）折旧费及其维护维修费用；车间管理人员工资及福利费、办公耗材费（含水电消耗）、所发生的非指向特定产品的差旅费等。

2.3.3 生产组织费用会计处理方法改进设计（基本框架）

1）计算模型设计

为了使生产组织费用计算过程规范、严谨，建立以下三个基本模型。

$$Rz = \sum_{i=1}^{n} r_{zi} \tag{1}$$

模型释义：R_Z系当月应直接计入某产品的专属生产组织费用，下同；r_{zi}系当月应直接计入该产品的第i种专属生产组织费用。

$$R_L = \frac{\sum_{j=1}^{m} r_{lj}}{Q} \cdot q \tag{2}$$

模型释义：该模型为联合生产组织费用归集与分配的综合模型（该模型分子为归集模型）。R_L系当月应分配计入某产品的联合生产组织费用，下同；r_{lj}系当月第j种联合生产组织费用发生总额；Q系当月联合生产组织费用分配标准总量（如工时量等）；q 系当月该种产品所消耗的联合生产组织费用的分配标准（如该产品消耗的工时量等）。

$$R = R_Z + R_L \tag{3}$$

模型释义：R 系某产品当月发生的生产组织费用，包括专属生产组织费用和分配计入的联合生产组织费用。

2）账务处理设计

（1）“生产成本”账户的“成本项目”改进设计。

“生产成本”账户的成本项目可去掉“制造费用”项目，新增加“生产组织费用”项目。该“生产组织费用”项目下分设“专属生产组织费用”和“联合生产组织费用”两个明细栏目，其中“联合生产组织费用”明细栏目的核算内容，即为原“生产成本”账户中的“制造费用”成本项目所核算内容，见表2-1。

表2-1　**改进后的“生产成本”账户成本项目**

<table>
<tr><th rowspan="3">日 期</th><th rowspan="3">摘 要</th><th rowspan="3">凭证字号</th><th colspan="6">成本项目</th><th rowspan="3">合计</th></tr>
<tr><th rowspan="2">直接材料</th><th rowspan="2">直接人工</th><th rowspan="2">燃料动力</th><th colspan="3">生产组织费用</th></tr>
<tr><th>专属生产组织费用</th><th>联合生产组织费用</th><th>小计</th></tr>
<tr><td></td><td></td><td></td><td></td><td></td><td></td><td></td><td></td><td></td><td></td></tr>
<tr><td></td><td></td><td></td><td></td><td></td><td></td><td></td><td></td><td></td><td></td></tr>
<tr><td></td><td></td><td></td><td></td><td></td><td></td><td></td><td></td><td></td><td></td></tr>
</table>

（2）“制造费用”账户改进设计。

“制造费用”账户的费用内容不必改，但属于可直接计入某种产品的生产组织费用（即该产品的“专属生产组织费用”），则不必再在“制造费用”账户归集和分配，即“制造费用”账户仅登记发生的联合生产组织费用（在此需要特别指出的是，有些联合生产组织费用并非为所有产品的生产而发生，而是为几种产品而发生，理论上也应分配计入有关产品，企业可以根据本章的指导思想，结合自身实际情况设计其“制造费用”账户。在此由于篇幅所限，对此类情况不予讨论）。

（3）账务流程设计（在此以会计分录表示）。

账务流程可分为以下三个步骤。

第一步：将当月“专属生产组织费用”直接记入具体产品的“生产成本”账户，可做如下会计分录（在此以专用设备的维修费为例，假如生产甲、乙两种产品，A设备专为甲产品服务，B设备专为乙产品服务）。

借：生产成本——基本生产成本——甲产品——专属生产组织费用

  贷：原材料（注：此处是A设备维修所发生的材料费用）

借：生产成本——基本生产成本——乙产品——专属生产组织费用

  贷：原材料（注：此处是B设备维修所发生的材料费用）

当月其他“专属生产组织费用”（如某产品专用设备的折旧费等）的会计分录思路与此相同，不再赘述。

第二步：归集当月“联合生产组织费用”（仍用“制造费用”账户），可做如下会计分录（在此以共用设备的折旧费为例，假如生产甲、乙两种产品，C设备属于此两种产品的共用设备）。

借：制造费用——折旧费

  贷：累计折旧（注：此处是C设备所提折旧费）

当月其他联合生产组织费用（如共用设备的维护维修费等），会计分录思路与此相同，不再赘述。

第三步：分配结转联合生产组织费用，可做如下会计分录（假设生产甲、乙两种产品）。

借：生产成本——基本生产成本——甲产品——联合生产组织费用

——乙产品——联合生产组织费用

  贷：制造费用（注：此处制造费用内容及金额即联合生产组织费用）

2.4 案例研究

为了验证改进后的生产组织费用会计处理方法的优点，并指导会计人员学习使用，本节选择真实案例，并用改进后的生产组织费用会计处理方法进行核算。

2.4.1 生产单位及其5月份的生产经营活动简介

1）生产单位简介

康乐制药有限公司[①]是一家小型制药企业。目前该企业有一个生产车间（以下简称“制药车间”），经过发酵、提取、精烘包（注：该企业将精制、烘干、包装等3个工艺集中在一起，简称为“精烘包”）等生产过程，共生产LT、PT两种产品。制药车间有管理人员4名，生产工人182名（其中发酵82人、提取96人、精烘包4人）。两种产品共用发酵设备，但各自拥有独立的提取场地及设备、精烘包场地及设备。车间管理人员的办公场所及设备与发酵场地在一起。

2）制药车间5月份生产经营情况简介

制药车间2023年5月份共投产LT产品13 357.06千克、PT产品1 971.8千克，月末两种产品均全部完工。该月为生产两种产品所发生的生产组织费用为固定资产折旧费678 302.03元，固定资产维护维修费用284 321.62元，动力费用2 335 623.50元；车间管理人员工资20 122.32元，办公费用1 000元，差旅费5 000元，污水处理费290 525.31元。生产组织费用共计3 614 894.78元。共发生8 451工时（发酵生产活动6 726工时，其中LT产品6 501工时，PT产品225工时。LT提取及其精烘包生产活动合计1 495工时；PT提取及其精烘包生产活动合计230工时）。

2.4.2 生产组织费用归集与分配的计算

1）对制药车间生产组织费用分类

根据制药车间5月份生产组织费用发生的原因，对其生产组织费用进行分类。

（1）各产品的专属生产组织费用。

LT专属生产组织费用为：LT提取活动所专用固定资产的折旧费

① 为保护企业成本信息，本章中出现的产品名称均用化名或用字母代替。

（本月无维护维修）、LT精烘包活动所专用固定资产的折旧费（本月无维护维修）、LT差旅费（技术交流）。

PT专属生产组织费用为：PT提取活动所专用固定资产的折旧费、PT精烘包提取活动所专用固定资产的折旧费、PT全部专用固定资产所发生的维护维修费用、PT差旅费（技术年会）。

（2）联合生产组织费用。

LT、PT本月发生的联合生产组织费用为：发酵活动所用固定资产的折旧费、发酵活动所用固定资产的维护维修费用、发酵设备所使用的动力费、发酵活动所发生的污水处理费、车间公共管理费用（包括管理人员工资、办公费、发生的非特定产品差旅费）等。由于车间管理人员与发酵工作人员在同一场地办公，因此车间管理部门不单独计提固定资产折旧费用。

2）制药车间本月各产品生产组织费用计算

对制药车间本月生产组织费用分类后，即可开始计算各产品的生产组织费。

（1）各产品的专属生产组织费用计算。

根据上述对制药车间本月生产组织费用分类，利用模型（1）算法，计算各产品专属生产组织费用，见表2-2、表2-3。

表2-2 **LT产品5月份专属生产组织费用一览表** 单位：元

费用名称①	LT专用固定资产折旧费			LT差旅费（参加技术交流会）⑤	合计⑥=④+⑤
	LT提取②	LT精烘包③	小计④=②+③		
金额	114 784.05	23 168.62	137 952.67	1 200	139 152.67

注：本月LT专用固定资产未发生维护维修费。

表2-3 **PT产品5月份专属生产组织费用一览表** 单位：元

费用名称①	PT专用固定资产折旧费			PT专用固定资产维护维修费⑤	PT差旅费（参加技术年会）⑥	合计⑦=④+⑤+⑥
	PT提取②	PT精烘包③	小计④=②+③			
金额	101 088.99	77 914.63	179 003.62	4 000	1 800	184 803.62

（2）联合生产组织费用归集与分配的计算。

首先，根据上述对制药车间本月生产组织费用分类，利用模型（2）算法，归集联合生产组织费用，见表2-4。

表2-4　**制药车间5月份联合生产组织费用一览表**　单位：元

费用名称①	发酵固定资产折旧费②	发酵固定资产维修费③	发酵设备使用动力费④	发酵污水处理费⑤	车间公共管理费用				合计⑩=②+③+④+⑤+⑨
					管理人员工资⑥	办公费⑦	非特定产品差旅费⑧	小计⑨	
金额	361 345.74	280 321.62	2 335 623.50	290 525.31	20 122.32	1 000	2 000	23 122.32	3 290 938.49

注：发酵生产共发生机器工时6 726小时，其中LT产品6 501工时，PT产品225工时。

其次，根据表2-4数据，利用模型（2）算法，可将联合生产组织费用分配给LT产品和PT产品，计算过程如下：

LT应分配的联合生产组织费用=3 290 938.49÷6 726×6 501=3 180 849.11（元）

PT应分配的联合生产组织费用=3 290 938.49−3 180 849.11=110 089.38（元）

（3）计算各种产品的全部生产组织费用。

根据表2-2、表2-3数据，以及联合生产组织费用分配结果，利用模型（3）算理，可分别计算LT和PT的所有生产组织费用，即包括专属生产组织费用和已经分配的联合生产组织费用。

本月LT生产组织费用=139 152.67+3 180 849.11=3 320 001.78（元）

本月PT生产组织费用=184 803.62+110 089.38=294 893（元）

账务处理（会计分录）可参考前述的账务流程设计，此处略去处理过程。

2.4.3　不同会计处理方法下生产组织费用核算结果差异分析

1）*差异计算*

在不同的会计处理方法下，生产组织费用核算结果有较大差异，见表2-5。

表2-5 “现行方法”与“改进方法”生产组织费用核算结果差异对比表

金额单位：元

产品名称①	生产组织费用			差异率⑤=④÷③×100%
	现行方法②	改进方法③	差异④=②-③×100%	
LT	3 420 269.63	3 320 001.78	100 267.85	3.0201%
PT	194 625.15	294 893	-100 267.85	-34.0014%
合计	3 614 894.78	3 614 894.78	0	0

2）*差异程度及原因分析*

通过表2-5发现，该企业以现行生产组织费用会计处理方法核算的本月生产组织费用与以改进方法核算的结果有较大差异。其中LT生产组织费用被虚增了3.0201%，而PT生产组织费用却被虚降了34.0014%，导致成本被严重扭曲，以这样的成本信息作为企业经营决策的依据，其结果可想而知。究其原因，乃是在现行生产组织费用会计处理方法下，使PT专属生产组织费用得以向LT大量转移。

2.4.4 对改进后的生产组织费用会计处理方法简要评价

改进后的生产组织费用会计处理方法，优点主要有三点。首先，改进后的生产组织费用会计处理方法剔除了现行方法的主要弊端，文章篇首已经充分论述，且通过案例研究已予以证明，不再赘述。其次，新设计的会计处理方法并没有废除“制造费用”账户及其核算的具体费用名称（如差旅费），只不过该账户所登记费用仅是联合生产组织费用，这样不至于会计人员对改进设计在理解上出现困难，在应用上感到陌生。最后，改进后的生产组织费用会计处理方法，使成本核算人员对钻研企业生产经营活动更有积极性，从而有利于促进会计人员（本质上也是一种技术人员）与其他专业领域技术人员的合作交流，对会计队伍的能力素质与知识面有所提高和拓宽，整体上会提升会计从业者的形象和自信心，减少“假账真算”的现象，使会计人员真正成为企业经营活动不可或缺的参谋。

2.5 本章小结

从理论上而言，成本会计工作与企业生产经营活动密切相关，采用科学的成本核算方法，必须基于对生产经营活动的研究。但是，无论是过去还是现在，成本会计理论界及实务界，在此方面显然都做得不够，虽然原因可能是多方面的。然而，追求理性是人类的天性，科学的光辉终将愈来愈亮地照耀成本核算的世界。谁能将成本核算技术与生产经营管理技术结合得越好，谁就能成为真正的成本管理大师，受到企业的尊敬和倚重。

3 辅助生产部门消耗自产产品的核算及控制效果分析

对辅助生产部门消耗自产产品进行核算及控制效果分析，对辅助生产部门消耗管理工作从粗放式管理向精益化管理发展有重要意义。目前的各种成本会计著作和不同层次成本会计教育普遍缺失此项内容，而企业成本会计活动也未对此项经济活动予以规范化核算，甚至许多企业尚未将其纳入成本会计核算工作范畴。本章为企业对辅助生产部门消耗自产产品进行核算及控制效果分析等工作设计了基本体系，并用真实案例予以示范，期望能填补成本会计此项内容的空白，并对企业开展此项工作有指导作用。

3.1 辅助生产部门消耗自产产品的概念

辅助生产部门消耗自产产品，系指某辅助生产部门对自己所生产的产品消耗（如供电车间消耗其生产的电，锅炉车间消耗其生产的蒸汽），并非指不同辅助生产部门之间的相互消耗。关于辅助生产部门之间的相互消耗核算、控制，企业一直在用专门的方法核算、控制，不是本章研究内容。

3.2 辅助生产部门消耗自产产品核算及控制效果分析工作的现状与不利影响

3.2.1 辅助生产部门消耗自产产品核算、控制效果分析工作的现状

1）成本会计知识体系缺失该项内容

关于对辅助生产部门消耗自产产品进行核算及控制效果分析的内容，无论专门的成本会计类专著，还是包含成本会计核算的工业会计、企业会计类专著，均未提及。而其中关于对辅助生产部门消耗辅助生产部门生产产品的核算方法，如交互分配法、顺序分配法、代数分配法、计划分配法等，实质上是对辅助生产部门之间相互消耗产品（劳务）的考核，比如有供电和供水两个车间，在交互分配法中，仅仅考核供电车间对供水车间水的消耗、供水车间对供电车间电的消耗。而对于供电车间消耗自产电、供水车间消耗自产水，不仅没有核算，甚至往往连使用的数量记录都没有提及。这是违背客观事实的，不能不说是消耗管控工作中的一大缺失。究其原因，一是按成本会计的核算思路，辅助生产部门发生的费用最终要转入消耗其产品（劳务）的非辅助生产部门，所以，自己消耗自产产品就不用核算和考核；二是因为会计工作的计量方式是价值（货币），对某个具体的辅助生产部门而言，其发生的费用已经全部转到非辅助生产部门，不论该辅助生产部门消耗多少自产产品，就目前的会计报表而言，都无法以价值的方式再从报表中体现，否则，会造成部分费用（消耗自产产品）的重复计入。成本会计的知识体系，影响到成本会计的研究和教学，研究和教学又影响成本会计工作实务。因此，成本会计知识体系缺失该项内容，是造成企业此项工作缺失的主要原因。

2）企业没有充分重视对辅助生产部门消耗自产产品的管控

关于辅助生产部门消耗自产产品的问题，在企业也没有引起充分重视。有些企业根本不控制，有些企业也只是制定些简单的规章制度，却并没有列为会计部门必须完成的核算工作内容予以督导和考核，则规章制度自然起不到应有的作用。企业内部形成这种局面主要是受两方面影响。

首先，许多会计人员、企业决策人员有传统的“肉烂了在锅里”的想法。认为无论辅助生产部门消耗多少自产产品导致该辅助生产部门费用高，最终都转进非辅助生产部门，从而并不影响成本会计工作数据的准确性。这其实犯了一个严重错误，错把会计看成数学，对数学而言，最后数字正确就可以。然而，会计是管理科学，不能离开对过程的控制，因此，企业才会分类记账，否则，把收入加起来，减去费用不就是利润吗？会计通过对过程的控制，才能保证资金的科学使用，也才能对资金的使用效能进行分析。可见，数学只是会计的工具，数学不能替代会计。但将数学当会计的错误观念却影响甚广，导致企业对辅助生产部门消耗自产产品的问题不够重视甚至忽略。

其次，辅助生产部门及其员工极力保护自身利益。因为对其消耗自产产品的核算和控制，无疑会影响到其“近水楼台先得月”的既得利益，因此，辅助生产部门及其员工对此项工作的缺失并不认为是坏事。尤其分厂（车间）的成本核算员，其利益本身来自于车间内部，更不能做此“吃力不讨好”的事情。

3.2.2 此项工作缺失对企业的不利影响

目前企业在辅助生产部门消耗自产产品进行核算和控制工作方面的缺失，会产生以下不利影响。

1）不利于提高辅助生产部门对内部消耗进行自我管控的水平

对辅助生产部门消耗自产产品疏于管控，客观上会导致其对自产产品的滥用，从而造成极大的资源浪费，进而加重了企业在生产资金筹措方面的负担。由于没有严格的核算和控制，也就没有参照物可比较，不能判定内部消耗的超支和节约，进而无法判断内部消耗管控水平的升降。如果有多个辅助生产部门，则无法对辅助生产部门的工作质量进行横向考核及奖惩。

2）对辅助生产部门消耗自产产品缺乏控制加重了其服务对象的成本负担

任何一个辅助生产部门，最终其所发生的生产费用，必须全部转给其服务对象。辅助生产部门滥用自产产品，将导致自身生产费用的提高及向服务对象（如基本生产车间、管理部门、其他辅助生产部门等）提供产品的数量（以下简称“外供量”）减少，在这种双重作用下，其向服务对象提供的产品（劳务）的单位成本（以下简称“外供单位成本”）必然提高，从而加重了其服务对象的成本负担。而最终辅助生产部门的费用必将由非辅助生产部门承担，其中主要由基本生产部门承担，从而导致企业向市场供应的最终产品成本上升。若企业有多个辅助生产部门，而各辅助生产部门都存在浪费现象，那么将使企业生产的最终产品成本大幅提高，在市场上处于成本竞争的劣势。在国际市场上，企业为了与国外同行竞争而降价销售，可能会遭遇反倾销制裁。

3.3 辅助生产部门消耗自产产品核算、控制效果分析体系设计

3.3.1 设计指导思想

首先，设计此体系的主要目的在于杜绝辅助生产部门在消耗自产产品时的浪费现象，所以侧重点是对那些与当月辅助生产部门生产产量无关的自产产品消耗行为的控制。在制定消耗定额时，企业必须尊重工艺技术人员的意见，制定的消耗定额要有科学依据。脱离科学的定额，只能将核算和控制分析工作引向歧途。制定的核算和控制效果分析体系力求逻辑严密，同时简洁易懂，利于广大员工学习和执行。

其次，信息披露方式定位——此项信息不属于传统信息收集系统内容。

由于对辅助生产部门消耗自产产品管理，具有特殊性，不同企业间

不存在广泛可比性。所以，此会计信息应属于管理会计信息（对内服务）范畴，其信息不必也无法在现行会计信息收集系统（亦称会计载体系统，如账簿、报表等）中披露，而应该由企业根据需要自行设计信息收集系统和披露方式。

最后，计量方法的选择——实物计量。

由于此项设计的目的，主要是加强辅助生产部门对消耗自产产品的控制，因此，以控制数量为手段，不必要采用会计计量（货币计量），宜以实物计量为主（如蒸汽车间用“吨”、供电车间用“度”）。仅在分析外供单位成本升降时，可以用会计计量（价值）。

3.3.2 核算与控制效果分析体系设计

1）制定辅助生产部门消耗自产产品的定额

首先根据辅助生产部门消耗自产产品数量与该辅助生产部门产品产量的关系，将消耗自产产品量（以下简称“自用量”）分为与该辅助生产部门当月产品产量相关的自用量（以下简称“相关自用量”）和不相关的自用量（以下简称“不相关自用量”）。

相关自用量，即其自产产品消耗量随该辅助生产部门当月产量的变化而呈正比例变化。

不相关自用量，即其自产产品消耗量与该辅助生产部门当月产量无密切联系。

完成上述划分工作后，即可开始制定消耗定额。

（1）相关自用量定额。

由于相关自用量一般与该辅助生产部门所产产品产量呈正比例关系，而辅助生产部门各月产量是波动的，因此，在此其定额不应为具体数量，而应该通过由生产管理部门、技术部门、会计部门组成的定额制定机构客观、科学地确定一个比例，即该定额非绝对数，而是相对数(比率)。当然，随着产量达到一定数量后，该比率可能会变化，企业可根据本章的理论视具体情况具体处理。

（2）不相关自用量定额。

不相关自用量与产量无密切关系，所以其定额应为绝对数（计量单位为实物计量单位，如“吨”“度”等，下同)。可由定额制定机构根据合理需要制定消耗定额。

2）核算与控制效果分析模型设计

对辅助生产部门消耗自产产品进行核算、控制效果分析，企业需要建立相应的计算模型。在此建立以下五个基本模型，其中模型（1）（2）（3）属于核算模型，模型（4）（5）为控制效果分析模型。

$$S = \sum_{i=1}^{n} a_i \tag{1}$$

模型释义：S系某辅助部门当月自用量总量，为其内部各个单位当月自用量之和；a_i为该辅助生产部门的第i个内部单位当月自用量，可通过原始统计记录或计量器具获得。

$$Sr = kx \tag{2}$$

模型释义：Sr系辅助生产部门内部某单位当月相关自用量，下同；k系该内部单位相关自用量系数（比率）；x系该辅助生产部门当月所产产品产量。

$$S_{nf} = a - Sr \tag{3}$$

模型释义：S_{nf}系辅助生产部门的某内部单位当月不相关自用量实际数（下同）；a系该内部单位当月自用量（为其相关自用量与不相关自用量之和，通过原始统计记录或计量器具获得)。

$$q = \frac{S_{nf} - S_{nd}}{S_{nd}} \times 100\% \tag{4}$$

模型释义：q系辅助生产部门的某内部单位当月不相关自用量增长率，S_{nd}系该内部单位不相关自用量定额。

$$v = \frac{C_z - C_t}{C_t} \times 100\% \tag{5}$$

模型释义：v系某辅助生产部门自产产品的当月外供单位成本上升率；C_z系该辅助生产部门所产产品当月实际外供单位成本，系用当月该辅助生产部门发生的生产费用除以实际外供量求得（注：实际外供量=当月该辅助生产部门当月所产产品产量－当月该辅助生产部门实际自用量总量)；C_t为该辅助生产部门当月应发生的外供单位成本，系用当月该辅助生产部门发生的生产费用除以按定额计算的当月外供量求得

（注：按定额计算的当月外供量=当月自产产品产量－当月该辅助生产部门相关自用量总量－该辅助生产部门不相关自用量定额总量）。

上述基本体系设计为开展辅助生产部门消耗自产产品进行核算和控制效果分析等会计工作提供了逻辑框架。

3.4 案例研究

3.4.1 JH发电分厂简介

JH发电分厂为某大型焦化企业的自备电厂，系该企业的辅助生产部门之一。该发电分厂使用国内知名飞机制造企业提供的设备和技术，以在炼焦过程中产生的煤气为原料，经过对煤气净化、压缩、燃烧等工序后生产出电，为全公司提供生产生活用电。由于该发电方式不仅将煤气变废为宝（此前煤气一直对空排放）解决了该公司的用电问题，而且对环境保护做出了重要贡献，故曾获得省科技进步二等奖。根据分厂管理需要，该分厂内部分为“煤气净压发电工段”“配电与维修工段”“分厂办公室”“职工食堂”等4个内部单位。共有200多名干部职工（其中女工占70%），分布在上述单位。

虽然此发电分厂为该企业做出了较大贡献，但是由于其本属产电单位，有“近水楼台先得月”的观念，因此内部用电管理非常宽松，基本上处于粗放甚至放任状态，因而非常需要通过对该分厂的内部用电进行核算和控制效果分析等工作来加强内部用电管控。现在运用本章前述理论，为其完成核算、控制效果分析体系设计，然后进行核算、控制效果分析的示范工作，并提出相应建议。

3.4.2 JH发电分厂内部各单位自用电量与发电量关系剖析

制定消耗定额前，首先应分析JH发电分厂各内部单位用电量与该分厂发电量之间的关系。根据JH发电分厂内部各单位月自用电量与发电分厂月发电量之间的关系，JH发电分厂自用电量可分为相关自用量和不相关自用量。依据生产工艺技术特点，“煤气净压发电工段”用电量与分厂发电量有关，即发电量越大，该工段工作量越大，自用电量也越大，同时，该工段还有一定的不相关自用量。“配电与维修工段”“分厂办公室”“职工食堂”等3个内部单位，其自用电量与该分厂发电量无必然联系，因此，这3个内部单位的用电量均为不相关自用量。

3.4.3 为JH发电分厂内部各单位制定自用量定额

1）制定相关自用量定额

基于生产工艺技术进行研判，确定发电分厂“煤气净压发电工段”的相关自用量系数（比率）为3%。

2）制定不相关自用量定额

根据JH发电分厂维持其工作正常运转需要，制定各内部单位的不相关自用量定额，见表3-1。

表3-1　JH发电分厂内部各单位不相关自用量定额一览表

发电分厂内部各单位名称	煤气净压发电工段	配电与维修工段	分厂办公室	职工食堂	合计
不相关自用量定额（度）	400	380	200	3 200	4 180

需要说明的是，由于初次尝试对自用电实施定额管理，因此，此定额比较宽松，留有一定的从严改进空间。

3.4.4 JH发电分厂2023年12月份自用电核算与控制效果分析及建议

1）12月份JH发电分厂生产情况及实际自用量资料

2023年12月份JH发电分厂共发电930 000度，经抄录本月该分厂内部各单位电表并加进线损后，确定各单位实际用电量分别为：“煤气净压发电工段”用电29 000度；“配电与维修工段”用电750度；“办公室”用电480度；“职工食堂”用电4 950度。内部用电共计35 180度。

本月JH发电分厂生产费用368 024.2元。

2）JH发电分厂2023年12月份自用量核算与控制效果分析

根据JH发电分厂内部各单位自用量定额，利用模型（1）、模型（2）、模型（3）、模型（4），编制自用电量核算与控制效果分析一览表，见表3-2；利用模型（5）编制外供电单位成本核算与控制效果分析一览表，见表3-3。

表3-2 JH发电分厂2023年12月份自用电量核算与控制效果分析一览表

自用量（度）/用电单位	与生产量相关用电量			电表显示自用量（含线损）（4）	实际不相关自用量（5）＝（4）－（3）	不相关自用量定额（6）	不相关自用量超定额量（7）＝（5）－（6）	不相关自用量超定额率（8）＝（7）÷（6）×100%
	本月产量（1）	相关系数（2）	相关自用量（3）＝（1）×（2）					
煤气净压发电工段	930 000	3%	27 900	29 000	1 100	400	700	175%
配电与维修工段		0	0	750	750	380	370	97.37%
分厂办公室		0	0	480	480	200	280	140%
职工食堂		0	0	4 950	4 950	3 200	1 750	54.69%
合计	930 000	3%	27 900	35 180	7 280	4 180	3 100	74.16%

表3-3 JH发电分厂2023年12月份外供电单位成本控制效果分析一览表

本月生产费用（元）（1）	本月产电量（度）（2）	本月应发生自用电量（度）			应发生外供电成本（元/度）（6）＝（1）÷［（2）－（5）］	实际自用量（度）（7）	实际外供电成本（元/度）（8）＝（1）÷［（2）－（7）］	超定额（元/度）（9）＝（8）－（6）	成本上升率（10）＝（9）÷（6）×100%
		相关用电量（3）	不相关用电量定额（4）	小计（5）					
368 024.2	930 000	27 900	4 180	32 080	0.409863	35 180	0.411283	0.00142	0.35%

从表3-2中（8）栏的计算结果发现，JH发电分厂本月不相关用电量增长达到74.16%，内部各单位均严重超过不相关用电量定额，其中“煤气净压发电工段”超定额率竟然达到175%。而JH发电分厂自用电超定额的副作用，则从表3-3反映出来。外供电单位成本从应发生的0.409863元/度，提高到0.411283元/度，成本上升率0.35%。将JH发电分厂自身超额用电产生的费用转嫁给了其服务对象，即本厂的其他用电部门和车间。前面制定定额时提到，由于是初步尝试对JH发电分厂自用量进行定额管理，此定额本就比较宽松，可执行的结果仍然令人震惊，可见平时浪费多么严重。

3）自用量超定额的原因分析

通过采用设计的体系完成对JH发电分厂自用电核算及控制效果分析后发现，其自用电控制严重失范。形成这种现象的原因，主要有4方面。

（1）辅助生产部门长期以来养成的浪费习惯。

该分厂有职工小食堂，但部分员工仍然自带午饭、晚饭，热饭热菜用电炉，还有些员工不喜欢去小食堂打开水，而是用电炉烧开水，还有许多员工上班顺便抽空洗小件衣物，再用电炉烤干，这些行为都会导致自用电超量。

（2）初入冬季，内部各单位过度使用电炉取暖。

本来广大干部职工节约意识就不强，加上12月份进入冬季，于是各内部单位大量使用电炉取暖，尤其是过度取暖。电炉则是班组开料单从公司总部仓库领用的，而料单需要发电分厂领导签字同意才生效，从电炉领用泛滥即可见发电分厂领导班子自身就没有很强的自用电节约意识。

（3）进入冬季，职工食堂做饭用电大增，但是一样存在严重浪费的问题。

（4）缺乏考核奖惩制度。以往没有自用电节约意识和严格的定额制度，自然不存在有效的考核奖惩制度，制度的缺失，客观上纵容了自用电的滥用。

4）对JH发电分厂的建议

（1）加强控制内部消耗的宣传教育。

养成自觉的节约意识很重要，单位应该做好切实有效的宣传工作，尤其是对制定的考核奖惩制度的宣传。

（2）尽快建立更准确的自用电定额和考核奖惩制度并认真落实。

由于是试算，JH发电分厂的自用量定额还比较宽松，尚有进一步精确从严的空间，应尽快制定更精确的消耗定额。没有严格的考核奖惩制度，消耗定额就形同虚设。因此，应同时制定考核奖惩标准，并认真贯彻执行。

（3）进行既能保护员工必要福利又可节约自用电的改革。

分厂内各单位滥用电炉，不仅浪费电力，而且增加了周转材料（电炉）的消耗费用，更严重的是容易造成意外事故，就曾有过职工将洗过的衣物挂在衣帽钩上用电炉进行烤干时滑落的现象，差点造成严重事故。因此，对于员工在上班期间取暖、饮用开水等合理的需要，发电分厂应寻找更好的方法予以解决。只要愿意改革，相信办法总是有的。

有必要指出的是，JH发电分厂内部消耗管控仅是我国企业辅助生产部门内部消耗管控的一个缩影，在此对JH发电分厂的试算（包括核算和控制效果分析）也只是为了达到3个主要目的，一是对成本会计知识体系补充此项内容（即对辅助生产部门消耗自产产品进行核算和进行控制效果分析）及在企业开始相应成本会计实务活动的必要性的证明；二是对本书设计的基本体系可行性的证明；三是启发所有企业模仿文中所设计的体系自行设计契合本企业经营管理特点的、实用价值更高的核算与管理效果分析体系，并予以实施。因此，相对于全国企业众多的辅助生产部门而言，此案例研究所揭示的问题仅为冰山一角，而实际情况无疑要严重得多，必须引起政府、企业界、学术界的足够注意。

3.5 本章小结

精益化管理是现代企业提高竞争力的重要保证，是制造业强企有别于制造业大企的标志。辅助生产部门和基本生产单位都是企业重要的生产单位，若基本生产单位的消耗管理工作走上精益化道路，但辅助生产部门却仍然是粗放式管理，就不能说企业生产单位的消耗管理已经完全走上精益化道路。控制好辅助生产部门消耗自产产品，就是辅助生产部门走上精益化管理的第一步。希望更多的专家学者加入进来，从成本会计知识体系、成本会计教育体系、成本会计实践、企业生产工艺技术等多方面予以研究，为我国走向制造业强国做出贡献。

4 机电修配企业回收整机拆解后可用零配件入库成本确定方法设计

人类建立循环型经济，离不开废旧回收企业和修配企业的发展。中国目前是不可否认的制造业大国，在中国发展废旧回收企业和修配企业，以及提升其管理水平，更具有重要意义。长期以来，修配企业的管理相对粗放，在一定程度上束缚了企业的发展。在存货管理方面的显著表现则是对从废旧整机中拆解的可用零配件在进行入库成本确定时缺乏科学性和规范性的方法，从而对企业成本管理水平和经营决策产生不利影响。本章设计了两种针对性方法解决这一问题，其中主要的方法是“可用零配件市场价值百分比确定法”，并以企业真实案例对此方法予以使用和评析。

4.1 可用零配件入库成本确定方法的研究意义

可用零配件，是指废旧整机拆解后的可用零配件。这些可用零配件从废旧整机中拆卸、加工、处理后，可以再次进入生产、生活领域，从而缓解了资源供应与经济发展的矛盾。研究可用零配件入库成本的确定方法，主要有以下三点意义。

4.1.1 有利于循环经济的发展

许多机电产品都是固定资产或者低值易耗品，具有较高价值。中国是机电产品的制造大国，也是机电产品的消费大国。每年因各种故障从生产中退出而进入废品回收领域的机电制品数量和价值都很大，其中有相当部分经过修理或拆解重组后还会回到生产、生活中发挥其应有价值，这符合循环经济的基本理念，有利于节约资源及环境保护。

4.1.2 促进中低技能水准的弱势群体就业

客观而言，机电修配企业中的拆解活动属于技术含量较低的工作，因此该行业已经成为具有中低技能水准群体的一个稳定、庞大的就业平台，对社会财富的重新分配和维护社会稳定的贡献不可小觑。

4.1.3 促进企业存货管理向精益化管理迈进，并提高产品定价的准确性

机电修配企业的存货管理相对比较粗放。由于回收价格是按整机购买价格计算的，因此许多企业对回收拆解的零配件成本都是凭企业老板或有关管理人员“拍脑袋”估计的，缺乏科学的计价思想和规范的计价方法，从而导致修配后的入库产品成本不准确，进而导致经营决策失误，长此以往，会影响企业的进一步发展。该研究活动，可促使该类企业存货管理向精益化管理的方向发展。

4.2 回收整机拆解后可用零配件入库成本确定方法设计

可用零配件的入库成本确定方法，按照简繁程度可以划分为以下两种方法，即“专家会商确定法”和“可用零配件市场价值百分比确定法”。

4.2.1 专家会商确定法

1）方法定义

专家会商确定法，是指企业组成包括采购人员、技术人员、会计人员等在内的可用零配件入库成本评估专家团队，依据专家会商确定拆解后可用零配件入库成本的方法。

2）具体操作

企业建立以专家（采购人员、技术人员等）为主要成员的成本评估组织，用背靠背方式对拆解零配件的入库成本进行初步估计，然后共同对这些估计结果进行会商修正，最后确定一个大家一致认可的入库成本。

3）该方法优缺点评析

首先，这种方法的优点很显著，就是经济、快捷。因为评估专家可能大部分是本企业的管理人员和技术人员，不用支付额外报酬并进行市场调研，因此，企业花费小、估价效率高。其次，这种方法的缺点也很明显。由于是专家会商，且以本企业专家为主，那么由于专家水平、责任心等主观因素掺入到估价活动中，从而使所估价格的准确性受到影响。比如，有些专家来自于某一生产部门，为了本部门在企业内部进行效益考核时获得有利评价，会尽可能压低其在生产过程中主要使用的某种拆解后可用零配件的入库成本，从而使其生产成本得以降低。

4.2.2 可用零配件市场价值百分比确定法

1）方法定义

该方法是以在市场中销售的与回收整机中可用零配件品种型号相同的新零配件零售价格（或进价）为基础，结合该新零配件占整机价值的百分比，以及回收整机买价、运费、拆解费用、拆解时回收残值等来确定拆解后可用零配件价格的方法。

2）具体操作

(1）调查整机中的可用零配件的全新零配件的市场价格。

全新零配件的市场价格调查，是这种方法最重要和最基础的工作。市场调查要做的是，在市场中寻找与回收整机中的可用零配件品种、规格相同的全新零配件，并记录它们的价格。在这里，调查时应找一个零配件比较齐全的商家，这样不仅节约调查费用，更重要的是，在同一个商家出售的零配件的价格会同升或同降，从而保持了一个整机内各个零配件价值所占比重的相对准确性，因为商家对不同零配件的价格进行确定时，自然会将零配件的进价考虑进去，即进价高的，其售价也高，反之亦然。至于是用零售价还是批发价，都可以。但同一部回收整机中的零配件应该统一，即不能在同一部整机中，一些零配件用零售价，另一些零配件用批发价。

（2）计算市场价值百分比。

获取了有关零配件对应的新零配件的市场价格后，就可以计算该零配件所占整机价值的百分比，为此建立模型（1）。

$$r = \frac{s_i}{\sum_{i=1}^{n} s_i} \cdot 100\% \tag{1}$$

模型释义：r表示某零配件价值在整机价值中的百分比；s_i表示与整机中的可用的第i个零配件对应的全新零配件的市场价格；n为某台旧整机拆解后可用零配件的个数。

值得指出的是，即使回收的为同一类型、规格的整机，其可用零配件名称（品种）规格及个数也未必相同，所以，针对同一名称（品种）、规格的零配件，会形成“百分比数据库”。为此设计模型（2）。

$$Q = C_{11}^{1} + C_{n-1}^{1} + C_{n-1}^{2} \cdots\cdots C_{n-1}^{n-1} \tag{2}$$

模型释义及举例：Q为同一类型整机中的每种新零配件百分比的个数；n为可用零配件的个数。如果某个回收整机拆解后只有一个可用零配件（如甲零配件），则甲零配件的市场价值百分比为100%；如果有2个零配件，其中一个为甲，则剩余的零配件中的任何一个都可以和甲零配件组成一个组合，在每个组合中，甲零配件都会产生一个市场价值百分比，则共有C_{n-1}^{1}个百分比，以此类推，当有n个可用零配件时，则有一个百分比，即C_{n-1}^{n-1}。甲零配件总共可能最多的市场价值百分比个数为$C_{1}^{1} + C_{n-1}^{1} + C_{n-1}^{2} \cdots\cdots C_{n-1}^{n-1}$，其中在巧合情况下有可能产生相同的市场价值百分比。

（3）确定可用零配件的入库成本。

计算好某一个可用零配件的百分比后，即可结合整机的回收价格、运费、拆解费用、拆解残值收入等确定可用零配件的入库成本。为此建立模型（3）。

$$C = r \cdot (z + y + m - h) \tag{3}$$

模型释义：C表示整机中的某可用零配件的确认成本；r表示该零配件价值在整机价值中的百分比；$(z+y+m-h)$为待分解费用，其中z表示回收的某个旧整机的买价；y表示整机应承担的运杂费；m为整机应承担的拆解费用；h表示整机拆解时产生的残值收入。

3）该方法优缺点评析

该方法的优点是，与专家会商确定法相比，该方法主观性较小，比较科学合理，可用零配件成本确定比较准确。该方法的缺点是，市场调查时工作量大，需要一定的调查费用，该方法使用初期投入精力多。不过，经过一段时间后，基础资料会逐渐齐全，调查工作量会减少，“百分比数据库”容量会丰厚充实，没有特殊情况，不需要计算新的百分比。上述两种方法各有特点，企业可以选其一使用。但如果企业条件允许，最好用“可用零配件市场价值百分比确定法”，因为依据这种方法确定的零配件入库成本格更准确。

总之，有方法比没有方法的“拍脑袋”决定要科学、规范。

4.3 案例研究

设计了“可用零配件入库成本确定方法”之后，即可使用设计的方法开展此项会计实务工作。现以浙江省某修配企业为对象进行案例研究，为了保护企业的成本机密，在此用XP代替该修配厂名称。

4.3.1 企业简介

1）企业概况

XP厂为一个有5年厂龄的机电修配厂，拥有拆解、清洗、组装等3个生产车间。该企业的主要经营活动是，从市场上将废旧电机整机回收拆解，筛选出可用零配件，然后加工装配成可用的二手电机，最后出售给有需要的客户（需要指出的是，该企业绝非生产假冒伪劣产品，而是将产品标明为组装后的二手电机，并根据其功能程度明码标价）。回收整机拆解、可用零配件清洗、入库、出库基本流程见表4-1。

表4-1　**回收整机拆解、可用零配件整理（清洗）、入库、出库流程**

位置	旧电机仓库		拆解车间		清洗车间	可用零配件仓库	
工作及手续	入库	领料	旧整机拆解	交接	可用零配件清洗	入库	发料
单据	入库单	领料单	车间记录单	交接单	车间记录单	入库单	领料单

2）企业在确定可用零配件入库成本方面存在的问题

该企业多年来管理非常粗放，对在回收整机过程中拆解的可用零配件入库成本确定非常随意，基本是谁管仓储谁估价，而仓储人员都是随意估计。仓储人员流动后，新的仓储人员仍是随意估计。总之，粗放的入库成本确定方式，严重影响了组装后产品成本的准确性。然而，随着此类企业的增多，市场竞争趋于激烈。在生存压力下，该企业尝试改变这一管理模式，希望可用零配件在入库时有一套具有科学性、规范性的成本确定标准。遂将此任务交给了应聘到该企业会计部门任主管的周某。周某拥有会计专业的大专学历，具有3年会计和仓储管理工作的经验。但周某以前从未遇到此类难题，一时陷入困境。最后周某将此问题咨询其大学导师，导师对此问题感兴趣，经过深入调研后提出此两种可用零配件入库成本确定办法（上述方法）。周某向企业汇报后，企业领导认为该办法值得尝试。

4.3.2　代表案例研究

1）回收整机介绍

该企业于2023年11月回收1台管道离心泵（规格：ISG 200-400A），整机收购价格2 700元，应承担运费50元，拆解及清洗用工60元，拆解获得废料价值35元。回收整机拆解后可用零配件有配套叶轮1个，机械密封1套，泵壳1个。需要确定配套叶轮、机械密封、泵壳的入库单位成本。

2）可用零配件入库成本确定

（1）选定方法。根据前述评析得知，“可用零配件市场价值百分比确定法”具有更严谨的科学性和规范性，故采用“可用零配件市场价值百分比确定法”。

（2）市场调查。确定相应新品市场售价。经过一次规范的电机零配件配套市场调查，研究人员获得了关于前述可用零配件的新品价格，配套叶轮新品售价1 200元/个；机械密封 260元/套；泵壳2 500元/ 个。

（3）计算百分比。根据模型（1），计算各个零配件占可用零配件总价值的百分比，计算过程和结果见4–2中第8栏和第9栏。

（4）计算拆解后可用零配件成本。根据整机回收资料中的买价、拆解清洗费用、废料收入等数据，利用模型（3），计算拆解后可用零配件的单位成本。计算过程见表4–2中第2、3、4、5、6、9、10栏。

现将整个计算过程及入库成本列为表4–2。

表4–2　　拆解后可用零配件入库成本计算一览表

废旧整机名称规格 1	待分解费用					拆解后可用零配件入库成本			
	买价（元）2	运费（元）3	拆解与清洗费用（元）4	废料收入（元）5	小计（元）6= 2+3+4−5	零配件名称 7	市场新零配件价格（元/件套）8	百分比（%）9=8÷8 合计数×100%	可用零配件入库成本 10=6×9
管道离心泵 ISG200-400A	2 700	50	60	35	2 775	配套叶轮	1 200	30.30303	840.909
						机械密封	260	6.565657	182.197
						泵壳	2 500	63.13131	1 751.894
成本合计	2 700	50	60	35	2 775		3 960	100	2 775

3）成本差异比较与评析

月底，得到了仓管人员按惯例对上述拆解后可用零配件确定的入库成本信息。为了对分别采用企业惯例和设计的“市场价值百分比确定法”确定的可用零配件入库成本进行比较分析，现在对其计算结果进行差异计算和评析。

（1）成本差异计算。

对两种不同成本确定方法所确定的可用零配件入库成本进行差异计算，并编成表4-3。

表4-3　**不同成本确定方法下可用零配件入库成本差异计算表**

项目 1	按企业习惯确定的入库成本（元） 2	按“可用零配件市场价值百分比法”确定的成本（元） 3	差异（元） 4=2-3	差异率（%） 5=4÷3×100%
配套叶轮	800	840.909	-40.909	-4.86485
机械密封	120	182.197	-62.197	-34.1372
泵壳	1 855	1 751.894	103.106	5.88540
价格合计	2 755	2 775	0	0

（2）评析。

通过差异计算表发现，在粗放式的入库成本估计方法下，目前企业的可用零配件入库成本扭曲现象比较严重，配套叶轮被低估了4.86485%，机械密封的成本被低估了34.1372%，泵壳成本被高估了5.88540%。这一结果会进而影响消耗这3种零配件的有关产成品成本（除非这3种零配件被用于同一个组装后的二手整机中，但此现象仅属巧合），最终影响产成品销售定价和经营决策。产生这一结果的根本原因是可用零配件没有规范科学的入库成本确定指导思想和方法，估计成本带有很大的盲目性和主观性。可见，相比之下，“可用零配件市场价值百分比确定法”更科学和规范。

4）建议

鉴于XP厂亟须提高可用零配件入库成本管理水平，同时又考虑企业仓储人员长期以来的习惯和其知识水平的实际情况，故建议XP厂先挑选几种拆解后可用零配件少且可用零配件组合比较稳定的回收整机作为试点对象，在2024年上半年按新方法确定入库成本，并在试点过程中抓紧建立相应的配套管理制度。下半年视其试点情况，进行完善和正式执行。

4.4 本章小结

现在全球都在倡导建立节约型的企业经营文化，科学的成本管理是这一文化的重要组成部分。成本管理水平的提高，不仅依靠严格的制度控制，更应依靠管理创新。通过对机电修配企业整机拆解后可用零配件入库成本的核算，可以给成本管理人员一个重要启示，即具有责任感、钻研和创新精神的成本管理人员，可将会计的参谋作用不断提向新的水平，从而为企业的经营决策做出更大贡献。

5 石材生产企业车间内部航吊费用的基本核算方法设计

航吊设备系统在石材生产企业车间内部的生产活动中举足轻重，由此发生的航吊费用亦是车间生产组织费用的重要组成部分，对生产组织费用的管控绩效影响甚大。根据航吊系统作业特点，系统性地设计航吊费用基本核算方法并针对核算结果优化生产管理环境，是提高产品成本核算准确性、航吊费用控制有效性的关键手段之一。本章以贺州市SW石材企业为例进行研究，文中所贡献的研究思路，对有类似生产特点的企业具有借鉴价值。

广西贺州市在人造岗石生产线数量及产量方面均稳居全国第一。据统计，目前贺州全市拥有石材企业344家、产品市场占有量达到60%以上，且呈现出蓬勃发展的良好态势。然而，贺州石材制造企业成本核算与管控还非常粗放，与该市石材生产工艺技术发展水平、生产管理技术发展水平，以及生产设备自动化发展水平等相比，已经形成强烈反差，对产品定价决策、生产决策、成本管控绩效考核等各项工作均产生不利影响。因此，有针对性地改革贺州石粉制造企业的成本核算思路，甚为迫切。其中，航吊费用核算与管控是石材生产企业的一项非常现实且极具挑战性的成本管理工作。

5.1 石材制造企业生产车间航吊设备系统的重要性

航吊又称“行吊”。航吊设备系统，是指主要以各种航吊设备组成的车间内部运输系统。在具体车间内部，该系统也可包含少量叉车，但由于以航吊设备为主，因此，可简称为“航吊设备系统”。无论从生产管理角度分析，还是从成本管控角度分析，航吊设备系统在石材制造企业生产车间的地位都越来越重要。

5.1.1 航吊设备系统是车间生产活动的纽带

航吊设备系统是车间生产活动的纽带，对提高生产效率至关重要。石材生产企业生产量大，原材料、在产品、产成品的重量大，因此航吊运输设备的工作量很大。航吊设备系统是石材生产车间的生产活动纽带，有机地将各个生产活动组织在一起，从而保证生产活动的顺利进行。航吊设备系统效率如何，直接影响到企业生产管理绩效高低。

5.1.2 航吊设备系统费用在间接费用中占较大比重

航吊设备系统费用，可简称“航吊费用”，是航吊设备系统在工作过程中消耗的各种资源的价值表现，主要由航吊设备折旧费用、航吊设备维修费用、航吊设备耗能费用，以及航吊人员工资等组成。其中，航吊设备折旧费用、航吊设备维修费用、航吊设备耗能费用在车间间接费用中的占比越来越高。

（1）设备价格昂贵，折旧费用较高。

航吊设备系统购买价格和建设费用昂贵，形成固定资产的价值高，且贺州石材制造企业都向大型化、现代化发展，不断添置新设备充实航吊系统或升级原有设备系统功能。在设备能力不断提高的形势下，其折旧费用也越来越高。

（2）设备技术含量高，维修费用高。

航吊设备系统的技术水平越高，性能越先进，则其维修费用也越高。而航吊系统一旦发生故障，则极容易造成车间内部生产活动受阻，从而形成停工损失。为了避免因航吊设备系统故障而造成的停工损失，车间都力保航吊设备系统维修到位，因此航吊设备系统的维修费用也随航吊设备系统功能的提高而提高。

（3）设备动力费用高。

航吊设备系统运作紧贴车间内部各个生产活动，所以航吊设备系统耗能成为车间耗能的重要组成部分。燃油动力航吊系统大量消耗燃油，从而增加了车间的燃油费用；电动航吊系统则大量消耗电力，从而增加了车间的电费。

5.1.3 航吊费用核算的现状及弊端

在对贺州石材制造企业及其他城市的石材制造企业调查过程中发现，企业对航吊费用都没有进行专门核算，而是按传统的观点，将航吊设备与车间其他设备所发生的工资费用、折旧费用、维修费用、能耗等，全部作为间接费用在“制造费用”账户中进行归集并采用同一种方法进行分配。这样处理的弊端是忽视了航吊费用与其他制造费用因在生产过程中所发挥作用的不同而应采取不同的归集与分配方法。采用同一种方法进行“一刀切”分配，容易造成航吊费用分配脱离航吊系统服务的特点，从而造成产品成本扭曲，进而影响成本分析、成本控制，以及产成品定价和航吊费用管控等成本管理工作，且由于航吊设备系统越先进，航吊设备系统费用就越高，则这些弊端就越严重，即成本管理水平与航吊设备系统的水平向相反方向发展。为了提高企业对航吊费用的管控水平，促进企业成本管理整体水平的提高，企业需要专门设计航吊费用的基本核算方法。

5.2 航吊费用的基本核算方法设计

5.2.1 航吊费用基本核算方法设计的思路

基于成本管理应遵循的重要性原则应将航吊费用进行单独核算和管

控；基于成本信息（会计信息）的有用性原则，应选择合适的航吊费用核算方法，对航吊费用进行归集、分配，以提高产品中的航吊费用分配的准确性，进而提高产品成本信息的决策有用性。并通过航吊费用计算结果，向生产管理部门提供可行性建议，助其科学组织生产活动以利节约资源，从而达到从源头上提高成本管控效果的目的。

5.2.2 航吊费用基本核算方法设计步骤

1）确定分配标准

航吊费用乃因航吊设备系统在车间内部迁移原料、在产品、产成品等而发生，本质上是一种运输费用，而运输费用的分配标准应以运输对象的重量和距离形成复合分配标准。所以，航吊费用分配标准应是航吊设备系统在车间内部的运输重量与运输距离乘积形成的复合标准。这一复合分配标准，对只由航吊设备组成的航吊设备系统和以航吊设备为主、含有少量叉车组成的航吊设备系统都适用。至于重量（如吨、千克）、距离（千米、米）的具体计量单位，则根据具体情况具体选择。

2）规范航吊设备系统作业统计资料

（1）准确归集费用。

对航吊设备系统消耗的各种资源要及时、完整地进行记录，能准确区分航吊设备系统发生的资源消耗与车间内部其他生产组织活动发生的资源消耗。为此，宜创建、完善航吊设备系统资源消耗的记录体系，比如专用的单证、表格等。

（2）明晰工作通知单，准确统计航吊作业量。

对航吊设备系统每次的工作目的应具体化、清晰化。能准确区分在生产过中程航吊为不同产品完成的原料、在产品、产成品的运输工作，做好各种运输工作作业量的统计工作。为此，宜创建、完善航吊设备系统的工作通知单，使航吊设备系统工作目的有完整的原始记录作为依据，便于以后航吊费用分配有据可依。

3）账务流程体系设计

根据航吊费用的性质特点，在此设计两种账务流程体系，并予以对比评析，供企业参考选择。

（1）在“制造费用”明细账中设置“航吊费用”专栏进行归集和分配。

在“制造费用”明细账中设置“航吊费用”专栏进行归集，依据航吊设备系统所消耗资源的原始凭证编制记账凭证，并登记在“制造费用”明细账下的“航吊费用”栏目，月末合计后，即为该车间当月的“航吊费用”发生总额，然后进行分配。由于“生产成本——基本生产”明细账及“产品成本计算单”与传统格式相同，故在此略去格式演示。含有“航吊费用”专栏的“制造费用”明细账见表5-1。

表5-1　××车间“制造费用”明细账（设航吊费用专栏）　金额单位：元

年月日	凭证字号	摘要	费用明细项目								合计
			航吊费用	小计	机物料	工资及福利	折旧费	办公费	水电费	小计	
		本月合计									
		本月转出									

至于基本账务流程，和传统的制造费用账务流程并无区别，只是在登记“制造费用”明细账时，将航吊费用金额登记在“制造费用”明细账的“航吊费用”栏目下；而分配时采用专门的分配方法从“制造费用”明细账的“航吊费用”栏目结转到“生产成本——基本生产账户”的 “制造费用”成本项目栏目中，以及相应产品“成本计算单”中的“制造费用”成本项目栏目中。值得一提的是，在此航吊费用虽然在制造费用明细账中，但航吊费用的分配应单独计算分配率并分配，方能实现航吊费用准确归集和分配的意图。由于基本账务流程和传统的制造费用账务流程并无区别，因此，在此略去账务流程演示。

在“制造费用”明细账中设置“航吊费用”专栏进行归集和分配的优点是，不用在车间内部新设账户，但缺点是分配时必须与“制造费用”账户中的其他费用分别采用不同的分配方法进行分配，从而增加了制造费用账户分配结转的复杂性。

（2）将航吊设备系统作业视同为辅助生产活动，专设“生产成本——辅助生产成本——航吊设备系统”明细账对航吊费用进行归集和分配。

就航吊设备系统的功能而言，航吊工作本质上属于辅助生产活动，因此，也可以专设“生产成本——辅助生产成本——航吊设备系统”明细账，依据当月航吊设备系统消耗资源的原始凭证编制记账凭证，登记“生产成本——辅助生产成本——航吊设备系统”明细账，月末合计后即为该车间的航吊费用发生总额，然后再进行分配。相应地，在“生产成本——基本生产成本”明细账以及“产品成本计算单”中设置“航吊费用”成本项目专栏，登记从“生产成本——辅助生产成本——航吊设备系统”明细账分配转来的“航吊费用”。“生产成本——辅助生产成本——航吊设备系统”明细账、“生产成本——基本生产”明细账、“产品成本计算单”见表5-2、表5-3、表5-4。

表5-2 **××车间“生产成本——辅助生产成本——航吊设备系统”明细账**

年 月 日　　金额单位：元

年 月 日	凭证 字号	摘要	机物料	工资及 福利	电费	折旧	修理费	其他 费用	合计
		本月合计							
		本月转出							

表5-3 **××车间“生产成本——基本生产”明细账**

年 月 日　　金额单位：元

年 月 日	凭证 字号	摘要	成本项目					合计
			直接 材料	燃料和 动力	直接 人工	航吊 费用	制造 费用	
		期初余额						
		本月合计						
		本月转出						

表5-4 **××车间产品成本计算单**

产品名称： 产品产量： 年 月 日 金额单位：元

年 月 日	凭证字号	摘要	成本项目					合计
			直接材料	燃料和动力	直接人工	航吊费用	制造费用	
		期初余额						
		本月合计						
		本月转出						

在此对专设“生产成本——辅助生产成本——航吊设备系统”明细账情况下的账务流程进行设计（用会计分录替代）。

归集航吊费用时，

借：生产成本——辅助生产成本——航吊设备系统

贷：有关资源账户（如应付职工薪酬）等

然后根据这些记账凭证登记“生产成本——辅助生产成本——航吊设备系统”明细账。

分配航吊费用时，

借：生产成本——基本生产成本——X产品

贷：生产成本——辅助生产成本——航吊设备系统

然后根据这些记账凭证，在“生产成本——基本生产成本”明细账下的“航吊费用”成本项目、相应产品的“产品成本计算单”的“航吊费用”成本项目中进行记账，以及在“生产成本——辅助生产成本——航吊设备系统”中的“本月转出”行用红字登记（表示转出）。“生产成本——辅助生产成本——航吊设备系统”明细账期末没有余额。

专设“生产成本——辅助生产成本——航吊设备系统”明细账对航吊费用进行归集和分配，其优点是不用变通制造费用明细账，不用将制造费用同时用两种方法分配，没有使制造费用的归集和分配复杂化，且航吊费用的核算和控制更加具体明细。但缺点是多设一个“生产成本——辅助生产成本——航吊设备系统”明细账，从而增加了明细账户数量；而在

“生产成本——基本生产成本”明细账及“产品成本计算单”的成本项目中增加新的成本项目，则增加了这两种账（单）结构的复杂性。

两种账务流程设计各有特点，企业可以根据自身具体情况选择使用。

4）航吊费用计算模型体系设计

航吊费用计算模型体系包含航吊费用归集模型和航吊费用分配模型。航吊费用计算模型体系力求逻辑严密、简明易懂、实用性强。为此在保证航吊费用归集分配工作质量的前提下，力求计算模型体系的模型数量少而精。

5）航吊核算方法的试算

航吊核算方法设计完成后，应采用车间某一个月的成本费用资料进行试算，以检验所设计的航吊费用核算方法的使用效能，并予以完善。确信设计的航吊费用核算方法可推行后，企业以内部发文的方式在有关车间内部使用。

5.3 案例研究

5.3.1 SW石材有限公司2号车间简介

1）SW石材有限公司2号车间简介

为了保护企业商业机密，企业名称用字母代替。企业产品不采用市场品名而采用企业内部产品编码表示（产品编码首位阿拉伯字母“2”乃2号车间在SW公司企业内部编号）。SW石材有限公司2号车间，是SW石材有限公司的一个基本生产车间，主要生产201#、202#、203#、204#、205#等五种板材产品。2号车间的板材产品广泛应用于宾馆、酒店、商厦、车站、地铁、机场等，经国家权威部门检测，产品放射性符合国家A类装修材料要求，并通过ISO 9001质量体系认证。2023年该企业请高校成本管理教师和本企业成本会计及相关人员组成研究小组，对车间内部航吊费用专门进行管控设计，并以2号车间及该车间2023年4月份成本资料作为样本进行研究，以期找到管控航吊费用的先进核算手段。

2）2号车间2023年4月份制造费用基本资料

2023年4月份2号车间制造费用总额1 028 465.85元，其中工资87 350元、折旧费504 451.11、维修费33 565元、电费309 187.04元、油料消耗费18 835.47元、办公费用520元、工艺设计费用24 573.9元、污水处理费用32 142.03元、低值易耗品摊销4 000元、清洗费用13 841.3元。而航吊费用包含其中。单独计算航吊费用，需要依据车间原始记录进行挖掘分离。

5.3.2 SW石材有限公司2号车间航吊费用核算设计

2023年3月，SW石材有限公司就近邀请高校成本管理教师与本公司成本会计员及相关职能部门负责人，共同成立航吊费用核算体系设计小组，按前述的航吊费用基本核算方法设计步骤，并顺利开展工作。

1）确定2号车间航吊费用分配标准

经过反复论证，2号车间航吊费用的分配标准应为航吊设备系统为生产活动而所运物资（各种原料、在产品、产成品）重量与距离相结合的复合分配标准，即重量与距离的乘积，分配标准的具体计量单位为吨·米。

2）规范航吊设备系统作业所需的统计资料

为了使航吊费用能准确归集和分配，研究小组为2号车间设计了有利于收集航吊设备系统消耗资源的资源消耗原始凭证，以及航吊设备系统为各种产品的生产活动进行服务的作业活动原始凭证。在此不再赘述。

3）2号车间账务流程设计

经过讨论，研究小组选择了在“制造费用”明细账中设置“航吊费用”专栏进行航吊费用归集和分配的账务流程方式。账务流程设计不再赘述。

4）建立计算模型

这里要说明的是，航吊费用归集工作的重点，是确定采用何种账务流程体系和设计规范的航吊费用归集所需的原始凭证，2号车间这两个问题已经解决。而制造费用归集的计算工作，则属于成本会计的基本常识。故根据2号车间的实际情况，研究小组设计了以下3个计算模型。

$$Q=\sum_{i=1}^{3}\sum_{j=1}^{5}\sum_{u=1}^{n}w_{iju}\cdot v_{iju} \tag{1}$$

模型释义：该模型是航吊设备系统作业活动（即工作量）的归集模型。Q为2号车间4月份航吊设备系统所完成的全部作业量，下同；w_{iju}为航吊设备系统在第i个生产环节中为第j种产品进行第u次运输活动时，所运货物的重量，由于该车间共3个生产环节，生产5种产品，因此，i不超过3、j不超过5，下同；v_{iju}为航吊设备系统在第i个生产环节中为第j种产品进行第u次运输时的运输距离。

$$r=\frac{S}{Q} \tag{2}$$

模型释义：该模型是航吊费用分配率计算模型。r为航吊费用分配率，下同；S为2号车间当月所归集的全部航吊费用。

$$C=r\cdot\sum_{i=1}^{3}\sum_{u}^{n}w_{iu}\cdot v_{iu} \tag{3}$$

模型释义：该模型是航吊费用分配模型。C为2号车间当月某产品应分配的航吊费用；w_{iu}为2号车间该产品（原材料、在产品、产成品等）当月在第i个生产环节中的第u次航吊设备系统运输活动中的重量；v_{iu}为2号车间该产品（原材料、在产品、产成品等）在当月的第i个生产环节中的第u次运输活动中被航吊设备系统运输的距离。

5）试算

（1）归集2号车间本月航吊费用。

依据原始记录，将航吊费用从该车间4月份制造费用中挖掘分离出来，分别是人工费用24 000元、折旧费71 309.01元、维修费12 341.11元、电费61 875元、油料消耗15 335.48元，航吊费用合计184 860.6元。

（2）统计2号车间航吊作业量。

利用模型（1），对2号车间在2023年4月份的作业量（即运输工作量）进行统计，见表5-5。

（3）分配2号车间本月航吊费用。

利用模型（2）、模型（3），计算4月份航吊费用分配率，并将航吊费用分配给各产品，列成表5-6。

表5-5　2023年4月份航吊设备系统在2号车间各个生产环节运输工作量一览表

产品名称 1	荒料半成品压制环节运输工作量				毛板半成品切割环节运输工作量				成品板精磨及码放环节运输工作量				工作量合计（吨米）14=5+9+13
	数量（颗）2	单重（吨）3	运距（米）4	工作量（吨米）5=2×3×4	数量（颗）6	单重（吨）7	运距（米）8	工作量（吨米）9=6×7×8	数量（片）10	单重（吨）11	运距（米）12	工作量（吨米）13=10×11×12	
201#	65	13.73	35	31 236	65	13.73	10	8 925	5 185	0.158	27	22 119	62 280
202#	65	17.37	35	39 517	65	17.37	10	11 291	5 260	0.199	49	51 290	102 098
203#	255	13.73	35	122 540	255	13.73	10	35 012	21 530	0.158	130	442 226	599 778
204#	30	17.37	35	18 239	30	17.37	10	5 211	2 400	0.199	60	28 656	52 106
205#	50	13.73	35	24 028	50	13.73	10	6 865	4 220	0.158	144	96 013	126 906
合计	465			235 560	465			67 304	38 595			640 304	943 168

注：本表内部各栏目名称为简称。“所运输货物运输数量”简称为“数量”，“所运货物单位重量”简称为“单重”，“运输距离”简称为“运距”，“航吊运输工作量”简称为“工作量”。工作量采用四舍五入后的整数，但并不影响计算分析。

表5-6　2号车间2023年4月份各种产品航吊费用分配一览表

航吊总费用（元）1	航吊工作总量（吨米）2	分配率 3=1÷2	各产品航吊费用分配									
			201#		202#		203#		204#		205#	
			工作量（吨米）4	航吊费（元）5=3×4	工作量（吨米）6	航吊费（元）7=3×6	工作量（吨米）8	航吊费（元）9=3×8	工作量（吨米）10	航吊费（元）11=3×10	工作量（吨米）12	航吊费（元）13=3×12
184 861	943 168	0.1960	62 280	12 207	102 098	20 011	599 778	117 556	52 106	10 213	126 906	24 874

注：本表内部各栏目名称为简称。“航吊运输工作量”简称为“工作量”，“航吊运输费用”简称为“航吊费”。工作量、航吊费用采用四舍五入后的整数，但并不影响计算分析结果，差异由205#产品承担。

6）“航吊费用核算方法”的使用效果分析

（1）传统的航吊费用随制造费用分配而分配的思路及分配结果。

目前所有石材企业都没有“航吊费用”概念，航吊设备只是所有机器设备的一部分，其发生的所有费用都包含在制造费用之中。该车间的制造费用分配思路是按比例将制造费用分配给“荒料半成品压制、毛板半成品切割、成品板精磨及码放”等三个生产环节。其中比例分别是50%、25%、25%，而此比例则是来源于各个环节生产工人工资费用在3个环节中的生产工人总工资中所占的比重。各生产环节的制造费用又按该生产环节的产品产量分配给有关产品，则某一种产品从三个生产环节所分配的制造费用之和，即该产品本月的制造费用。由于航吊费用包含于制造费用之中，因此，航吊费用也随着这种制造费用分配思路分给有关产品。为了揭示这种客观上将航吊费用隐含在制造费用之中，再按该车间制造费用分配方法进行分配所存在的严重弊端，现将隐含在制造费用中的航吊费用从制造费用总额中分离出来，对其随制造费用分配而分配的过程及分配结果予以演示，见表5-7。

表5-7 **2号车间客观上随制造费用核算的4月份航吊费用分配结果一览表（传统方法）**

<table>
<tr><td colspan="3">从本月归集的制造费用总额中分离出来的本月航吊总费用（元）</td><td colspan="4">184 861</td></tr>
<tr><td colspan="3">加工环节名称</td><td>荒料半成品压制</td><td>毛板半成品切割</td><td>成品板精磨及码放</td><td>合计</td></tr>
<tr><td colspan="3">分配比例（%）</td><td>按总费用的50%</td><td>按总费用的25%</td><td>按总费用的25%</td><td>100%</td></tr>
<tr><td colspan="3">分配金额（元）</td><td>92 431</td><td>46 215</td><td>46 215</td><td>184 861</td></tr>
<tr><td colspan="3">各加工环节总产量</td><td>465 颗</td><td>156 018 平米</td><td>156 018 平米</td><td>—</td></tr>
<tr><td colspan="3">按产量计算分配率（各加工环节分配的航吊费用÷各环节总产量）</td><td>198.7763 元/颗</td><td>0.2962 元/平米</td><td>0.2962 元/平米</td><td>—</td></tr>
<tr><td rowspan="12">各产品航吊费用分配额</td><td rowspan="2">201#</td><td>产量</td><td>65 颗</td><td>19 910 平米</td><td>19 910 平米</td><td>—</td></tr>
<tr><td>分配金额</td><td>12 920 元</td><td>5 897 元</td><td>5 897 元</td><td>24 714 元</td></tr>
<tr><td rowspan="2">202#</td><td>产量</td><td>65 颗</td><td>25 564 平米</td><td>25 564 平米</td><td>—</td></tr>
<tr><td>分配金额</td><td>12 920 元</td><td>7 572 元</td><td>7 572 元</td><td>28 064 元</td></tr>
<tr><td rowspan="2">203#</td><td>产量</td><td>255 颗</td><td>82 675 平米</td><td>82 675 平米</td><td>—</td></tr>
<tr><td>分配金额</td><td>50 689 元</td><td>24 491 元</td><td>24 491 元</td><td>99 671 元</td></tr>
<tr><td rowspan="2">204#</td><td>产量</td><td>30 颗</td><td>11 664 平米</td><td>11 664 平米</td><td>—</td></tr>
<tr><td>分配金额</td><td>5 963 元</td><td>3 455 元</td><td>3 455 元</td><td>12 873 元</td></tr>
<tr><td rowspan="2">205#</td><td>产量</td><td>50 颗</td><td>16 205 平米</td><td>16 205 平米</td><td>—</td></tr>
<tr><td>分配金额</td><td>9 939 元</td><td>4 800 元</td><td>4 800 元</td><td>19 539 元</td></tr>
<tr><td rowspan="2">合计</td><td>产量</td><td>465 颗</td><td>156 018 平米</td><td>156 018 平米</td><td>—</td></tr>
<tr><td>分配金额</td><td>92 431 元</td><td>46 215 元</td><td>46 215 元</td><td>184 861 元</td></tr>
</table>

注：表中某产品在某生产环节分配航吊费用=该产品在该生产环节产量×该生产环节按产量计算的航吊费用分配率，计算结果四舍五入取整数。由于203#产品产量最大，因此，各生产分配尾数差异由203#产品承担。

（2）专门设计的航吊费用核算方法与随制造费用核算的航吊费用分配结果（即传统方法）差异计算比较。

专门设计的航吊费用核算方法下航吊费用分配结果准确性提高程度如何，需要与随制造费用核算的航吊费用分配结果进行对比，计算对比见表5-8。

表5-8　**专门设计的航吊费用核算方法与随制造费用核算的航吊费用分配结果差异一览表**

产品名称 1	随制造费用核算的分配结果（元） 2	专门设计的航吊费用核算方法分配结果（元） 3	差额（元） 4=2-3	差异率（%） 5=4÷3×100%
201#	24 714	12 207	12 507	102.46%
202#	28 064	20 011	8 053	40.24%
203#	99 671	117 556	-17 885	-15.21%
204#	12 873	10 213	2 660	26.05%
205#	19 539	24 874	-5 335	-21.45%
合计	184 861	184 861	0	0

从表5-8可以发现，在航吊随制造费用进行核算的情况下，201#、202#、204#等三种产品所分配的航吊费用比实际应分配的航吊费用分别虚增了102.46%、40.24%、26.05%，而203#、205#等两种产品，产品所分配的航吊费用比实际应分配的费用分别虚减了-15.21%、-21.45%，费用分配结果扭曲严重。

（3）传统方法下航吊费用分配扭曲的原因分析。

首先，从总体而言，是因为在传统方法下，简单地将航吊费用包含在制造费用中按产品产量分配，忽视了航吊系统工作活动的特殊性，即未考虑航吊工作量由所运输货物重量与运输距离相结合组成；其次，203#和205#两种产品在成品板精磨及码放生产环节，其运输距离远长于其他3种产品，因此，所消耗的航吊工作量远远高于其他3种产品，但由于传统上将航吊费用包含在制造费用中进行分配，采取了按产量分配的方法，从而使203#和205#两种产品航吊分配费用虚减，而转移给了201#、202#、204#等3种产品，导致此3种产品航吊费用虚增。

7）针对核算结果提出合理化建议

通过用针对航吊费用专门设计的核算方法进行航吊费用核算，发现了在航吊费用核算过程中存在的问题，为此提出以下几条主要建议。

（1）对SW石材有限公司的建议。

首先，公司管理高层应充分重视航吊费用在该企业生产费用组成中的重要性，认识到严格管控和科学核算该费用对有效控制本企业产品成本及准确核算产品成本的重要性，提高精益管理的观念；其次，在公司层面，以2号车间为模板对其他车间的航吊费用核算展开改革；再次，责成会计部门、生产统计部门联合设计符合航吊费用新核算方法需要的账、证、表，为航吊费用新核算方法的开展提供信息收集系统保障；最后，优化车间内部管理，减少航吊系统不必要的作业活动。

（2）对2号车间的建议。

首先，对公司层面的建议，同样适合2号车间；其次，2号车间还应及时改进自身存在的具体问题。比如，2023年4月份该车间所生产的5种产品，其成品码放管理缺乏科学思想。因为航吊系统工作量与所运输货物的重量（产量）和运输距离都有关系，而生产的最后一个环节是成品板精磨，因此，为了节约航吊费用支出，成品码放的顺序是重量（产量）最高的产品应距离成品板精磨生产环节最近，依次按重量（产量）高低由近及远，即最远的应该是重量（产量）最低的。依据此指导思想，那么从表5-5第2栏产量可以判断出本月各产品成品的最优码放顺序应是203#、201#或202#（这两种产品产量相同，顺序可对调）、205#、204#，但在表5-5第12栏发现，其实际码放顺序却是201#、202#、203#、204#、205#，而203#本月产量占所有产品产量总和的一半以上，从而导致本月航吊总费用大大上升。故建议2号车间以后尽可能根据客户订单情况（指客户的订货量），合理安排产品码放顺序，因为优化生产管理活动，才是最重要的成本管控手段，可从源头上减少资源消耗，降低航吊费用。

5.4 本章小结

随着企业自动化水平的不断提高，企业生产部门的设备价值及设备运转与维护所消耗的各种资源成本都节节攀升，应引起企业高层与生产、技术、成本管控等职能部门的高度重视，准确把脉生产环境，及时窥破成本攀升的诱因并采取科学措施予以改进，才能持续激发企业的竞争活力。航吊费用的核算研究仅仅是此类费用中的冰山一角，而冰山之下的降本空间则更加广袤辽阔，成本管控人员应积极在此领域挥洒智慧和激情，使企业认识到成本管控队伍是企业不可或缺的、可为企业创造价值的生力军，而不是从事数字游戏的、唯唯诺诺的“账房先生”。

6 产储一体化下车间内部非直接费用计算分配方法的改进

按与产品的关系，车间内部费用基本可以分为直接费用和非直接费用两大部分。石粉制造业往往将成品仓储和产品生产均安置在同一车间内部，而会计人员忽视了仓储活动与生产组织活动的区别，按传统的非直接费用的原始费用归集方法，导致“制造费用”账户虚增，并由此给企业造成诸多负担，亦对成本分析、成本考核工作产生不利影响。基于车间内部区域功能划分，改进石粉制造企业非直接费用的计算分配思路，可以有效提高非直接费用的核算、管控、考核水平。本章以贺州石粉制造企业为例进行该类费用的核算研究。

石粉用途广泛，用其制造的产品在生活中无处不在，如塑料、钙片、化妆品、衣服、牙膏等等。而超精细石粉用途更为深广，被广泛应用于橡胶、造纸、涂料、塑铝型材、陶瓷、水泥、玻璃、冶炼、耐火材料、医药、食品、日用化工、化妆品、工艺建筑、高级装饰装修等生产应用领域。应用于涂料和造纸领域可直接降低钛白粉使用量的3%～10%，从而大幅度降低产品成本。贺州市是中国最大的石粉生产基地，不同规模的石粉制造企业约300多家。石粉制造业是贺州经济的重要支柱，对贺州建设珠三角新兴工业城市的城市定位目标具有重要战略价值。此外，由于贺州处于湘粤桂三省交界，贺州石粉制造业不仅为贺州人民提供就业机会，而且为紧贴贺州的湘粤两省有关县市的人民，尤其是农村劳动力提供就业机会。因此，提高贺州石粉生产技术水平、企业管理水平，具有多赢的特点。

6.1 石粉制造企业车间内部区划特点及成本核算存在的问题

6.1.1 石粉制造企业生产车间内部区划特点

贺州大多数石粉制造企业厂房较大，为了提高生产经营效率，往往将生产线和成品库集中在同一生产车间内部，航吊、叉车等搬运装卸设备也安置于车间内部并从事生产活动。这种生产、成品管理方式，有助于提高生产与成品仓管的紧密联系，从而提高了整个生产经营效率。贺州石粉企业这一生产经营特点，与其他类型的制造业有较大区别（生产线和成品库分开）。

6.1.2 石粉制造企业非直接费用核算存在的问题

1）思想上的误区

广大成本会计人员既有传统的“肉烂了在锅里”的落后成本管理观点，同时还认为石粉企业属于低技术、粗放式管理的企业，因此，会计人员认为石粉类企业对成本管理要求不是很高，没有必要进行精细化成本管理，从而疏于赴生产一线调研。

2）方法上的误区

由于成本会计人员主观上没有对石粉生产进行精益化管理的积极性，同时，目前成本会计学习的基本思路仍是车间的费用都是属于生产活动的直接费用或间接费用，都直接计入生产成本，或者先在“制造费用”账户归集，再分配转入生产成本，最终都计入生产成本。因此，贺州石粉生产企业的会计人员仍然在此思路下，将车间的所有费用都直接或间接计入生产成本。对仓储不在车间内部的企业而言，这种方法没有错误，但对石粉类企业具体问题具体分析后，这种成本管理的方法是错误的，因为仓储费用属于期间费用，且属于管理费用，并不能因为仓储置于车间内部，仓储费用的性质就发生改变。因此，会计人员的这一错误做法，违背了“实质重于形式”原则。

3）扭曲的核算结果及负面影响

由于将管理费用作为制造费用计入生产成本，导致产品成本虚增，管理费用虚减。影响成本分析、控制、考核等成本管理工作质量。同时，虚增存货价值，违背了谨慎性原则。由于直接计入当期损益的管理费用减少，导致利润虚增，从而提高了企业不合理的税负和税后分红负担。

6.2 石粉制造企业车间内部非直接费用计算方法改进设计

1）确定改进设计的基本指导思想

企业通过科学判断费用性质，准确计算生产组织费用，从而有利于成本计算、成本分析、成本考核等成本管理工作质量的提高。

2）对费用进行重新分类，科学确认车间内部费用性质

根据车间内部费用与生产的关系，车间内部的费用基本可以分为直接费用和非直接费用两大部分。凡是与生产有直接关系的费用系直接费用，即传统的“直接材料”“直接人工”，以及“其他直接费用”等生产成本项目。而非直接费用则根据费用发生的原因进一步分为仓储活动费用和生产组织费用。为了便于表述，在此将仓储活动和生产组织活动消耗各种资源的价值，称为原始费用（如工资费用、折旧费用等）。

3）科学划分车间内部功能区域

正确划分车间内部功能区域是准确分配非直接费用的前提。划分车间内部功能区域，会计人员应虚心向生产管理人员和工艺技术人员请

教，避免功能区域划分的主观臆测性。

4）创建计算模型体系并予以检测完善

创建计算模型是在车间内部功能区域划分、明确费用性质基础上进行的。创建计算模型，应注意3个问题。首先，计算模型的数量须紧扣非直接费用计算分配的需要，避免出现不同模型功能重复的现象；其次，要考虑Excel编程的需要，应注意模型结构简洁；最后，要考虑模型在企业内部交流、推广的需要，模型字母应尽量选择英文，慎选小语种文字字母（如拉丁字母），小语种语言文字比较生僻，对模型在不同文化层次、专业间的员工中交流不利。计算模型设计完成后，需要采用该车间某月的生产经营资料，进行试算检验予以完善。

5）公司内部制度化

以公司内部发文的方式对改进后的非直接费用计算方法予以制度化，从而加大在企业内部各车间推广的力度。

6.3 案例研究

6.3.1 案例企业简介

CL粉体有限公司是一家集矿产开采、粉体加工、超细粉碎技术研发为一体的高新技术企业，是我国大规模非金属超细粉体生产基地之一。公司拥有储量高达1亿多吨的高品质露天开采重钙矿山，现拥有现代化超细粉生产线20余条，主要生产和经营重质碳酸钙、表面处理碳酸钙、滑石粉等非金属超细粉，年产60~7 000目重质碳酸钙、表面处理碳酸钙、滑石粉80万吨。公司生产工艺采用国际上最先进的球磨分级闭路粉碎技术集超细粉碎及精细分级于一体，具有粉碎充分、粒度分布均匀、保持原料的晶型及品质不变等特点。生产过程实现了全封闭、无粉尘的自动化控制，减少了中间污染环节，确保了产品质量的稳定，在国内外市场上享有盛誉。

目前公司期盼与高校合作提高成本管控水平，并组成了由公司财务总监牵头，高校教师、成本核算人员、技术人员、生产管理人员参与的车间内部非直接费用核算方法改进小组（以下简称“改进小组”）。并允许在不泄露其工艺过程机密的情况下，将以该企业为例进行的成本管控研究过程及成果用于学术交流活动。以下即以该企业第二车间为例进行非直接费用计算分配改革研究，产品和生产线名称均以该企业生产管理中的内部编号表示。模拟计算所需数据采用该车间2022年5月份费用数据。

6.3.2 第二车间非直接费用计算分配方法改进设计

1）第二车间内部功能区域划分

第二车间生产201#产品、202#产品、203#产品。改进小组在忠实于生产线管理流程的基础上，结合成本管控需要，对第二车间内部进行了区域功能划分。原料输入是从车间外部露天场地输入，原料堆放场地不属于第二车间管辖，原料在输入第二车间前发生的各种管理过程费用也不由第二车间承担和核算。原料向生产线的填充任务由第二车间工人完成。全车间可以分为四个功能区域，如图6-1所示。

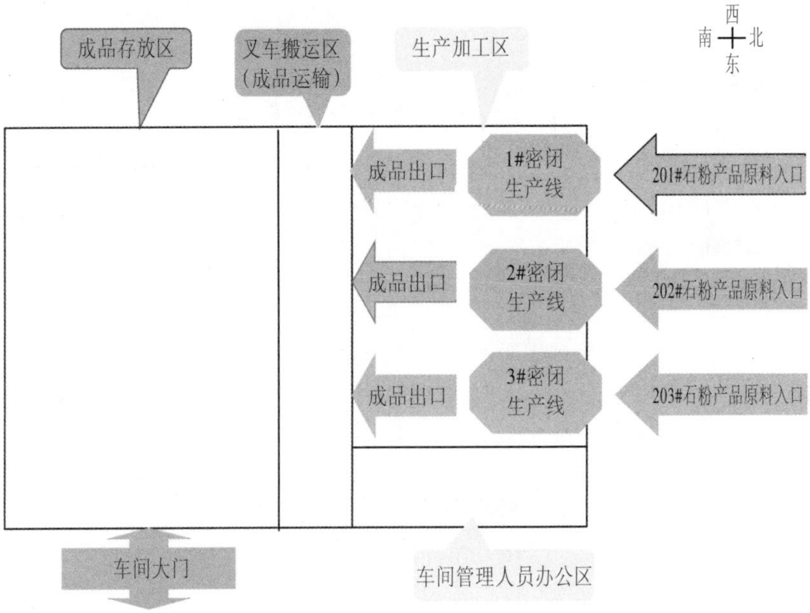

图6-1 CL粉体有限公司第二车间功能区域划分图

（1）生产加工区。

该区功能主要是石粉加工，将原料矿石加工成石粉。该区共有3条密闭专用生产线，在公司内部称为第二车间1#密闭生产线、2#密闭生产线、3#密闭生产线。经过对201石粉原料、202石粉原料、203石粉原料加工，分别生产成201#石粉产品、202#石粉产品、203#石粉产品。各条密闭生产线原料入口处位于车间北边界线；成品出口处位于车间内部，向叉车搬运区敞开。由于自动化程度高，操作工只是负责原料填充、密闭生产线运转情况监护等，不同产品的生产线对员工能力要求没有差异，故生产加工区的操作工根据生产进度需要，在3条生产线之间不断调配。该区共有操作工30人，操作工不参与叉车搬用工作。

（2）叉车搬运区。

该区功能主要是将各条生产线输出的石粉成品用叉车运至成品存放区。每工作班运行一辆叉车，同时为3条生产线进行成品搬运、码放服务。叉车司机不从事生产线监护工作。

（3）成品存放区。

此处主要堆放该车间的三种石粉成品，客户凭票从此区提取其所购石粉成品。车间内部叉车不负责向外搬运成品，客户搬运石粉成品所用叉车及司机不属于第二车间的固定资产和员工，而属于公司的运输部，并服从运输部管理。

（4）车间管理人员办公区。

该区功能主要是就近管理本车间生产活动。车间管理人员由1名车间主任、1名生产统计员（兼办事员）、1名技术员（兼任主任助理）、1名成品库人员共4人组成。由于该公司的会计工作组织形式为集中核算形式，因此，没有设车间成本会计员。

经过充分分析交流，改进小组认为成品存放区属于仓储活动，在本区发生的各种原始费用，都属于仓储活动费用而非生产组织费用；在其他区域发生但实质是为仓储活动服务的费用，也属于仓储管理费用而非生产组织费用。

2）二车间非直接费用计算分配方法改进设计

（1）对二车间非直接费用重新定性。

根据二车间内部区域功能划分，对车间以前记入“制造费用”（即改进小组所称“非直接费用”）账户的各个原始费用重新进行分析，分别定性为“与成品仓储活动有关”“与生产组织有关”两大类，并分别记入“管理费用”账户、“制造费用”账户，见表6-1。

表6-1 **第二车间各项非直接费用的原始费用计入方式一览表（以月为会计期间）**

序号	原始费用	计入方式	分配标准	活动类别及记入账户名称	
1	车间厂房折旧与维修费用	按不同活动占用面积比例分配计入	M^2	成品仓储活动“管理费用”账户	生产组织活动“制造费用”账户
2	车间照明用电费用	按不同活动占用面积比例分配计入	M^2	成品仓储活动“管理费用”账户	生产组织活动“制造费用”账户
3	叉车、航吊等搬用设备耗能、折旧、维修，以及叉车操作人员工资等费用	经过确认属于入库后仓储活动或生产活动后，按工时分配计入	工时	成品仓储活动“管理费用”账户	生产组织活动“制造费用”账户
4	车间内部管理人员工资福利	按车间内部管理人员实际工作岗位分别全额计入		成品仓储活动“管理费用”账户	生产组织活动“制造费用”账户
5	生产设备折旧与维修费用	全额计入			生产组织活动“制造费用”账户
6	车间办公室费用及其他小额非直接费用	全额计入			生产组织活动“制造费用”账户

注：①航吊和叉车通道面积对应的厂房折旧维修、照明用电费用等属于生产组织活动，记入“制造费用”账户。

②第“4、5、6”行“计入方式”栏中的“全额计入”，是指不经分配即可记入“管理费用”账户、“制造费用”账户。

（2）非直接费用计算分配模型体系设计。

为了保证费用计算分配过程的规范性，在费用重新划分的基础上，设计非直接费用计算分配模型体系。

$$R_i = \frac{X_i}{Q_i} \quad (1)$$

模型释义：该模型是原始费用分配率计算模型。R_i系第i种原始费用分配率，下同；X_i系第i种原始费用当月发生总额；Q_i系第i种原始费用的分配标准总量。

$$M = \sum_{i}^{3} R_i \cdot V_i + D \quad (2)$$

模型释义：该模型是仓储管理费用计算模型。M是因仓储活动发生而记入“管理费用”账户的原始费用；V_i是仓储活动负担的应分配记入“管理费用”的第i种原始费用的分配量，该车间需要分配记入的原始费用有3项，因此，i不大于3；D是因仓储活动发生而应全额记入“管理费用”账户的原始费用；该车间只有仓管员的工资福利费用全额记入“管理费用”账户，所以只有1项。

$$Z = \sum_{i}^{3} R_i \cdot K_i + \sum_{l}^{3} D_j \quad (3)$$

模型释义：该模型是生产组织费用计算模型。Z是因生产组织活动发生而记入“制造费用”账户的原始费用；K_i是应分配记入“制造费用”账户的第i种原始费用的分配量；D_j是因生产组织活动发生而应全额记入“制造费用”账户的原始费用，该车间最多有3项原始费用全额记入“制造费用”账户，所以，j不大于3。

（3）非直接费用计算分配。

① 第二车间2022年5月份非直接费用数据资料。

查阅2022年5月份第二车间“制造费用”账户。该账户表明该月共发生制造费用（非直接费用）456 781.23元。其中厂房折旧和维修35 228元，车间照明2 100元；车间内部管理人员工资福利工资122 534元，其中仓储人员3 800元；叉车、航吊等搬用工具耗能、折旧与维修，以及叉车操作人员工资福利等19 000元；生产设备折旧与维修费用等275 343元；车间办公室费用2 576.23元。

② 非直接费用分配计算。

利用表6-1设计的费用计入方式和前面建立的非直接费用计算分配模型体系，对应记入“管理费用”“制造费用”账户的非直接费用的原始费用进行分配计算，见表6-2。

表6-2　CL粉体有限公司第二车间非直接费用计算分配一览表

原始费用	费用总额（元）	分配标准总量	分配率	计入管理费用		计入制造费用	
				分配量	分配金额（元）	分配量	分配金额（元）
厂房折旧和维修费	35 228	1 937 M^2	18.18689	717 M^2	13 040.00	1 220M^2	22 188.00
车间照明费	2 100	1 937 M^2	1.084151	717 M^2	777.34	1 220M^2	1 322.66
叉车、航吊等搬用设备耗能、折旧与维修，以及叉车操作人员工资福利等费用	19 000	5 760工时	3.298611	1 271工时	4 192.53	4 489工时	14 807.47
车间内部管理人员工资	122 534	4人		1位仓储人员工资福利全额计入管理费用	3 800	3位管理人员工资福利全额计入制造费用	118 734
生产设备折旧与维修费用	275 343					全额计入制造费用	275 343
车间办公室费用	2 576.23					全额计入制造费用	2 576.23
合计	456 781.23				21 809.87		434 971.36

（4）不同方法下“制造费用”扭曲率计算。

将非直接费用原始费用分配记入“制造费用”账户、“管理费用”账户后，对制造费用进行扭曲率的分析计算。

表6-3　不同方法下CL粉体第二车间制造费用计算差异一览表

账户名称（1）	改进前金额（元）（2）	改进后金额（元）（3）	差异（元）（4）=（2）-（3）	扭曲率（%）（5）=（4）÷（3）×100%
管理费用		21 809.87		
制造费用	456 781.23	434 971.36	21 809.87	5.014%
合计	456 781.23	456 781.23		

表6-3表明，第二车间用目前的方法（旧方法）计算的制造费用虚增了5.014%，管理费用虚降了5.014%。如果产品没有当月全部售出或者没有订单，则导致当月税负不合理增加、税后分红负担也不合理增加。其实质原因是将仓储活动应承担的非直接费用全部转嫁给生产组织活动承担。CL粉体有限公司其他车间与该车间内部生产组织类似，核算方法相同，则其他车间也存在同样的情况，对企业成本管理普遍有较大不利影响。

（5）建议。

① 在改进小组的领导下，对全公司各车间开展非直接费用计算分配方法改进活动。

② 各个车间进行彻底的车间内部功能区域划分活动，对移动性设备（如叉车、航吊等）的作业活动原因进行更准确的计量和记录，为以后费用定性做好基础。

③ 改进小组对各个车间内部功能划分及相关活动进行检查、指导。

④ 着手设计新计算方法下的成本考核标准。

⑤ 将改进后的非直接费用计算分配方法拟成文件予以制度化，以提高新方法的推行力度。

6.4　本章小结

随着生产技术的发展、设备现代化水平的提升、生产经营方式的改变，生产车间内部的非直接费用计算方法也应随之改变。企业成本会计人员应该对企业的生产组织、工业技术特点进行学习和研究，这样才能更科学地完成非直接费用的核算、管控、分析工作，从而不断提高成本管理工作与生产经营的关联程度，在企业生产经营活动与时俱进的前提下，成本管理工作也能与时俱进，从而更好地发挥会计的参谋作用。

7 小型工业企业初始账务处理体系设计

会计工作规范化是会计工作的基本要求。事实上，许多企业往往经营数月后，方招聘会计人员开展会计核算活动，以期尽快走上规范化道路，因此，会计人员必须做好初始账务处理工作。这是对会计人员业务素质的严格考验。本章在分析此类会计业务意义和难点的基础上，提出了初始账务处理体系设计的原则及步骤，并以案例研究的方式完成了初始账务处理体系设计即账务处理，从而对会计人员起到指导作用。

7.1 处理此类会计业务的意义和难点

7.1.1 初始账务处理体系设计的重要意义

企业的生产经营活动非常重要，会计仅是为企业生产经营活动服务的管理工作之一。许多新办企业（尤其是小微企业）为了抓住市场机会，在未建立规范的会计组织机构（只配备了统计人员）并开始会计工作前，就开始了生产经营活动，即会计活动滞后于生产经营活动。但作为一个合法企业，最终必须走上规范化的会计核算工作轨道，因此，在生产经营数月后，为这类企业设计好规范的初始账务处理体系，理顺账户间的对应关系，是保证企业未来核算工作质量的重要基础。

7.1.2 初始账务处理体系设计的主要难点

1）实物资产价值确定难

由于此前没有正式的会计机构，且经营数月，资产记录未按会计工作要求进行，导致很难确定资产价值。比如，有个企业只有一个生产统计人员，当低值易耗品入库或领用时，只登记数量，不登记价值。有些低值易耗品，没有入库，就直接领用了。需要安装的固定资产，在领用安装材料时，也只登记数量，不登记价值。诸如此类的现象很多，都给资产价值的确定带来困难。

2）账务体系结构确定难

确定账务体系，对以后会计处理的规范化、科学化非常重要。此前没有规范的会计组织机构，也就没有建立规范的账务体系。建立账务体系，必须了解经济业务的特点，涉及生产特点和管理需要等各个方面的知识，因此需要对企业做深入调查，并结合会计制度设计知识来完成，工作量很大。稍不注意，就会出现3方面问题，一是账簿设计有遗漏，如有些经济业务不能在任何一个账簿核算；二是账簿内容有重叠，如某种经济业务在多个账簿中都能核算；三是账务流程不简约，即容易出现管理不需要的核算处理环节，犹如数学中的数字游戏，徒增会计工作量，从而影响会计信息的及时性。

3）人员沟通协作难

设计初始账务处理体系（尤其是已经开始生产经营数月的企业），需要做大量的调研活动，与那些没有会计知识且不是很关心会计核算知识的技术人员、操作人员进行沟通，非常困难，因为他们更重视的是生产经营活动，所以，会计往往会吃闭门羹。

以上难点，都给初始账务处理体系的设计造成了障碍。

7.2 初始账务处理体系设计的原则

会计人员在设计初始账务处理体系时，除了应该遵循真实性、合法性原则外，更重要的是将合理性置于优先地位。

会计工作属于管理工作，没有最好的管理方式，只有最合适的管理方式。因此，将合理性原则放在第一位是最重要的。企业根据自身管理工作对会计信息的要求，设计初始账务处理体系。初始账务处理体系不是越复杂越好，或者越简单越好，而是越符合企业未来的核算需要越好。

7.3 初始账务处理体系设计及账务处理的步骤

初始账务处理体系设计及账务处理的步骤，应该按以下流程展开。

7.3.1 对资产、费用进行清理评估

对已经拥有的资产、已经发生的费用进行清理评估，是未来进行初始账务处理的数据基础。为此，初始账务处理体系的设计人员，应该将要调查的主要信息萃取出来，设计相应的调查表格，请有关人员协作填写，并明确填写时间和协助人员名单，以利于以后核实。

7.3.2 初始账务处理体系设计

企业在完成对资产、费用的评估后，摸清了家底，即可着手设计初始账务处理体系，主要包括以下2个关键问题。

1）初始账户设计

根据已经调查的资产费用情况，设计必需的初始账户个数、名称。

2）确定初始账务处理的平衡思想，设计平衡模型

初始账务处理的平衡方式非常重要，涉及未来账务处理的平衡问

题，这就需要确定初始账务处理的平衡思想，并根据平衡思想，设计平衡模型。

7.3.3 进行初始账务处理

完成了初始账务处理体系设计后，即可结合资产费用数据，进行初始账务处理，即编制记账凭证（会计分录）和记账。

至此，企业就完成了初始账务处理体系的设计，从而为以后进行规范的会计核算活动打下基础。

7.4 案例研究

7.4.1 企业简介

H玩具有限公司拥有员工20人，是一家拟在2023年6月份正式开业的小型儿童趣味玩具生产企业。企业为了抓住商机，事实上于2023年3月初即开始生产（生产入库的成品尚未出售，待当年六一儿童节促销）。5月份生产正常后，企业开始着手建立会计核算机构，准备进行规范化的会计核算。此前只有1名办公室文员兼统计人员进行必要的费用统计，现金支出由老板直管，没有设置过会计账簿，也没有进行过任何账务处理。5月上旬企业以优厚的薪酬招聘到1名能力较强的会计人员小周，请其尽快开始规范的会计核算工作。老板拟以已经购买的资产和已经发生的费用为自己的注册资金。小周接到任务后，感到非常困难，因为从未遇到此类业务。最后，小周请从事会计工作岗位的同学及毕业论文导师为自己筹划此项工作。师生讨论后认为，该项工作并非一项简单的会计业务，其本质上属于一项会计制度设计的应用研究活动，且必须用研究成果立即解决具体问题。经过师生探讨交流，遂形成具体的工作思路，小周依此逐项展开。具体过程见下述初始账务处理体系设计。

7.4.2 H玩具有限公司初始账务处理体系设计及初始账务处理

1）制定该企业初始账务处理体系设计的指导思想

按成本核算原理，该企业此前发生的生产人工费用和生产组织费用，在初始账务处理时都记入“库存商品（完工产品）”“生产成本（在产品）”等账户；管理活动费用、促销活动费用等，视同开办费用，在初始账务处理时记入“长期待摊费用”账户。

2）数据整理分析

（1）数据第一次整理——按会计核算需要进行资金数据初步整理分类及分析。

将该企业的资金存在形式分为两类，即以资产项目形式存在的资金和以费用项目形式存在的资金。由于还没有建立账户，因此，此处只是资产项目或费用“项目”，而不是“账户”。

首先，确定固定资产、原材料、低值易耗品、完工产品、在产品等资产项目形式的资金金额。经实地清点与咨询，发现该企业自开始生产以来，仅生产一种产品，截至5月末，该产品完工入库100 000件，在产品5 000件，且完工产品和在产品成本仅包括原材料成本；其次，根据统计资料，确定了生产人工费用、生产组织费用、管理活动费用、促销活动费用等费用项目形式的资金金额，将调查数据整理成表7-1。

表7-1 **资产项目金额和费用项目金额一览表** 单位：元

资产项目金额					费用项目金额				合计
固定资产（原值）	原材料	低值易耗品	完工产品（仅为原材料费用）	在产品（仅为原材料费用）	人工费用	生产组织费用（未含折旧）	管理活动费用（未含折旧）	促销活动费用（户外广告）	
1 006 000	200 100	23 050	300 000	15 000	82 500	60 000	30 000	1 000	1 717 650

（2）数据第二次整理——根据第一次整理的结果分析计算整理。

该企业自开始生产以来，并未计提折旧，现在应补提折旧。根据该企业设备特点，决定采用平均年限法计提折旧。该企业尚未专设销售部门，所以将折旧记入“生产组织费用”“管理活动费用”等费用项目。

生产设备原值1 000 000元，净残值率3%，预计使用年限10年；管理部门的设备主要是计算机及其打印设备，共计6 000元，无净残值，预计使用年限5年，则：

生产设备每月计提折旧=（1 000 000−30 000）÷10÷12=8 083.33（元）

两个月共计提折旧16 166.67元。

管理部门设备每月计提折旧= 6 000÷5÷12=100（元）

两个月共计提折旧200元。

加上折旧后，两个月的生产组织费用为76 166.67元（60 000+16 166.67），两个月的管理活动费用为30 200元（30 000+200）。

将上述计算分析结果，整理成表7-2。

表7-2　**计提折旧后的资产项目金额和费用项目金额一览表**　单位：元

资产项目金额					费用项目金额				资产与费用合计
固定资产（原值）	原材料	低值易耗品	完工产品	在产品	人工费用	生产组织费用	管理活动费用	销售费用	
1 006 000	200 100	23 050	300 000	15 000	82 500	76 166.67	30 200	1 000	1 734 016.67

（3）数据的第三次整理——根据数据的第二次整理结果分析并计算。

经过咨询技术人员意见，结合成本核算原理，决定将“生产人工费用”和“生产组织费用”按定额工时比例分配法在完工产品和在产品之间进行分配。

每件完工产品定额工时为2工时，每件在产品定额工时为1.5工时。

① 生产人工费用分配

生产人工费用分配82 500÷（100 000×2+5 000×1.5）=0.3976（元/工时）

在产品生产人工费用=7 500×0.3976=2 982（元）

完工产品生产人工费用=82 500−2 982=79 518（元）

② 生产组织费用分配率=76 166.67÷（100 000×2+5 000×1.5）=0.3671（元/工时）

在产品生产组织费用=7 500×0.3671=2 753.25（元）

完工产品生产组织费用=76 166.67−2 753.25=73 413.42（元）

③ 确定在产品和完工产品成本

在产品成本=材料成本+生产人工费用+生产组织费用=15 000+2 982+2 753.25
=20 735.25（元）

完工产品成本=材料成本+生产人工费用+生产组织费用
=300 000+79 518+73 413.42=452 931.42（元）

将上述计算分析结果，整理成表7−3。

表7−3 **分配生产人工费和生产组织费用后资产项目金额和费用项目金额一览表** 单位：元

资产项目余额					费用项目发生额				资产与费用合计
固定资产（原值）	原材料	低值易耗品	库存商品	在产品	人工费用	制造费用	管理费用	销售费用	
1 006 000	200 100	23 050	452 931.42	20 735.25	0	0	30 200	1 000	1 734 016.67

3）*初始账务处理体系设计及初始账务处理*

将该企业生产两月以来的资产、费用整理完毕后，就可以依据设计原则，开始设计初始账务处理体系，并按设计的初始账务处理体系进行初始账务处理。

（1）初始账务处理体系设计。

① 设置初始账务处理所需账户。

根据整理后的该企业资产项目和费用项目分析其需要记录的会计信息，确定了该企业初始账务处理需要设置的账户，有“固定资产”“原材料”“周转材料”“库存商品”“生产成本”“长期待摊费用”“实收资本”“累计折旧”等账户。

② 设计平衡模型。

为了使初始账务处理规范化，设计了以下账务处理平衡模型。

平衡模型1——平衡的数学公式：

固定资产（原值）+原材料+周转材料+库存商品（即完工产品）+生产成本（即在产品）+长期待摊费用=实收资本+累计折旧

模型释义：此处“长期待摊费用”应为“管理活动费用、促销活动费用”等费用项目的金额之和，以后采用合适的摊销期限摊到各个会计期间。又由于固定资产折旧价值最终转移至“库存商品”“生产成本”“长期待摊费用”等账户，因此，为了便于设计会计分录模型，“累计折旧”账户置于等式右方。

平衡模型2——会计分录模型：

为了使初始账务处理（会计分录）规范化，在“平衡模型1”基础上设计“平衡模型2——初始账务处理的会计分录模型”，如下：

借：固定资产（原值）

　　原材料

　　周转材料（即低值易耗品）

　　库存商品（即完工产品）

　　生产成本（即在产品）

　　长期待摊费用

　贷：实收资本

　　　累计折旧

（2）完成初始账务处理。

① 根据“平衡模型1”建立以下账户平衡关系表，见表7-4。

表7-4 **账户平衡关系表** 单位：元

模型1等式左方账户金额						左方合计	模型1等式右方账户金额		右方合计
固定资产	原材料	低值易耗品	库存商品（产成品）	生产成本（在产品）	长期待摊费用		实收资本	累计折旧	
1 006 000	200 100	23 050	452 931.42	20 735.25	31 200	1 734 016.67	1 717 650	16 366.67	1 734 016.67

② 根据“平衡模型2”，结合“表7-4”数据，完成初始账务处理，如下：

借：固定资产　　　　1 006 000
　　原材料　　　　　200 100
　　周转材料　　　　23 050
　　库存商品　　　　452 931.42
　　生产成本　　　　20 735.25
　　长期待摊费用　　31 200
　贷：实收资本　　　　　　1 717 650
　　　累计折旧　　　　　　16 366.67

至此，小周为该企业进行了初始账务处理，并据以登记有关账簿。从次月（6月份）起，企业可在初始账务处理的基础上，进行规范的会计核算活动。

2023年度结束后，会计小周对2023年度的会计工作进行了总结，企业给予了充分肯定，小周认为，其在2023年5月份对初始账务处理体系的设计及其处理，是2023年下半年会计工作及时走上规范化道路的基础，也为该企业未来会计处理的长期规范化创造了较好条件。

7.5 本章小结

会计工作是管理工作，在管理工作中不仅会有常规性问题，而且会遇到非常规性问题。常规性问题可以用程序化决策应对，而非常规性问题则需要非程序化决策应对。因此，会计人员都应该有一定的应用研究能力，用以解决诸如在本章中出现的非常规性问题。各类会计教育机构也应该将对此能力的培养纳入培养计划，以提升会计的适应能力以及在企业中的参谋作用。

第2篇　管理会计业财融合研究

管理会计被形象地称为“情景会计”。相较于传统的制造成本会计，管理会计有两个主要特点：一是其内容更为丰富、复杂，突破了制造成本会计的成本管理范畴；二是与现代企业内部管理技术、生产工艺技术联系更紧密，具有深刻的时代特点。因此，管理会计对业财融合的要求更高，难度也更大。成本管理人员不仅应具有更强的学习积极性与学习能力，而且必须具有较宽广的知识面和对所掌握知识的综合应用能力。在团队协作方面，成本管理人员也应该具有更积极的协作态度和更宽大的胸怀。

本篇内容分为6章：第8章、第9章、第10章为作业成本法业财融合研究，分别研究了ABC体系设计、工业企业作业成本法业财融合、服务业作业成本法业财融合等的思路，并通过具体案例进行示范；第11章为本量利分析业财融合，研究了本量利分析业财融合的思路，并用具体案例进行示范；第12章以真实企业为例，对预算工作的业财融合进行了探索；第13章对生产决策业财融合进行了探索。

8 ABC体系设计

作业成本法（activity-based costing，ABC），是以作业为基础对间接费用进行分配的成本计算方法。在此设计ABC体系，以便于将ABC方法应用于成本管理会计实务。

8.1 ABC体系设计的原则

8.1.1 基本原则

基本原则是所有设计活动都应遵循的原则，概括起来有以下几点。

1）企业需求原则

成本信息的服务对象主要是企业内部信息使用者，所以设计ABC体系必须首要考虑内部信息使用者要求。一般来说，企业内部管理决策的70%～80%的信息来源于会计信息，而成本信息尤为重要。企业内部的成本信息使用者主要包括有关的管理人员和广大的普通员工。企业管理者是企业财产的经营者，随着经营自主权的扩大和经营机制的转变，企业将成为具有高度独立性的商品生产者，企业管理者将更加重视成本信息的质量。另外，企业的广大普通职工为生产成果付出艰辛的劳动，他们有权参与企业的民主管理，有权对企业的生产经营提出意见和建议，有权评价和监督企业的各级管理人员。职工的参与，也是企业经营智慧的重要来源。因此，企业在设计ABC体系时，要注意考虑到普通职工在成本管理中的重要作用。

2）会计准则原则

会计准则是会计确认、计量、报告的基本规范，企业内部的成本核算制度改革，无权在会计确认和计量方面与国家正在执行的会计准则标准不同。ABC体系虽是对内服务，相对于对外服务的财务会计而言，自由度的确较大，但是仍然必须遵守国家当前规定的成本开支范围和费用开支标准的规定。

3）内部控制原则

设计ABC体系，必须坚决贯彻内部控制的基本原则：分权原则、凭证控制原则、独立核算原则等。贯彻内部控制制度，一是要全面，即考虑到企业生产活动中的生产组织、材料消耗、人工使用、设备运行管理、在产品与产成品管理等环节；二是要切合实际，即必须考虑企业单位的所有制性质、生产特点、人员配备及素质，具体确定ABC体系的内控形式、办法、要求，切实做到可行、可控、有效。

4）协调原则

ABC体系在一定意义上受国家有关财经法规和企业内部生产特点的双重制约。ABC体系将作业中心作为成本考核重点，而作业中心的划分与生产组织和生产工艺均有重要联系，二者中的任何一方发生大的变化，都将导致ABC体系的局部调整。因此，企业在设计ABC体系时，也应保持相对稳定，不应追求过分精细而频繁进行调整，但当新情况、新问题已经十分明朗，且在实践中已势在必行时，则必须予以修正。

8.1.2 具体原则

除以上基本原则外，在完成具体设计任务时，企业还应该遵守以下原则。

1）组织保证体系设计原则

高效的ABC成本核算组织机构，必须遵循两个原则。

（1）效率原则。组织保证体系必须层级清晰，责任明确，便于完成成本核算工作。

（2）节约原则。组织体系的结构尽量简单，降低运行成本。

2）账户体系设计原则

账户是登记成本费用金额增减变动及余额的工具，是会计语言的基本词汇。ABC体系的账户设计必须满足成本核算需要，同时具有严格的逻辑体系。这就要求账户体系必须遵循这两个基本原则。

（1）全面性原则。

账户设计能完全覆盖企业成本核算的所有业务，不能留有空白地带，以免某些经济业务没有相应的账户进行会计处理。

（2）排他性原则。

各账户记录的经济业务不能出现重叠现象，以免导致账户责任不清和对经济业务进行重复会计处理。

（3）简约性原则。

过于复杂的ABC账户体系会导致成本核算工作量的增加，因此，在保证核算需要的前提下，尽量使账户体系简约化。某些对成本核算结果影响不大或者发生的频率不高的经济业务可并入其他账户核算。传统成本会计的某些账户，如果能用于ABC体系，也就不必另外设立新账户，这样既减少了账户设计的工作量，又便于成本会计人员快速适应ABC体系账户。

3）会计信息载体系统设计原则

成本核算的所有活动，都必须有会计信息载体作为依据。而信息载体的传递过程，也是核算活动进行的过程。信息系统设计必须遵循以下原则：

（1）满足成本核算的一般逻辑要求。

成本会计核算工作的基本过程由原始凭证填制、记账凭证填制、登记成本账簿、编制成本报表等一系列有先后逻辑关系的工作完成。所以，ABC体系的信息载体也应该由原始凭证、记账凭证、账簿、成本报表组成。

(2) 符合ABC理论的基本思想。

ABC理论的基本思想是“产品消耗作业，作业消耗资源”，这就要求企业使用的会计信息载体系统的各种载体（凭证、账簿、报表）适应这一成本核算思想，则ABC体系的各种会计信息载体与传统载体在格式结构、填制方法等方面就有所不同。

(3) 优化载体系统。

ABC会计信息载体种类太多，不仅会造成凭证印刷费用增加，而且会导致会计档案保管工作量及费用的增加。此外，各种载体格式过于复杂，也会使凭证填制的工作量增加。这些都会影响会计信息时效。因此，尽量简化载体系统，即减少载体种类及载体格式。

8.2 ABC体系设计的程序

8.2.1 确定设计目标

ABC体系设计一般有三个目标：一是未来采用ABC体系后，核算结果应该比传统成本核算体系的结果更准确；二是便于成本控制和分析考核；三是力求减少成本核算工作量。

同时实现上述三个目标的难度较大，企业可根据其内部成本管理的要求选择设计目标。

8.2.2 确定设计类型

ABC体系的设计一般包括三种形式的设计，即完全设计、重新设计、局部修正设计。完全设计是全方位的设计；重新设计是对已经过时的体系进行否定，设计一套新体系；局部修订设计是对已经不能满足新的管理要求的某些部分进行改进设计，原有体系绝大部分保持不变。如果企业此前没有应用过ABC体系，则ABC体系的设计属于完全设计，即包括ABC核算组织保证设计、ABC成本核算程序设计、ABC会计信息载体系统设计等三大部分。

8.2.3 掌握政策与调查研究

设计ABC体系，需要学习掌握企业内部（或行业内部）财务体制及财务管理规定、国家颁布的会计法规、审计法规以及其他有关的财政经济法规。要正确领会并掌握这些政策法规的基本精神，同时要理出与设计ABC体系有直接关系的具体规定，以便作为设计ABC体系的直接依据。

调查研究，首先要确定调查对象。如果是设计全国性的某行业的ABC体系，就必须在全国范围内选择有代表性的企业单位进行调查，其代表性可以是企业规模，也可是管理水平，还可以是经济发展区域。如果为某企业设计ABC体系，则必须调查该企业的生产经营情况，包括企业的性质、规模、机构设置等具体情况。

8.2.4 具体内容设计

在完成上述前3个步骤后，即可进行工业企业ABC体系具体内容的设计。具体内容的设计包括：工业企业ABC体系的组织保证体系设计、核算程序设计、会计信息载体系统设计等三大模块。

需要指出的是，本章中的ABC体系设计是一个基本模式设计，企业采用该体系时完全可以根据自身的具体情况进行必要的补充。

8.2.5 试行与修改

设计初稿完成后，应该采用案例进行模拟试算，测试体系的使用功能，听取各方意见，修改存在的瑕疵。选择案例时，应注意选择具有代表性的案例。

8.2.6 正式运行

经过试运行并做必要修改后定稿的ABC体系，以企业发文的方式确定为正式的成本核算制度，是企业按ABC理论进行成本核算活动的权威依据。在使用期间若对其内容做任何更改，企业都须经过详细论证和正式程序。

8.3 ABC体系设计

工业企业ABC体系设计包括ABC组织保证体系设计、成本核算程序设计、会计信息载体设计等三大部分，下面予以详细论述。

8.3.1 组织保证体系设计

ABC组织保证体系设计的内容包括ABC组织机构设计、组织机构的工作流程设计、组织机构的人员职能设计等三项内容。

如果企业实行的是一级成本核算体制，则组织机构相对简单，如果企业实行的是两级成本核算体制，则组织机构就相对复杂。

1）一级成本核算体制下ABC组织机构设计

（1）成立ABC成本管理委员会。

成本管理工作是制造业的核心工作之一，企业应该成立ABC成本核算管理委员会作为成本管理的最高机构，进行在ABC理论下成本核算政策的制定，包括成本核算、成本考核、成本分析、成本预测、成本决策、成本计划等活动。该管理机构可由企业财会主管领导（如财务总监）、成本会计主管、成本核算人员、生产管理人员、技术人员、劳模等组成。

财会主管领导在宏观上进行把握，协调内部各成员之间、内部与外部的关系。ABC成本主管是ABC体系下成本核算的业务指导。成本核算人员是ABC体系下成本核算工作的具体完成者。生产管理人员主要优化生产组织活动。技术人员主要协助成本核算人员划分作业中心、分析成本增减原因、优化价值链。劳模主要作为职工参与成本管理活动的标志，使增收节支的理念深入人心，并促使每期的成本控制计划能顺利贯彻落实。

（2）财会部专设ABC成本会计员。

在一级成本核算体制下，企业财会部应专设ABC成本会计员，在厂成本管理委员会的领导下，负责全厂ABC体系的所有核算事务。其核算所需要的信息来源于车间ABC信息员。

（3）车间设ABC成本信息员。

在一级成本核算体制下，车间没有专门的成本核算员，车间只有ABC成本信息员。ABC成本信息员负责将ABC体系所需要的所有信息传递给财会部ABC成本会计员，并将财会部下达的考核指令传递给车间。

一级成本核算体制下的ABC组织机构与工作流程图分别如图8-1、8-2所示。

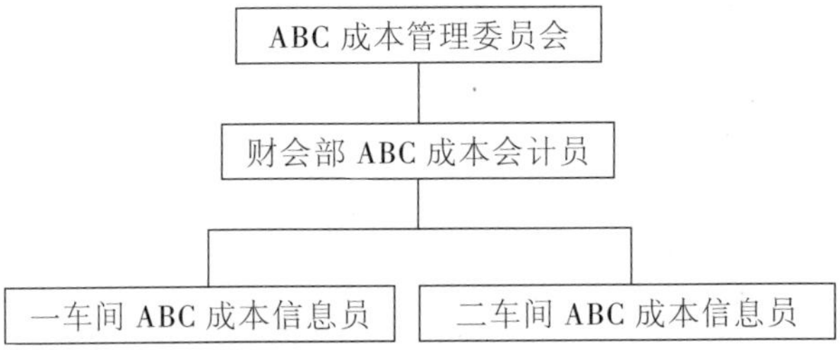

图8-1　一级成本核算体制下ABC组织机构简图

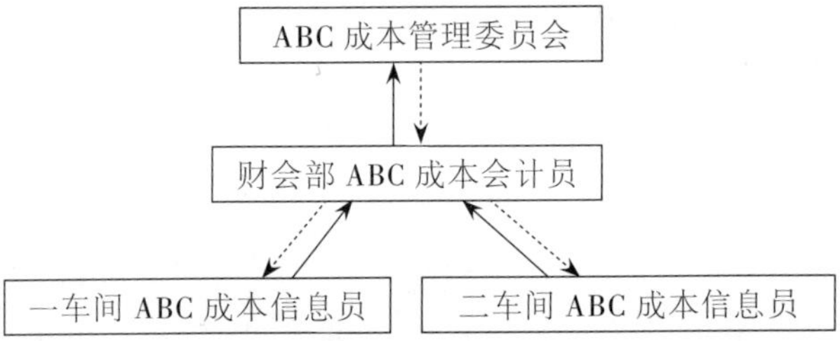

图8-2　一级成本核算体制下ABC组织机构工作流程图

注：实箭头表示逐级上报当期ABC成本信息及与成本管理相关的可行性建议；虚箭头表示逐级下达成本考核指令与奖惩决定。

在一级成本核算体制下，企业ABC成本核算组织机构相对简单。下面着重论述两级成本核算体制下的ABC成本核算组织保证体系设计。

2）两级成本核算体制下的ABC组织保证体系设计

有些大中型工业企业，采用两级成本核算体制。在两级成本核算体制下，ABC组织保证体系应包括具有上下级关系的厂部ABC组织机构与车间ABC组织机构两部分。下面予以详细阐述。

（1）厂部ABC组织机构设计。

① 厂部成立ABC成本管理委员会。

厂部应成立ABC成本管理委员会。两级成本核算体制下的ABC成本管理委员会的构成方式、职责等内容与一级成本核算体制相同，在此不再重复阐述。

② 财会部应设ABC主管。

财务部应设ABC主管，其直接上级为ABC成本管理委员会，接受并执行ABC成本管理委员会的有关指令，向其汇报各车间ABC体系下成本核算的情况，并向其请求工作支持。其直接下级是各车间ABC成本核算小组，财会部ABC主管对各个车间ABC成本核算小组工作执行情况进行督查，具体包括给予车间ABC成本核算小组业务技术支持、检查各车间ABC成本核算工作质量、监督其工作态度。

厂部ABC组织机构及其工作流程分别如图8-3、图8-4所示。

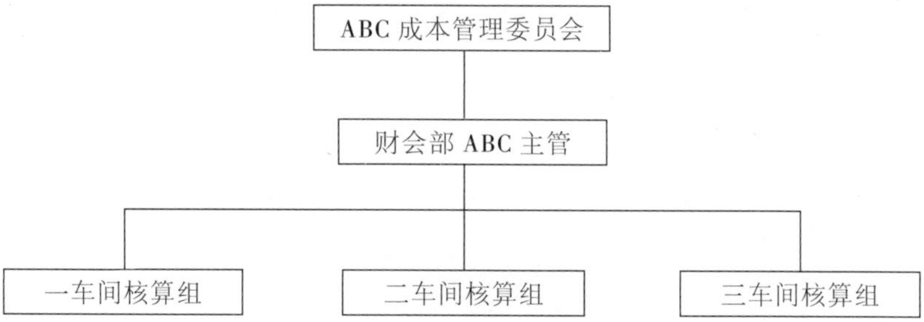

图8-3　厂部ABC组织机构基本图示

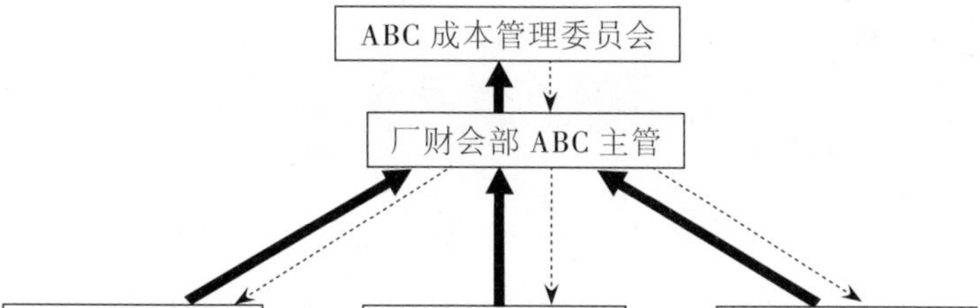

注：实箭头表示逐级上报当期ABC成本信息及与成本管理相关的可行性建议；虚箭头表示逐级下达成本考核指令与奖惩决定。

图8-4　厂部ABC组织机构工作基本流程图示

（2）车间ABC组织机构设计。

① 车间ABC成本核算组的职能。

为了配合财会部ABC体系下的成本核算工作，车间成立ABC成本核算组，负责组织车间成本核算工作。其直接上级为厂财会部ABC主管，接受并执行财会部ABC主管指令，向其汇报车间成本核算结果，并请求业务技术指导和工作支持。每期核算结束时，除汇报核算结果外，还向厂部ABC主管提出车间ABC考核建议。

② 车间ABC成本组的人员构成、分工及其任职资格。

车间ABC成本组成员由车间作业成本主管、车间成本核算员、车间ABC成本信息员构成。

车间作业成本主管：车间ABC成本核算小组的最高负责人，一般应由车间主任担任。其具体工作主要为根据本车间成本核算员的建议，对各个作业中心的成本进行控制；在车间成本核算员的建议下，向厂部ABC主管提出本车间成本考核建议；支持成本核算员执行考核指令。

车间成本核算员：车间ABC成本核算的具体操作者，一般由具有大专及以上学历、初级及以上职称的会计人员担任。其工作主要是在厂部ABC主管和车间作业成本主管领导下，对产品作业成本进行核算。具体包括：根据ABC成本信息员提供的成本动因数据资料，以及自己所掌握的资源成本消耗资料，进行凭证填制、账簿登记、报表编制等工作。在一定时间向车间作业成本主管汇报成本核算情况，并提出考核的可行性建议。

车间ABC成本信息员：负责成本动因资料收集工作，并适时向车间作业成本主管和车间成本核算员汇报，以确保成本动因资料得到及时传递。每个车间应至少选拔1名具有较强业务能力和较高思想品质的人员担任车间ABC成本信息员，信息员可在车间现有管理人员中筛选，经过培训后让其兼任（也可配备专门的ABC成本信息员）。

车间ABC组织机构基本图示及其工作流程如图8-5、图8-6所示。

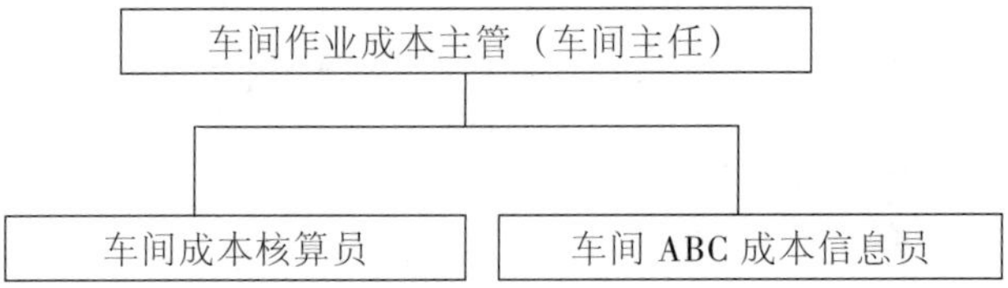

图8-5 车间内部ABC组织机构基本图示

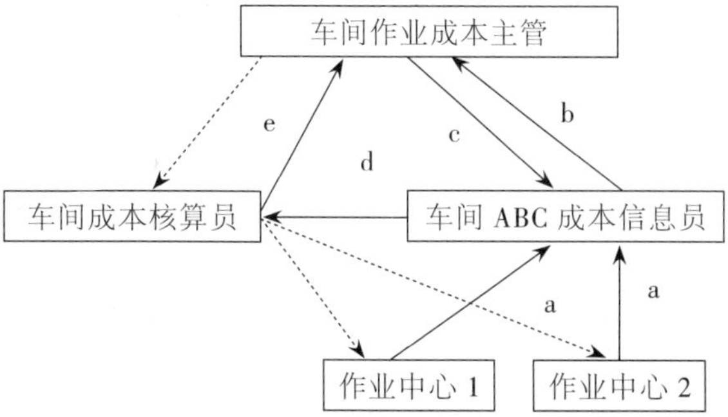

注：a（实箭头）指车间ABC成本信息员从各个作业中心收集有关当期成本核算需要的信息资料。b（实箭头）车间ABC成本信息员将收集到的信息资料呈递车间作业成本主管，请求签字确认。c（实箭头）车间ABC成本信息员将车间作业成本主管确认的信息资料取回。d（实箭头）车间ABC成本信息员将经过车间作业成本主管确认的信息资料传递给车间成本核算员。e（实箭头）车间成本核算员向车间作业成本主管呈送当期核算结果并提出有关成本管理的可行性建议。

虚箭头表示自上而下逐级下达并落实成本考核指令及奖惩决定。

图8-6 车间内部ABC组织机构工作基本流程图示

8.3.2 成本核算程序设计

成本核算程序是从生产费用发生开始，到算出完工产品总成本和单位成本为止的整个成本计算的步骤。

ABC体系下成本核算程序应体现出ABC理论的主要思想，所以，ABC成本核算程序与传统成本核算体系下的成本核算程序有显著的不同。详细论述如下。

1）确定成本计算对象

传统的成本计算对象往往是产品、生产的步骤等。在ABC体系内，企业将控制重点放在作业中心和车间的最终产品上。因此，ABC体系的成本计算对象为各个车间内的各个作业中心和车间的各种最终产品。

2）确定作业中心

作业中心是ABC理论下成本控制的关键点。设置作业中心，必须兼顾两方面的要求：一是便于准确核算成本和控制成本；二是尽可能减少成本管理工作的工作量。

作业中心的确定，应从以下几方面综合考虑：

（1）生产工艺分析。

不同的生产工艺之间，往往在原材料、生产设备、操作人员技术工种及水平、所提供的服务等方面存在不同。因此，对生产工艺进行深入分析、充分考虑生产工艺特点后划分的作业中心，往往便于进行成本控制、成本分析。

（2）生产组织分析。

企业由于生产场地不足，往往会把具有不同生产工艺的生产活动集中在同一区域（厂房），或者把具有同一生产工艺的生产活动分散在几个不同区域（不同的厂房）进行，以缓解生产场地不足的问题。那么，确立作业中心时必须充分考虑生产组织的这一特点。在一般情况下，工艺不同而导致提供的劳务有巨大差异的（比如，一个车间内既有零配件加工，又有为其他产品进行包装的活动），应设不同的中心，便于成本控制；而工艺相同，但生产场地在不同区域，为了便于成本控制，也应该分设作业中心。

（3）资源消耗情况分析。

某些作业活动，虽然与车间内其他工艺存在较大差异，但其资源消耗很少，且其作业目标与车间内其他工艺的作业目标相同，即都是服务于同样的产品，则可以将此作业合并到其他作业中心，以减少成本核算和成本控制的工作量。

（4）自动化程度分析。

有些企业，自动化程度很高（比如化工），虽然设备功能存在较大差异，但差异主要存在于机器内部，而从设备外部观察，设备外观几乎是无差异的。此外，操作工人的工作也相对简单化，只是对设备进行巡视、对仪表进行记录等（甚至工人不必进入机器工作区域，只是在值班室的计算机屏幕上进行监控）。这种高度的自动化工艺，如不借助于特殊设备和技术，是无法对其设备进行功能划分的，则只能作为一个作业中心（即使从产品工艺理论上分析，生产过程的确是由几个环节构成的）。

划分作业中心的任务由成本管理委员会来完成，作业中心确定后，应该填制“作业中心确认单”，作为正式确认的凭证。

8.3.3 确定成本项目

1）作业中心的成本项目

为了正确反映作业中心的资源消耗情况，以及严格考核作业中心成本控制的绩效，就必须为作业中心设置成本项目。作业中心的成本项目为各种资源费用名称。如果有些资源价值很小或者使用频率低，那么可以设“其他”栏目予以合并考核。

2）最终产品的成本项目

为了正确反映产品对作业和直接材料的消耗情况，以及严格考核产品成本控制的绩效，企业就必须为产品设置成本项目。产品的成本项目为各个作业中心的“作业成本”和“直接材料”。在ABC体系下，产品的成本项目，与传统成本核算理论下产品的成本项目显著不同（在传统成本核算理论下，产品的成本项目为直接材料、直接人工、制造费用等）。这体现了ABC体系成本控制思路的不同，即ABC体系主要以控制作业中心的资源消耗达到控制成本的目的，从而牢牢把握住了成本控制的关键点。

8.3.4 总分类核算程序设计

企业通过设置ABC总分类账户登记在生产过程中发生的各种费用，以便提供各种产品成本总括资料的过程，称为ABC成本核算的总分类核算。ABC成本总分类核算的过程，实际上是完工产品和月末在产品成本的形成过程。ABC成本总分类核算，可以反映企业在生产过程中发生的各种费用，以及这些费用的归集和分配的基本程序，并最终计算出完工产品成本和在产品成本。

1）总分类核算的账户体系设计

虽然从理论上讲，会计账户和会计科目属于两个不同的概念，但在会计实务工作中，会计账户和会计科目往往作为同义语来理解，相互通用，不加区别[①]。本章也采用这一习惯。

在ABC体系的总分类核算中，企业主要用到的会计账户为“作业

---

① 陈国辉，迟旭升.基础会计［M］. 8版.大连，东北财经大学出版社，2024.

成本”账户、“产品作业成本”账户。除了以上账户外，企业根据经济业务发生的实际情况还会涉及“库存商品”账户、“原材料”账户等等，不一而足。“作业成本”账户、“产品作业成本”账户外的其他账户，都属于传统成本核算体系下的账户，会计人员已经很熟悉，不必多做解释，故在此对“作业成本”账户、“产品作业成本”账户两个主要账户做详细阐述。

ABC体系总分类账户的基本格式和反映内容见表8-1。

表8-1 **ABC总分类账户体系表**

序号	账户名称	基本格式	反映内容
1	“作业成本”总账	三栏式	总括反映生产活动的作业消耗
2	“产品作业成本”总账	三栏式	总括反映生产活动的产品作业成本

注：在核算过程中与传统成本核算体系名称相同的账户，在此不赘述。

为了使上表中的两个主要账户容易掌握，特编制账户使用说明书，见表8-2。

表8-2 **ABC体系主要账户使用说明书**

账户名称	账户性质	使用说明	业务举例
作业成本	成本计算类	该账户是专门核算作业成本归集和分配的账户。 该账户借方记增加，表示作业成本增加。贷方记减少，表示作业成本分配给产品。 由于作业成本按一定的动因标准和分配率分配给各个产品，故该账户期末一般没有余额	某月某日，某作业中心机器耗用800元润滑油。会计分录如下。 借：作业成本 800 贷：原材料 800 某月某日，将某中心作业成本160 000元分配给各产品。会计分录如下。 借：产品作业成本——甲产品 9 000 ——乙产品 7 000 贷：作业成本 16 000
产品作业成本	成本计算类	该账户是专门核算产品作业成本归集和分配情况的账户。 该账户借方记增加，表示产品作业成本归集。贷方记减少，表示产品作业成本分配给完工产品。 由于所生产产品或许全部完工，或许有未完工产品，所以该账户或许没有余额，或许有余额。如有余额，余额一般在借方，表示在产品的成本	某月某日，将某作业中心作业成本1 000元分配给某产品。会计分录如下。 借：产品作业成本 1 000 贷：作业成本 1 000 某月某日，结转某产品完工成本500元。会计分录如下： 借：库存商品 500 贷：产品作业成本 500

注：本表未设计账户编号，是为了方便本企业根据需要自行编制。

2）总分类核算的账务流程设计

根据ABC理论“产品消耗作业，作业消耗资源”的基本思想，设计总分类核算的账务流程如下，如图8-7所示：

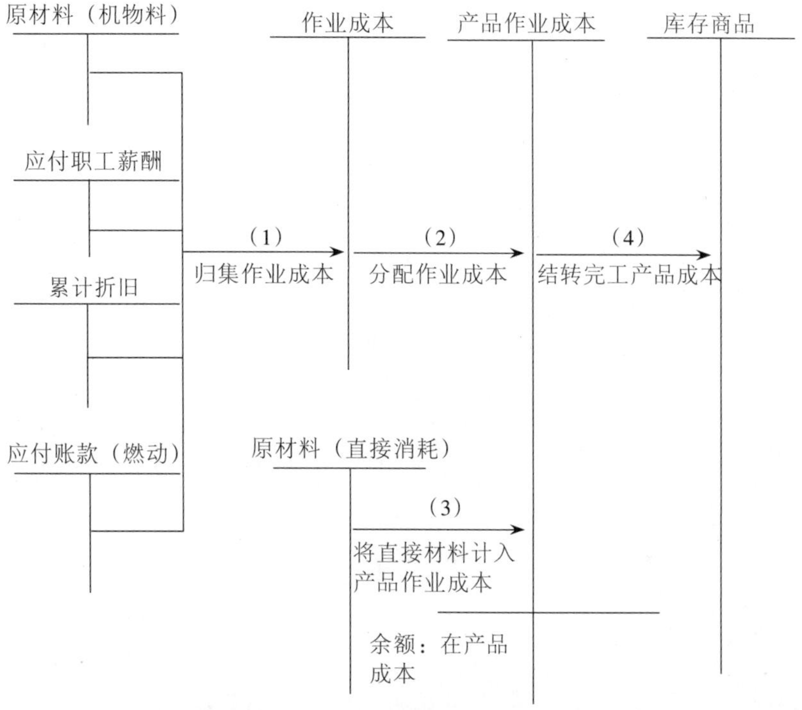

图8-7　ABC体系账务流程图（总账）

（1）归集作业成本。根据企业在生产过程中各作业中心消耗资源的情况，登记“作业成本”账户。

（2）分配作业成本，登记“产品作业成本”账户。根据各个作业中心的服务对象和恰当的作业动因，编制作业分配表，将作业成本分配给有关产品，将作业成本从“作业成本”账户转入“产品作业成本”账户。

（3）将产品消耗的直接材料从“原材料”账户转入“产品作业成本”账户。

（4）将产品作业成本在完工产品与未完工产品之间分配，将完工产品成本从“产品作业成本”账户转入“库存商品”账户。

8.3.5 明细核算程序设计

按企业成本核算体制的不同，ABC成本核算的明细分类核算程序设计，可以分为一级成本核算体制下的ABC明细分类核算程序设计与两级成本核算体制下的ABC明细分类核算程序设计。

1）一级成本核算体制下的ABC明细核算程序设计

（1）一级成本核算体制下的ABC明细账体系及账户格式设计，见表8-3。

表8-3　　一级成本核算体制下的ABC明细账户体系表

序号	账簿名称	账户设计格式	反映内容
1	作业成本明细账	按费用明细项目分设专栏	反映全厂生产单位消耗的作业总额
2	作业成本计算单	按费用明细项目分设专栏	反映各作业中心的资源消耗情况
3	产品作业成本明细账	按作业中心名称与直接材料分设专栏（即成本项目）	反映全厂各作业中心的产品作业成本及全厂产品作业成本总额
4	产品作业成本计算单	按作业中心名称与直接材料分设专栏（即成本项目）	反映某种产品的产品作业成本

注：1.作业成本计算单，实质是按"作业中心"设的"作业成本明细账"，所以作为明细账进入账簿体系。

2.产品作业成本计算单，实质是按"产品品种"开设的"产品作业成本明细账"，所以作为明细账进入账簿体系。

实行一级成本核算体制时，企业应设置的ABC明细账主要包括：

①"作业成本明细账"。

为了反映各作业中心的作业成本，应设置“作业成本明细账”。“作业成本明细账”一般应按作业中心分设专栏（企业也可按具体控制要求，按费用名称设专栏）。账页具体格式见表8-19。

② “作业成本计算单”。

为了反映各个作业中心的实际消耗，还要在“作业成本明细账”下，按作业中心设置 “作业成本计算单”。“作业成本计算单”的格式根据成本核算的要求来确定，在一般情况下，按费用明细项目分设专栏（即作业中心的成本项目）。账页具体格式见表8-20。

③ “产品作业成本明细账”。

为了反映全厂产品作业成本总额，应设置“产品作业成本明细账”。“产品作业成本明细账”一般应按作业中心名称与直接材料分设专栏（即产品的成本项目）。账页具体格式见表8-21。

④ “产品作业成本计算单”。

为了反映各种产品所消耗的各个作业中心的作业成本、直接材料，应按产品品种设置 “产品作业成本计算单”。“产品作业成本计算单”按作业中心名称与直接材料分设专栏（即产品的成本项目）。

（2）一级成核算体制下的ABC明细核算程序，如图8-8所示。

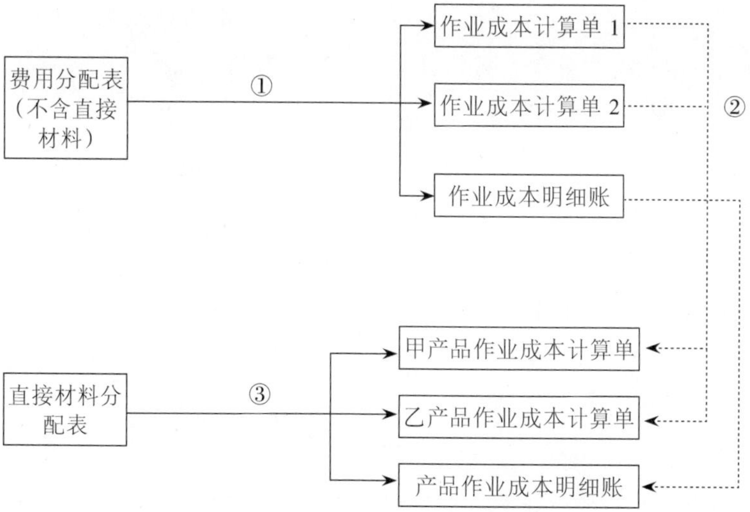

图8-8　一级成本核算体制下ABC明细核算程序图

① 将作业消耗的资源进行分配，记入“作业成本计算单”（有几个

作业中心，设几份作业成本计算单)与“作业成本明细账”。

② 将各个作业中心的作业成本分配给产品，登记“产品作业成本计算单”(有几种产品，设几份“产品作业成本计算单”)与“产品作业成本明细账”。

③ 根据各个产品消耗的直接材料，登记“产品作业成本计算单”与“产品作业成本明细账”。

至此，各个产品的全部成本计算出来，如果有完工产品，可将完工产品的成本转入“库存商品”账户中。

上列记账活动中，要注意几个平衡，以免发生错误，即：

各“作业成本计算单”发生额之和及余额之和，应该分别等于“作业成本明细账”发生额及余额。

各“产品作业成本计算单”发生额之和及余额之和，应该分别等于“产品作业成本明细账”的发生额及余额。

2）两级成本核算体制下ABC明细核算程序设计

在两级成本核算体制下，ABC明细核算程序相对复杂，要分设厂部明细账体系与车间明细账体系。

（1）ABC明细账体系及格式设计。

在两级成本核算体制下，ABC成本核算的明细账簿账页格式与登记方法见本章的会计信息载体设计，此处主要讲述账户体系设计。

① 厂部ABC明细账体系。

厂部应设置“厂部作业成本明细账”“厂部产品作业成本明细账”。

“厂部作业成本明细账”应该按车间分设专栏，用以反映、控制和考核各车间内各作业中心资源消耗情况及全厂汇总情况。

“厂部产品作业成本明细账”应该按车间分设专栏，用以反映、控制和考核各车间各作业中心产品消耗作业和直接材料的情况及全厂汇总情况。

厂部ABC明细账体系见表8-4。

表8-4　　厂部ABC明细账体系表

序号	账户名称	账户设计格式	反映内容
1	“厂部作业成本明细账”	按车间分设专栏	反映全厂生产单位作业消耗的总额
2	“厂部产品作业明细账”	按车间分设专栏	反映全厂生产单位消耗的作业和直接材料

② 车间ABC明细账体系。

车间设置“车间作业成本明细账”“车间产品作业成本明细账”“车间作业成本计算单”“车间产品作业成本计算单”等明细账。

“车间作业成本明细账”，按作业中心分设专栏，用以反映全车间的作业消耗情况。

“车间产品作业成本明细账”，按作业中心名称与直接材料分设专栏（即成本项目），用以反映全车间的产品作业成本。

“车间作业成本计算单”，按费用明细项目分设专栏，反映各作业中心的资源消耗情况。

“车间产品作业成本计算单”，按作业中心名称与直接材料分设专栏（即成本项目），用以反映各产品消耗的作业和直接材料。

车间ABC明细账体系见表8-5。

表8-5　　**车间明细账体系表**

序号	账簿名称	账簿设计特点	反映内容
1	“车间作业成本明细账”	按作业中心分设专栏	反映全车间的作业成本
2	“车间产品作业成本明细账”	按作业中心名称与直接材料分设专栏（即成本项目）	反映全车间的产品作业成本
3	“车间作业成本计算单”	按费用明细项目分设专栏	反映各作业中心的资源消耗情况
4	“车间产品作业成本计算单”	按作业中心名称与直接材料分设专栏（即成本项目）	反映各产品消耗的作业和直接材料

（2）明细核算程序。

在此将两级成本核算体制下ABC明细核算程序的流程图分解为4个小流程图。

① 车间作业成本归集过程的明细核算（假设车间名称为第一车间，下同），如图8-9所示。

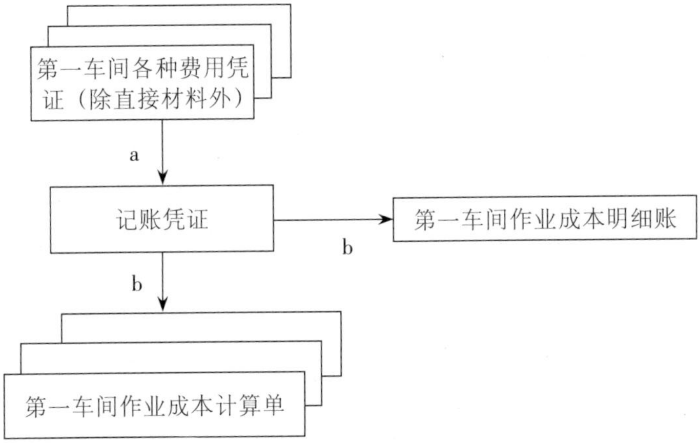

图8-9　两级成本核算体制下车间资源成本归集与分配的明细核算程序图

a：根据作业消耗资源的有关原始凭证，编制记账凭证。

b：根据记账凭证登记作业成本计算单、作业成本明细账。

经过以上步骤，作业成本归集完毕。

②车间作业成本分配过程的明细核算，如图8-10所示。

a：根据作业成本计算单的数据，结合作业凭证，编制作业成本分配表。

b：根据作业成本分配表编制作业成本分配的记账凭证。

c：根据作业成本分配的记账凭证，登记“作业成本计算单”“作业成本明细账”“产品作业成本计算单”“产品作业成本明细账”。

d：根据车间各个产品消耗品的直接材料凭证，编制直接材料消耗的记账凭证。

e：直接材料消耗的记账凭证，登记“产品作业成本计算单”“产品作业成本明细账”。

经过以上步骤后，作业成本分配完毕，产品作业成本也归集完毕。

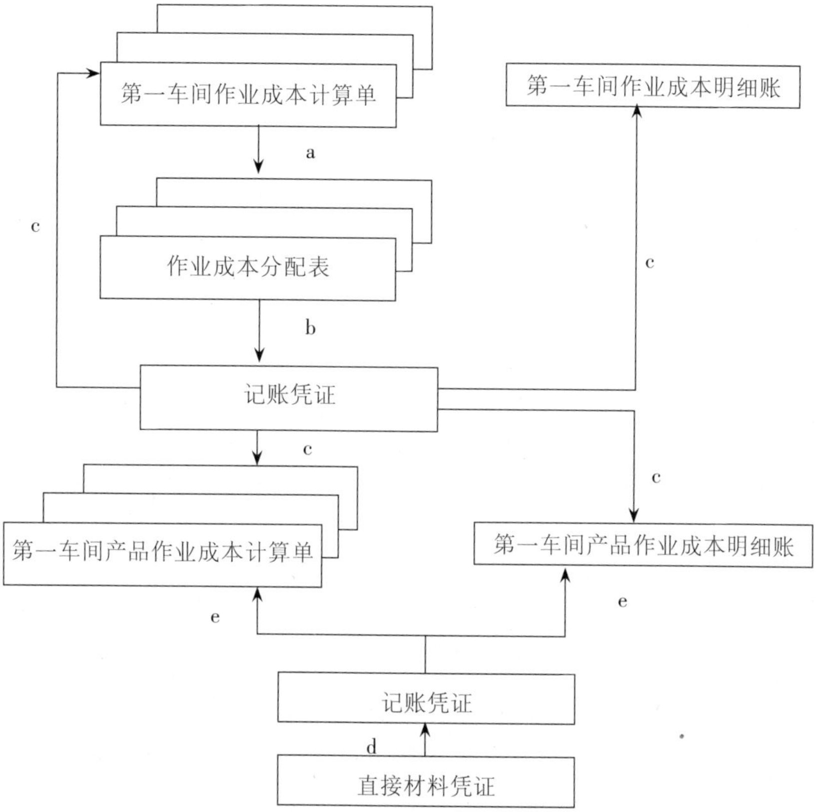

图8-10　两级成本核算体制下车间作业成本分配的明细核算程序图

③ 车间产品成本分配的明细核算程序，如图8-11所示。

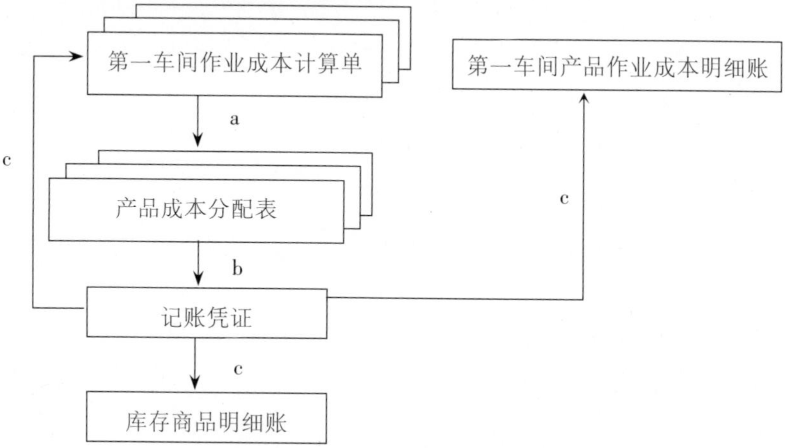

图8-11　两级成本核算体制下车间产品成本分配的明细核算程序图

a：根据“产品作业成本计算单”编制“产品成本分配表”，将费用在完工产品与在产品之间分配。

b：根据“产品成本分配表”编制产品成本分配的记账凭证。

c：根据产品成本分配的记账凭证，登记“车间产品作业成本计算单”“产品作业成本明细账”“库存商品明细账”。

④“厂部作业成本明细账”“厂部产品作业成本明细账”的登记程序，如图8-12所示。

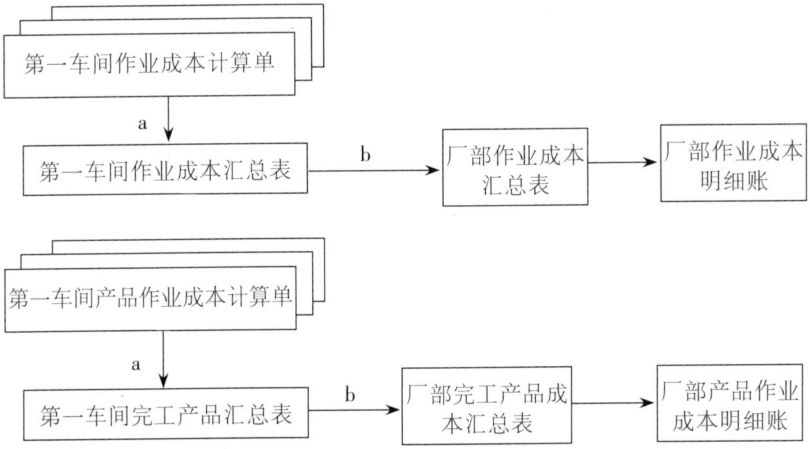

图8-12 两级成本核算体制下“厂部作业成本明细账”等明细账登记过程

a：车间根据“作业成本计算单”编制“车间作业成本汇总表”；根据“产品作业成本计算单”编制“车间完工产品成本汇总表”。

“车间作业成本汇总表”“车间完工产品成本汇总表”格式分别见表8-14、表8-17。

b：厂部ABC主管根据“车间作业成本汇总表”编制“厂部作业成本汇总表”，据以登记“厂部作业成本明细账”；根据“车间完工产品成本汇总表”编制“厂部完工产品成本汇总表”，据以登记“厂部产品作业成本明细账”。

“厂部作业成本汇总表”“厂部完工产品成本汇总表”格式分别见表8-13、表8-16。

8.4 会计信息载体系统设计

ABC会计信息载体系统设计，包括会计信息载体系统结构设计、各种会计信息载体的格式和填制方法设计等内容。会计信息载体系统设计由凭证系统设计、账簿系统设计、报告系统设计三部分组成。

会计信息载体系统的总体结构如图8-13所示：

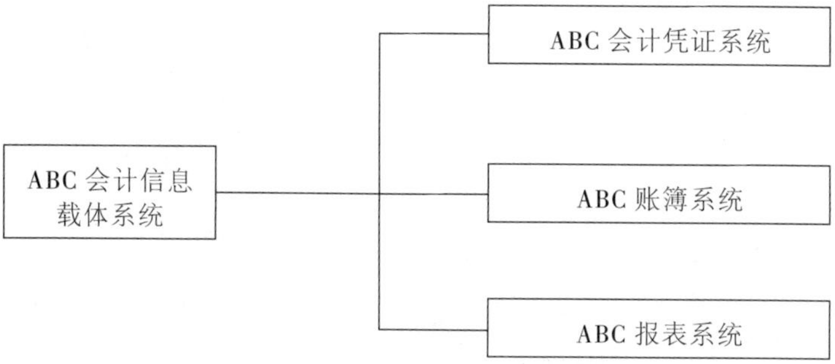

图8-13 ABC体系信息系统总体结构简图

8.4.1 凭证系统设计

凭证的主要功能是记录经济业务发生的起因、有关资源消耗的数量和价值，以及费用的承担责任人等会计信息。设计的主要任务是根据凭证主要功能的需要设计出凭证的格式结构。

ABC核算体系下的凭证系统设计的内容包括凭证系统结构设计、资源消耗凭证的设计、作业凭证的设计、作业成本计算单的设计、转账凭证、产品作业成本计算单的设计、直接材料凭证的设计等内容。凭证系统基本结构如图8-14所示。

在图8-14的所有凭证中，文件性质的原始凭证，是进行ABC成本核算活动的具有前提条件作用的凭证。虽然并未作为记账凭证的附件，但却是保证一个企业划分作业中心及选择作业动因分配作业成本的原始依据。下面逐一介绍各种凭证的格式和填制方法。

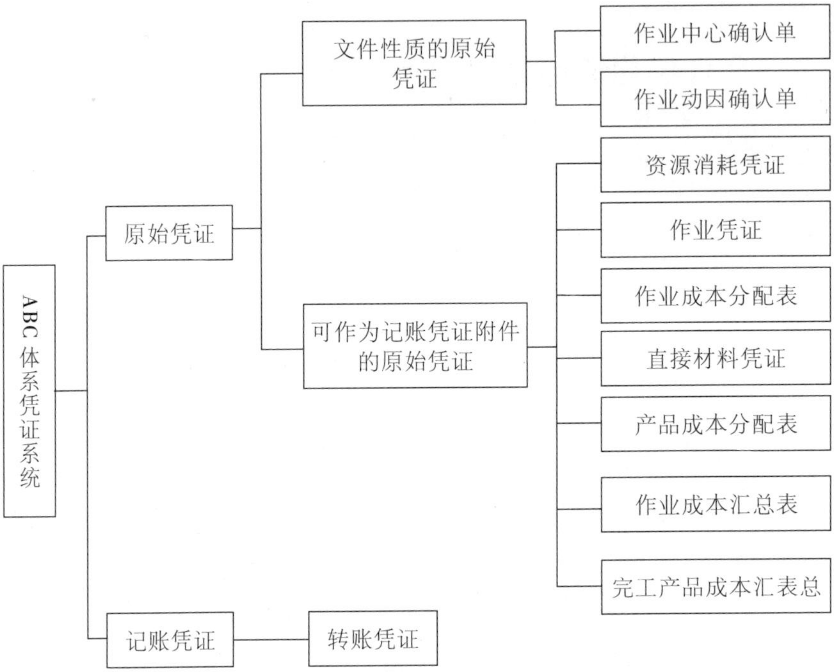

图 8-14 ABC体系凭证系统结构图

1）作业中心确认单格式及填制方法设计

作业中心是成本控制的关键点，也是资源归集的中心，作业中心的确认也导致企业内部各方利益的变化。确定作业中心必须经过一定的程序（由厂成本管理委员会会同车间成本核算组共同完成）。通过作业中心确认单，可以明确作业中心的建立过程和相关责任人。从而使作业中心的确认结果具有权威性、相关责任具有可追溯性，格式见表8-6。

填制方法：作业中心名称栏，填写由成本管理委员会最后确认的作业中心名称，该名称将是该作业中心在该公司内财务活动中的正式名称。作业中心划分依据栏目，填写该作业中心划分的目的、划分的工艺技术依据和成本管理依据。作业中心内容定义栏目，具体说明该中心的作业种类、作业特点。作业成本主管意见，由车间（分厂）的负责人代表车间（分厂）表述意见，并签名明确责任。成本管理委员会意见栏目，由成本管理委员会负责人代表成本管理委员会签署意见，并加盖公章和本人姓名以明确责任。该确认单至少一式四份，分别由有关单位

（技术部门1份，财务部门1份，车间1份，档案室1份）持有和保管。如果作业中心重新确认，需将以前划分的作业中心废止。但仍可利用这一单证，只是在“作业中心划分依据栏目”注明重新划分的原因即可。值得指出的是，此处尚未确认作业动因，因为作业动因会随作业中心服务对象的改变而改变。

表8-6　　作业中心确认单

作业中心名称：
作业中心划分依据：
作业中心内容定义：
车间作业成本主管意见： 负责人签名： 年　月　日
成本管理委员会意见： 单位盖章： 负责人签名： 年　月　日

2）作业动因确认单格式及填制方法设计

确定某种标准作为作业动因，对成本的准确核算极为重要。因此，作业动因的确定必须以凭证的方式每期定下来，便于作业成本信息员有针对性地收集动因量。如若定得较早，期末前有变更，必须在备注栏目说明变动原因，格式见表8-7。

填制方法：作业中心名称栏目，由作业成本信息员填写本车间的各个作业中心名称，名称必须用规范名称。作业动因名称，由财务部

ABC主管、车间作业中心主管、各作业中心负责人共同商定（财务部ABC主管代表成本管理委员会行使职权）。作业中心生产负责人签字栏目，由作业中心生产负责人填写（不同的作业中心，有不同的作业中心生产主管），证明其对当期作业动因的认可。车间作业成本主管签字栏目，由车间主任填写。表明其对当期作业动因的认可。财务部ABC主管栏目，由财务部ABC主管签字（既代表财务部，又代表成本管理委员会），表示对当期作业动因的认可。一般不赞成当期期末变更作业动因，如若变动，可在下期进行调整。若期末某作业中心作业动因必须变更，则必须在备注栏目说明变更原因，并让有关人员签字确认。制单栏目由作业成本信息员签字。

表8-7　　**作业动因确认单**　　年　月　日

作业中心名称	作业动因名称	作业中心生产负责人签字	车间作业成本主管签字	财务部ABC主管

备注：

制单：

3）资源消耗凭证的格式和填制方法设计

资源消耗凭证是在ABC体系下，根据产品成本核算需要，记录作业消耗资源情况的凭证，是最基础的凭证。专职统计人员应按各作业中心所消耗的资源情况直接进行记录，经审核无误后，作为成本核算人员计量资源成本的依据，格式见表8-8。

填制方法：资源消耗凭证摘要栏登记资源消耗基本缘由，资源栏登记资源名称，计量单位栏记录资源的计量单位（如工时等），数量栏记录资源的消耗量（如工时数），单价栏记录资源的价格，金额栏记录耗用资源的价值。单价和金额都以货币表示。

表8-8 **资源消耗凭证** （金额单位：元）

作业中心名称：________ ____年__月__日 凭证编号：______

摘要	资源	计量单位	数量	单价	金额

车间作业成本主管： 填制： 审核：

4）作业凭证的格式和填制方法设计

作业凭证是ABC体系下的记录产品消耗作业情况的书面证明，是作业中心向最终产品分配作业成本的依据。期末专职统计人员应对日常记录的作业动因消耗数据进行统计，统计完毕后，将统计结果填制在作业凭证上，经审核后，作为成本核算人员计算作业动因、计量产品作业成本的依据，格式见表8-9。

表8-9： **作业凭证** （金额单位：元）

作业中心名称________ ____年__月__日 凭证编号：______

摘要	产品名称	产量计量单位	作业动因	作业动因计量单位	数量

车间作业成本主管： 填制： 审核：

填制方法：ABC体系作业凭证的主要作用是明确作业发生的原因，记录作业服务对象和数量。摘要栏记录经济业务发生的基本缘由；产品名称栏记录消耗作业的产品名称；产品计量单位栏登记产量的计量单位（如千克）；作业动因栏记录作业成本分配的动因名称（如工时）；作业动因计量单位栏记录作业动因计量单位名称（如工时）；数量栏记录该产品消耗作业的动因量。

5）作业成本计算单的格式和填制方法设计

作业成本分配表是对“作业成本计算单”中的作业成本进行分配的书面证明，是将作业成本分配到产品的依据，格式见表8-10。

表8-10　　　　　　　　作业成本分配表

作业中心名称：X中心　　　　单位：　　　　日期：____年__月__日

产品名称 （1）	动因名称 （2）	动因数量 （3）	分配率 （4）=（5） 合计/（3）	作业成本 （5）=（3）× （4）
甲产品				
乙产品				
丙产品				
…				
n				
合计				

车间作业成本主管：　　　　　填制：　　　　　审核：

6）直接材料凭证的格式和填制方法设计

ABC体系直接材料凭证是记录产品消耗直接材料、专用工模具数量及金额的书面证明，是编制直接材料账簿的依据，格式见表8-11。

表8-11　　　　　　　　直接材料凭证

作业中心名称：　　　　　　____年__月__日　　　　凭证编号：________

摘要	产品名称	直接材料名称	计量单位	数量	单价	金额	式联

车间作业成本主管：　　　　　填制：　　　　　审核：

填制方法：直接材料凭证根据作业中心在物资供应部门的领料单分析填列。摘要栏记录产品消耗直接材料、专用工模具数量及金额情况的简单说明。产品名称栏记录产品的名称。直接材料名称栏记录该产品消耗的直接材料名称、专用工模具名称。计量单位栏记录该直接材料、专用工模具的计量单位。数量栏记录产品消耗的直接材料、专用工模具的数量。单价栏记录产品消耗的直接材料、专用工模具的单价。金额栏登记产品消耗的直接材料、专用工模具的价值。

7）产品成本分配表的格式和填制方法设计

产品成本分配表是计算完工产品成本的书面证明。以作业中心和直接材料为主要内容，反映完工产品和在产品对各作业中心作业和直接材料的消耗情况，格式和结构见表8-12。

表8-12 **产品成本分配表**

在产品数量： 件

产品名称：X产品 ____年__月__日 完工产品数量： 件

作业中心（1）	产品作业成本（2）	分配动因总量（3）	分配率（单位成本）（4）	完工产品		在产品	
				动因数量（5）	作业成本（6）=（4）×（5）	动因数量（7）	作业成本（8）=（4）×（7）
作业中心1							
作业中心2							
作业中心3							
作业中心4							
…							
作业中心n							
小计							
直接材料							
合计							

车间作业成本主管： 填制： 审核：

填制方法：产品成本分配表根据作业成本分配表、直接材料凭证，以及其他相关凭证等分析计算填列。产品作业成本栏目根据各作业中心作业成本分配表和直接材料凭证填写。分配动因总量，指的是作业成本在完工产品与在产品之间分配标准的总量（比如月当产量），根据有关统计资料分析填列。分配率是产品作业成本与分配动因总量的比值。完工产品与在产品的动因量分别与分配率相乘，即可得出完工产品与在产品各自的作业成本。各作业中心分配给完工产品的作业成本小计，即完工产品应承担的全部作业成本。加上直接材料后的合计成本，即完工产品的最终成本（库存商品成本）。另外，若有的作业中心的作业成本只由完工产品承担，那么，在这个作业中心进行成本分配时，分配动因总量就等于完工产品的动因数量，在产品动因数量为零。

8）作业成本汇总表的编制

如果是一级成本核算体制，没有必要编制作业成本汇总表，因为在一级成本核算体制下，作业成本明细账不分车间和厂部，作业成本明细账根据资源分配的记账凭证与作业成本分配的记账凭证直接登记。

如果是两级成本核算体制，则必须分设厂部作业成本汇总表和车间作业成本汇总表。

（1）厂部作业成本汇总表。

厂部作业成本汇总表是根据各车间呈递来的车间作业成本汇总表汇总编制的，是厂部编制记账凭证和登记厂部作业成本明细账的依据。制表人员应为厂部ABC成本主管或被授权的会计人员，格式见表8-13。

表8-13 **厂部作业成本汇总表**

____年__月__日　　　　金额单位：

作业中心	车间名称			合计
	一车间	二车间	…	
作业中心1				
作业中心2				
…				
合计				

制表：

（2）车间作业成本汇总表。

车间作业成本汇总表是根据车间的作业成本计算单汇总编制的，是编制厂部作业成本汇总表的依据。完工产品成本汇总表按产品名称分设专栏，表明全车间的作业总成本及每种产品消耗每个中心成本的情况，格式见表8-14。

表8-14　　车间作业成本汇总表

车间名称：　　　　　　　　____年__月__日　　　　　　　　金额单位：

作业中心	产品名称			合计
	甲产品	乙产品	…	
作业中心1				
作业中心2				
…				
合计				

9）完工产品成本汇总表的格式设计

（1）如果企业采用一级成本核算体制，完工产品成本汇总表就比较简单，没有必要按车间和厂部分设，格式见表8-15。

表8-15　　完工产品成本汇总表

____年__月__日　　　　　　　　金额单位：

作业中心	产品名称			合计
	甲产品	乙产品	…	
作业中心1				
作业中心2				
…				
作业成本小计				
产量				
单位作业成本				
直接材料成本				
单位直接材料成本				
产品成本合计				
单位成本				

车间作业成本主管：　　　　填制：　　　　　　审核：

（2）如果企业采用两级成本核算体制，则完工产品汇总表必须按车间与厂部分设。

① 厂部完工产品成本汇总表。

厂部完工产品汇总表，是根据各车间呈递来的“车间完工产品汇总表”汇总编制的，是厂部ABC主管据以编制记账凭证和登记账簿的依据，格式见表8-16。

表8-16 **厂部完工产品成本汇总表**

____年__月　　金额单位：

作业中心	车间名称			合计
	第一车间	第二车间	…	
作业中心1				
作业中心2				
…				
直接材料成本				
产品成本合计				

车间作业成本主管：　　填制：　　审核：

② 车间完工产品成本汇总表。

车间编制的“车间完工产品汇总表”，是厂部编制“厂部完工产品汇总表”的依据。车间完工产品汇总表应该以产品名称分设专栏，格式见表8-17。

表8-17 **车间完工产品成本汇总表**

车间名称：　　____年__月　　单位：元

作业中心	产品名称			合计
	甲产品	乙产品	…	
作业中心1				
作业中心2				
…				

续表

作业中心	产品名称			合计
	甲产品	乙产品	…	
作业成本小计				
计量单位				
产量				
单位作业成本				
直接材料成本				
单位直接材料成本				
产品成本合计				
单位成本				

车间作业成本主管：　　　　填制：　　　　审核：

此外，车间还应向厂部汇报资源成本消耗的有关情况，即应该编制资源成本汇总表，资源成本汇总表可按资源的名称分设栏目，也可根据企业需要灵活选定格式，此处略去设计。

10）转账凭证的格式设计

ABC体系转账凭证，是企业应用ABC体系进行成本核算时的记账凭证。它反映企业各作业中心“作业消耗资源、产品消耗作业”的情况，格式和结构见表8-18。

表8-18　　　　**转账凭证**

____年__月__日　　　　凭证编号：

摘要	科目			借方金额	贷方金额
	一级科目	二级科目	明细科目		
合计					

车间作业成本主管：　　　　填制：　　　　审核：

需要指出的是，所有的凭证在填制和传递过程中，都应根据各作业中心的具体特点和要求，规定出明确的审核程序与传递路线，都应经过作业成本主管（或其授权者）的确认并签字。由于各中心具体情况不同，在此不必做出统一设计，只能由各企业根据作业中心的具体情况进行设计。

8.4.2 明细账簿系统设计

1）一级成本核算体制下ABC明细账体系的账簿格式与登记方法设计

（1）作业成本明细账簿。

一级成本核算体制下的“作业成本明细账簿”，按作业中心分设专栏。根据资源成本分配的记账凭证和作业成本分配的记账凭证登记。期末金额转入“产品作业成本明细账”，结转后无余额。格式见表8-19。

表8-19 **作业成本明细账簿**

会计科目：作业成本

年			凭证字号	摘要	作业中心1	作业中心2	作业中心3	…	作业中心n	合计
月	日	字	号							
				记第一作业中心成本						
				记第二作业中心成本						
				记第三作业中心成本						
				本月合计						
				本月转出						

（2）作业成本计算单。

每个作业中心都开设作业成本计算单。作业成本计算单按费用名称分设专栏，详细反映各作业中心消耗资源的情况，根据资源消耗的记账凭证、作业成本分配的记账凭证登记。期末金额转入“产品作业成本计算单”，结转后无余额，格式见表8-20。

表8-20 **作业成本计算单**

作业中心名称：××作业中心 金额单位：元

年		凭证字号		摘要	工资费用	办公费用	机物料	水电费	折旧费	修理费	低值易耗	劳动保护	其他	合计
月	日	字	号											
				本月合计										
				本月转出										

（3）产品作业成本明细账簿。

一级成本核算体制下的“产品作业成本明细账簿”按作业中心与直接材料分设专栏，集中反映全厂产品消耗作业和材料的情况。根据分配作业成本的记账凭证、分配材料的记账凭证、结转完工产品成本的记账凭证登记。期末余额为在产品，格式见表8-21。

表8-21 **产品作业成本明细账簿**

年		凭证	摘要	作业中心			小计	直接材料	合计
月	日			A中心	B中心	…			
		略	月初在产品						
		略							
		略							
		略	本月发生						
		略	合计						
		略	结转完工产品成本						
		略	月末在产品成本						

（4）产品作业成本计算单。

一级成本核算体制下的“产品作业成本计算单”，按作业中心和直接材料分设专栏，有几种产品设几个“产品作业成本计算单”，根据作业成本分配的记账凭证、材料消耗的记账凭证、完工产品结转的记账登记，期末余额为在产品，格式见表8-22。

表8-22 **产品作业成本计算单**

在产品数量：件

明细科目：××产品　　　　完工产品数量：件

年		凭证	摘要		作业中心			小计	直接材料	合计
月	日				A中心	B中心	…			
			月初在产品							
			本月发生							
			合计							
			动因	动因名称						
				产成品动因量						
				在产品动因量						
				合计						
			单位成本							
			结转完工产品成本							
			月末在产品成本							

2）两级成本核算体制下ABC明细账体系的账簿格式及登记方法设计

（1）厂部明细账簿格式及登记方法设计。

①厂部作业成本明细账簿：集中反映全厂作业消耗情况，根据车间分设专栏，根据“厂部作业成本汇总表”编制的记账凭证登记。期末金额结转到“厂部产品作业成本明细账”，结转后无余额。厂部作业成本明细账簿的格式见表8-23。

表8-23　　厂部作业成本明细账簿

年		凭证字号		摘要	一车间	二车间	三车间	…	n车间	合计
月	日	字	号							
				本月合计						
				本月转出						

② 厂部产品作业成本明细账簿：集中反映全厂产品消耗作业与直接材料的情况。按车间分设专栏。根据“作业成本汇总表”编制的记账凭证、直接材料消耗的记账凭证、“厂部完工产品汇总表”编制的记账凭证登记，期末余额为在产品成本。厂部产品作业成本明细账簿的格式见表8-24。

表8-24　　厂部产品作业成本明细账簿

年		凭证字号	摘要	作业成本			直接材料成本			合计
月	日			一车间	二车间	小计	一车间	二车间	小计	
			月初在产品							
			本月发生							
			合计							
			结转完工产品成本							
			月末在产品成本							

（2）车间明细账的账簿体系及格式设计。

① 车间作业成本明细账簿格式及登记方法。

车间作业成本明细账簿是总括记录和反映本车间产品消耗作业的账簿，按车间内各个作业中心分设专栏，依据本车间各作业中心的作业分配表及记账凭证登记。每个作业中心只登记一笔数字，即作业中心的全部作业成本，不必按作业成本包含的各种资源逐笔登记，可以有效节约工作量。车间作业成本明细账的本期发生额，与车间各个作业成本计算单本期发生额之和相等。期末该账户的金额全部从贷方结转到产品作业成本明细账，结转后该账户没有余额。车间作业成本明细账簿的格式见表8-25。

表8-25 **车间作业成本明细账簿**

会计科目：作业成本

年		凭证字号		摘要	作业中心1	作业中心2	作业中心3	…	作业中心n	合计
月	日	字	号							
				登记第一作业中心成本						
				登记第二作业中心成本						
				本月合计						
				本月转出						

② 车间作业成本计算单的格式及登记方法。

车间作业成本计算单是详细反映各个作业中心作业消耗资源的明细账簿（相当于作业成本三级明细账），按资源名称分设专栏，依据资源成本分配时的记账凭证和作业成本分配时的记账凭证进行登记。期末该账户的金额全部从贷方结转到“产品作业成本计算单”（明细账簿），结转后该账户没有余额。每个作业中心都有自己的作业成本计算单，本车间各个作业中心的作业成本计算单本期发生额之和，等于车间作业成本明细账本期发生额。作业成本计算单的格式见表8-26。

表8-26 **作业成本计算单**

作业中心名称：××作业中心

年		凭证字号		摘要	工资费用	办公费用	机物料	水电费	折旧费	修理费	低值易耗	劳动保护	其他	合计
月	日	字	号											
				本月合计										
				本月转出										

③ 车间产品作业成本明细账簿格式及登记方法。

车间产品作业成本明细账簿是总括记录和反映本车间产品消耗作业和直接材料的账簿，按作业中心和直接材料分设专栏，根据作业成本分配表、产品成本分配表及相关的记账凭证进行登记。期末完工产品成本从贷方结转到"库存商品明细账簿"，结转后的余额表示未完工产品的产品作业成本。该账户的本期发生额及余额与本车间的各个产品的"产品作业成本计算单"发生额之和及余额之和相等，格式见表8-27。

表8-27 **车间产品作业成本明细账簿**

年		凭证	摘 要	作业中心			小计	直接材料	合计
月	日			A中心	B中心	…			
			月初在产品						
			本月发生						
			合计						
			结转完工产品成本						
			月末在产品成本						

④ 产品作业成本计算单的格式及登记方法。

"产品作业成本计算单"是详细记录和反映各产品消耗作业和直接材料情况的明细账簿，相当于产品作业成本三级明细账。该账户以作业中心和直接材料为成本项目分设专栏，依据作业成本分配时的记账凭证和产品成本在完工产品与未完工产品之间分配时的记账凭证登记。期末该账簿所记录的完工产品的成本从贷方结转到"库存商品明细账簿"，结转后的余额为该产品的在产品成本。每种产品都设有自己的"产品作业成本计算单"，该车间内各个产品的"产品作业成本计算单"的发生额之和与余额之和，等于该车间"车间产品作业成本明细账簿"的发生额及余额，格式见表8-28。

表8-28　　　　**产品作业成本计算单**

产品名称：××产品　　　　　　　　　　　　　　　　　　金额：元

<table>
<tr><td colspan="2">年</td><td rowspan="2">凭证</td><td colspan="2" rowspan="2">摘要</td><td rowspan="2">作业中心1</td><td rowspan="2">作业中心2</td><td rowspan="2">…</td><td rowspan="2">小计</td><td rowspan="2">直接材料</td><td rowspan="2">合计</td></tr>
<tr><td>月</td><td>日</td></tr>
<tr><td></td><td></td><td></td><td colspan="2">月初在产品</td><td></td><td></td><td></td><td></td><td></td><td></td></tr>
<tr><td></td><td></td><td></td><td colspan="2"></td><td></td><td></td><td></td><td></td><td></td><td></td></tr>
<tr><td></td><td></td><td></td><td colspan="2"></td><td></td><td></td><td></td><td></td><td></td><td></td></tr>
<tr><td></td><td></td><td></td><td colspan="2">本月发生</td><td></td><td></td><td></td><td></td><td></td><td></td></tr>
<tr><td></td><td></td><td></td><td colspan="2">合计</td><td></td><td></td><td></td><td></td><td></td><td></td></tr>
<tr><td rowspan="2"></td><td rowspan="2"></td><td rowspan="2"></td><td rowspan="4">动因</td><td>动因名称</td><td></td><td></td><td></td><td></td><td></td><td></td></tr>
<tr><td>产成品动因量</td><td></td><td></td><td></td><td></td><td></td><td></td></tr>
<tr><td></td><td></td><td></td><td>在产品动因量</td><td></td><td></td><td></td><td></td><td></td><td></td></tr>
<tr><td></td><td></td><td></td><td>合计</td><td></td><td></td><td></td><td></td><td></td><td></td></tr>
<tr><td></td><td></td><td></td><td colspan="2">单位成本</td><td></td><td></td><td></td><td></td><td></td><td></td></tr>
<tr><td></td><td></td><td></td><td colspan="2">结转完工产品成本</td><td></td><td></td><td></td><td></td><td></td><td></td></tr>
<tr><td></td><td></td><td></td><td colspan="2">月末在产品成本</td><td></td><td></td><td></td><td></td><td></td><td></td></tr>
</table>

在账簿登记中，要考虑以下几个问题：第一，登记方法应以汇总登记为主，逐笔登记为辅。由于账簿总括地反映各作业中心经济信息，而各作业中心的不同类经济业务有多有少，有繁有简，因此，本着易操作原则，采用以汇总登记为主，逐笔登记为辅的方法，即：对于繁多的经济业务采用汇总登记，根据ABC转账凭证及相应的账户编制相应的汇总表再据以登记作业账簿；对于发生较少的经济业务采用逐笔登记，这样可以简化记账工作。第二，尽量在作业总分类账簿中保持账户的对应关系，这样有助于分析经济业务内容，了解作业发生及资源消耗的变动情况。

8.4.3 报告系统设计

作业成本报告系统是企业在应用ABC核算体系核算产品成本的情况下，总括反映本期成本水平，并据以分析成本管理绩效水平的成本报告系统。该系统由作业成本报表、产品成本报表、主要产品单位成本表、主要产品利润表、成本管理工作分析报告等成本报告组成。

虽然产品成本报表、主要产品单位成本表等报表与传统成本核算体系的报表名称一样，但反映的指标内容却不一样。具体情况见下面的详细阐述。

ABC体系报告系统如图8-15所示：

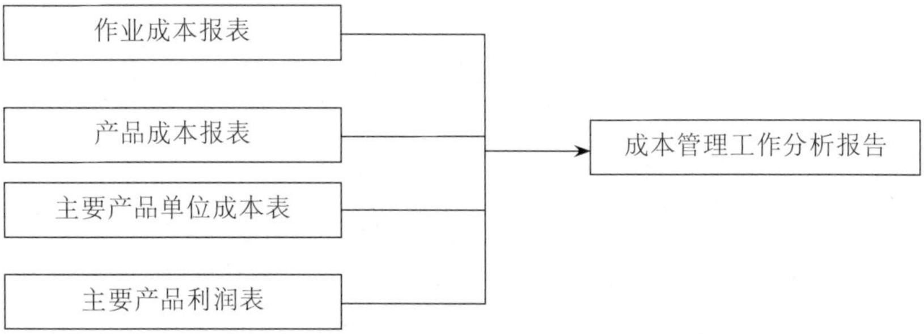

图8-15　ABC体系报告系统及其逻辑关系图

1）作业成本报表格式和编制方法

作业成本报表为对内部服务的报表，该报表以作业中心和资源费用项目为主体进行反映，用以说明各作业中心消耗资源的情况。该报表依据成本账簿及有关凭证编制，其格式和结构见表8-29：

表8-29　**作业成本报表**

编制单位：　　　　____年__月__日

资源费用项目	行次	本年计划数	上年同期实际数	本年累计实际数
作业中心1				
作业中心2				
作业中心3				
作业中心4				
…				
合计				

编制：　　　　审核：

2）产品成本表格式和编制方法设计

产品成本报表为对内服务的报表。该报表用以总括说明在报告期内生产的全部产品（包括可比产品与不可比产品）的总成本，以及各种主要产品的单位成本和总成本的报表。根据产品成本报表提供的资料，企业可以考核全部产品和主要产品成本计划的执行情况，分析各种产品成本降低任务的完成情况，为编制成本管理报告书提供依据。其基本格式和结构见表8-30。带“*”的项目为不可比产品。

表8-30 **产品成本表**

产品名称		计量单位	实际产量		单位成本				本月总成本			本年累计总成本		
			本月	本年累计	上年实际平均	本年计划	本月实际	本年累计平均	按上年实际平均单位成本计算	按本年计划单位成本计算	本月实际	按上年实际平均单位成本计算	按本年计划单位成本计算	本年累计
甲	作业成本													
	材料													
	合计													
乙	作业成本													
	材料													
	合计													
丙*	作业成本				—				—			—		
	材料													
	合计													
全部商品成本	作业													
	材料													
	总计													

3）主要产品单位成本表

主要产品单位成本表是反映企业在报告期内生产的各种主要产品单位成本构成情况和各项主要经济技术指标执行情况的报表，是对产品成本表进一步补充说明的报表，格式见表8-31。

表8-31 **主要产品单位成本表**

产品名称			本月计划产量			
规格			本月实际产量			
计量单位			本年累计计划产量			
销售单价			本年累计实际产量			
成本项目	行次	历史先进水平	上年实际平均水平	本年计划	本月实际	本年累计平均
作业中心1						
作业中心2						
作业中心3						
⋮						
合计						
主要技术经济指标		用量	用量	用量	用量	用量
××材料						
工时						

4）主要产品利润表的格式和编制方法设计

主要产品利润表是根据企业经营决策的需要，对企业认为的关键产品（指对企业利润有重要影响或者关系到企业战略目标是否实现的产品），编制的利润表。表中税前利润是指所得税前的利润。此表根据产品成本表，以及销售部门提供的销量、销价、有关税金等资料编制。格式见表8-32。

表8-32 **主要产品利润表**

产品名称 项目	产品甲	产品乙	…	产品n
一、产品销售收入				
-产品销售成本				
-产品销售税金附加				
二、产品销售利润				
-期间费用				
三、税前利润				

编制： 审核：

5）成本管理工作分析报告的格式和撰写方法设计

ABC体系的成本管理工作分析报告，系成本核算人员编撰的对内部服务的报告，也是综合反映一定期间成本计划执行情况的报告，该报告可最大程度地反映会计作为参谋人员的工作积极性、工作能力，以及其参谋活动的有效性，也可作为对成本核算人员工作业绩考核的依据。此成本报告应根据前三个报表及其他相关情况分析撰写。该报告格式可以灵活，但基本格式应该包括如下几部分内容，见表8-33。

表8-33 成本管理工作分析报告

年 月 日

车间		撰写人		作业中心主管	
题目					

本期成本管理工作质量简评：
优点：

不足：

本期成本管理工作得失因素剖析：
有利因素：

不利因素：

管理建议：

本期成本管理绩效先进单位和个人：（事迹附后）
先进单位：
先进个人：
奖励建议：

本期成本管理绩效落后单位和个人：（事实附后）
落后单位：
落后个人：
处理建议：

报送：成本管理委员会　　　　　　　　抄送：

成本管理工作分析报告的撰写方法如下：

（1）本期成本管理绩效简评栏目。该栏目应简明扼要地概括本期成本管理绩效水平。在说明本期管理绩效的优点和不足时，既要总结优点，肯定成本管理工作的成绩；又要总结不足，坦陈在工作中存在的瑕疵。尽量采用多个角度进行评价，比如，就产品成本升降情况评价，既要考虑作业成本升降，又要考虑包括材料费用的成本的升降。同时，还应该考虑在单位作业成本中各个作业中心（即成本项目）作业成本的升降。

在表述时，尽量用数字说明问题，切忌简单地定性评价。

（2）本期成本管理工作质量得失因素剖析栏目。应简要分析本期成本管理工作得失因素。分析要客观、公正、全面。对有利因素和不利因素都要定位恰当，不应夸大其词。罗列有利因素，便于下期继续采取或在全厂推广；罗列不利因素，便于下期剔除或引起全厂注意。

（3）管理建议栏目，应提出相对明确的建议。若撰写者个人难以提出有效措施，则可以通过召开成本分析与对策会，利用集体智慧，提出可行性建议。管理建议内容只要涉及成本管理就可以，未必仅限于财务部门，比如，可以提请设计部门重新考虑产品工艺设计，以从源头（设计）方面节约成本。

（4）本期成本管理绩效先进单位和个人栏目。此栏目既是对先进单位和个人在本期成本管理工作方面所做出的贡献的回馈，又是对厂内各单位和广大员工的精神激励。因此，事迹一定要客观真实，尽量使用数字说明问题。奖励建议，应根据企业有关文件和制度提出，即必须有文件依据。但最终确定的奖励方法和力度，则应由有关单位发行专门的文件予以确认和执行。有必要指出的是，正式的奖励方法及力度，未必与此表的建议一致。

（5）本期成本管理绩效落后单位和个人栏目。此栏目既是对落后单位与个人在成本管理方面出现失误的惩戒，又是对企业内部各单位和广大员工的警示，故此栏目一定要慎之又慎。事迹要更加确凿、真实。处理建议则除必须根据企业的有关文件精神外，还必须注意整体建议不能违反劳动法和侵犯有关当事人名誉方面的合法权利。但最终确定的处理方式和力度，则应由有关单位发行专门的文件予以确认和执行。有必要指出的是，正式的处理方法和力度，未必与此报告的建议一致。

比如，有些企业的设备专用性较强，设备闲置的可能性较大，闲置设备占用资金也较多。成本核算人员可以就此问题撰写专题成本报告，对闲置设备对产品成本造成的影响进行分析，就闲置设备的处理措施提出建议。

总之，由于成本管理工作分析报告属于对内服务的报告，撰写时间、报告内容都相对灵活，正因为如此，该报告所起的作用才更具有针对性。

9　工业企业作业成本法业财融合

工业企业应用作业成本法进行成本核算，必须结合企业自身的生产特点。本章采用五个真实案例，指导制药类企业、五金制造类企业、纺织类企业、石材（亦称合成晶体）制造类企业、制鞋类企业等工业企业应用作业成本法开展成本核算工作，对其他类型的工业企业应用作业成本法开展成本核算工作亦有启发作用。

9.1　制药企业作业成本法应用

9.1.1　案例企业基本情况和生产工艺特点分析

Z制药厂位于H市，曾经连续多年被评为“中国企业500强”。然而，近年来，随着H市医药制造业产业群的迅速崛起，该厂在H市面临诸多实力很强的同行的竞争。于是Z制药厂在成本管理上期望尝试比较先进的成本核算方法，以提高成本管理水平，谋求在市场竞争中的成本领先优势。财务总监建议尝试引入作业成本法，如成功可替代传统的成本核算方法。厂高层研究后，决定委托某高校来完成这一课题。该厂历史上多次管理方面的改革都在第一发酵车间先试验，成功后再推广到全厂其他车间，因此，作业成本法就准备在该车间尝试。第一发酵车间自动化较强，许多工艺环节不需要固定的操作员工。操作员工主要集中在发酵、LF提取、LF精烘包等工艺环节。车间的维修活动由机修车间来完成。该车间主要生产LF、MF、PF、JQ等4种产品。同时，根据客户需要，对上述4种产品进行重处理（客户认为产品的个别非关键指标如色泽等不满意，企业重新做一定加工处理）。此外还担负着为第一合成车间提供发酵服务，生产LP。该车间成本核算的基础工作较好，管理比较规范，为实行作业成本法提供了条件。而2023年该车间的间接费用与人工费用之比，也达到了7.81∶1，可见，该车间客观上也存在着对间接费用进行正确分配和严格控制的紧迫性。

9.1.2 第一发酵车间应用作业成本法计算成本前的准备工作

为了顺利应用作业成本法计算成本，第一发酵车间必须先完成以下准备工作。

1）确定最终成本标的

根据第一发酵车间的生产任务，将第一发酵车间的最终成本标的确定为：LF、MF、PF、JQ、LP、LF重处理、MF重处理、PF重处理等8个最终成本标的。

2）划分作业中心并确定各作业中心成本标的与成本动因

（1）划分作业中心并确定各中心成本标的。

从有利于成本核算和成本控制的指导思想出发，结合第一发酵车间的生产组织特点和工艺特点，将第一发酵车间作业活动划分为6个作业中心，并确定了各个中心的成本标的。

发酵中心：对菌种进行一、二、三级发酵，为提取、喷雾干燥等工艺环节提供原料。成本标的为LF、MF、PF、JQ、LP等的发酵液。

LF、MF提取中心：对发酵中心转移过来的LF、MF原浆进行干燥、萃取、过滤、浓缩、脱色，提取有效成分，形成粗品。成本标的为LF、MF等的提取粗品。

PF提取中心：对发酵中心转移来的PF原浆进行干燥、萃取、过滤、浓缩、脱色，提取有效成分，形成粗品。成本标的为PF提取粗品。

JQ作业中心：对发酵中心转移来的JQ原浆进行干燥、萃取、过滤、浓缩、脱色，提取有效成分，形成产成品。成本标的为JQ成品。

LF、MF精烘包作业中心：对LF、MF粗品进行精制作、烘干、包装，以及有关的重处理。成本标的为LF、MF成品，以及LF重处理、MF重处理。

PF精烘包作业中心：对PF粗品进行精制作、烘干、包装，以及有关的重处理。成本标的为PF成品、PF重处理。

此外，值得说明的是，由于发酵环节为本车间最重要的工艺，因此，所有产品均需要经过发酵过程（重处理除外），为了核算简洁化，将车间管理活动也划入发酵中心。

（2）确定各个作业中心成本分配动因。

企业利用SPSS统计分析软件，对过去36个月第一发酵车间的成本资料进行分析，并结合企业技术人员的建议，从而确定了各个作业中心的作业成本动因，见表9-1

表9-1 **第一发酵车间作业动因一览表**

作业中心名称	发酵中心	LF、MF提取中心	PF提取中心	JQ作业中心	LF、MF精烘包作业中心	PF精烘包作业中心
成本动因名称	投料灌时	产量	产量	产量	产量	产量

3）绘制第一发酵车间作业成本核算逻辑框架图并建立数学模型

为了使第一发酵车间的作业成本核算更规范化和更具操作性，首先绘制第一发酵车间作业成本计算的逻辑框架，然后建立有关数学模型。

（1）绘制第一发酵车间作业成本核算逻辑框架图。

根据第一发酵车间作业中心划分的情况，结合各个作业中心的成本标的，绘制出第一发酵车间作业成本核算逻辑框架图，如图9-1所示。

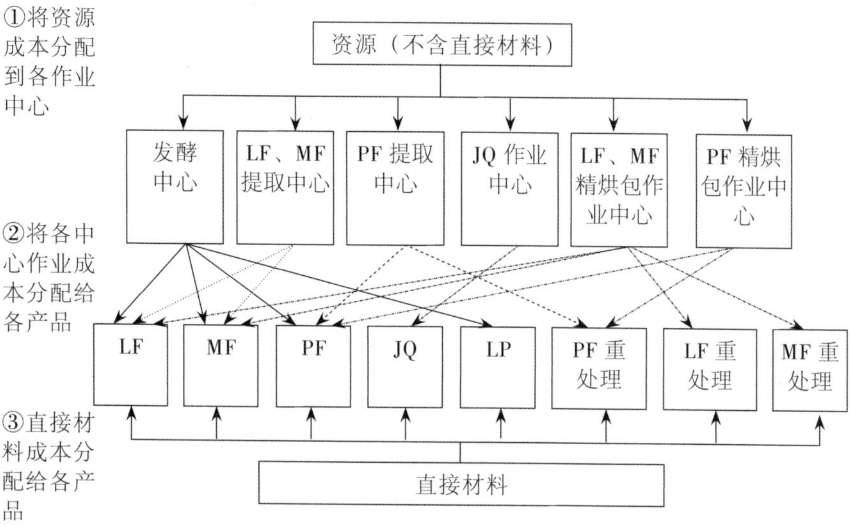

图9-1　第一发酵车间作业成本核算逻辑框架图

（2）建立数学模型。

根据第一发酵车间作业成本核算逻辑框架图，建立第一发酵车间作业成本核算需要的有关数学模型，见表9-2。

表9-2　**第一发酵车间计算模型说明表**

序号	数学模型	公式释义
1	$R_a = \dfrac{\sum\limits_{t=1}^{n} F_t}{\sum\limits_{j=1}^{6}\sum\limits_{a}^{n} Q_{ja}}$	求资源分配率公式。R_a表示a种资源的资源成本分配率。F_t表示该种资源本期每次的消耗金额。t表示该种资源本期消耗的次数。Q_{ja}表示第j个作业中心消耗a种资源的资源成本动因量
2	$R_{ja} = \sum\limits_{j=1}^{6}\sum\limits_{a=1}^{n} R_a \cdot Q_{ja}$	分配资源成本的公式。R_{ja}表示第j个作业中心分配的a种资源的资源成本。Q_{ja}表示第j个作业中心的a资源的资原成本动因量
3	$C_j = \sum\limits_{j=1}^{6}\sum\limits_{a=1}^{n} R_{ja}$	归集作业成本的公式。C_j表示第j个作业中心的作业成本。其他字母含义表示同上
4	$P_j = \dfrac{C_j}{\sum\limits_{i}^{8}\sum\limits_{j=1}^{6} Q_{ij}}$	求作业成本分配率的公式。P_j表示第j个作业中心的作业成本分配率。Q_{ij}表示第i种产品在第j个作业中心的作业成本动因量。其他字母含义同上
5	$C_{ij} = P_j \cdot Q_{ij}$	产品分配作业成本的公式。C_{ij}表示i产品从j作业中心分配的作业成本。其他字母含义同上
6	$E_i = \sum\limits_{i=1}^{8}\sum\limits_{j=1}^{6} C_{ij} + M_i$	产品作业成本的计算公式。E_i为第i种产品的产品作业成本，M_i为第i种产品的直接材料成本。其他字母含义同上

此外，第一发酵车间产品作业成本在完工产品与在产品之间分配时，采用约当产量法，与传统成本法相同，在此不再赘述。需要说明的是，在试算时只是按完工产品计算，不必考虑产品作业成本在完工产品与在产品之间分配的问题。

9.1.3 应用作业成本法计算第一发酵车间成本

完成了计算作业成本前的准备工作后，即可应用作业成本法对第一发酵车间作业成本进行试算（资料为2023年全年成本资料）。为了使计算过程简洁，这里省略了对公式的罗列，即直接进行运算。

1）归集各中心作业成本

企业根据财务部提供的资料，利用有关数学模型，完成计算资源分配率、分配资源成本、归集作业成本等工作。作业成本归集结果见表9-3。

表9-3　**第一发酵车间作业中心作业成本汇总表**　金额单位：元

资源	发酵中心	LF、MF提取中心	PF提取中心	JQ作业中心	LF、MF精烘包作业中心	PF精烘包作业中心	合计
折旧	4 336 148.93	2 170 410.82	1 213 067.9	532 563.82	666 617.76	934 975.51	9 853 784.74
工资福利	1 891 498.34	1 931 742.99			80 489.29		3 903 730.62
动力费用	42 857 284.06						42 857 284.06
污水处理	3 486 303.75						3 486 303.75
设备维修	3 411 859.5						3 411 859.5
合计	55 983 094.58	4 102 153.81	1 213 067.9	532 563.82	747 107.05	934 975.51	63 512 962.67

注：因自动化程度较高，人工集中在发酵、LF与MF提取、LF与MF精烘包等作业中心。

2）分配作业成本（即将各个作业中心作业成本分配到各个中心的成本标的）

①发酵中心作业成本分配。

发酵中心作业成本分配一览表见表9-4。

表9-4　　发酵中心作业成本分配一览表　　金额单位：元

产品名称	动因名称及单位	动因数量	分配率	作业成本
LF		98 050		47 916 642.80
PF		2 181		1 065 845.98
LP		14 325		7 000 605.80
合计	时间（罐时）	114 556	488.696元/罐时	55 983 094.58

②LF、MF提取中心作业成本分配。

LF、MF提取中心作业成本分配一览表见表9-5。

表9-5　　LF、MF提取中心作业成本分配一览表　　金额单位：元

产品名称	动因名称及单位	动因数量	分配率	作业成本
LF		225 153.8		4 102 153.81
合计	产量（千克）	225 153.8	18.219元/千克	4 102 153.81

③PF提取中心作业成本分配。

PF提取中心作业成本分配一览表见表9-6。

表9-6　　PF提取中心作业成本分配一览表　　金额单位：元

产品名称	动因名称及单位	动因数量	分配率	作业成本
PF		1 971.90		1 213 067.9
合计	产量（千克）	1 971.90	615.177元/千克	1 213 067.9

④JQ中心作业成本分配。

JQ中心作业成本分配一览表见表9-7。

表9-7　　JQ中心作业成本分配一览表　　金额单位：元

产品名称	动因名称及单位	动因数量	分配率	作业成本
JQ		10.4		532 563.82
合计	产量（千克）	10.4	51 208.0596元/千克	532 563.82

⑤LF、MF精烘包作业中心作业成本分配。

LF、MF精烘包作业中心作业成本分配一览表见表9-8。

表9-8 **LF、MF精烘包作业中心作业成本分配一览表** 金额单位：元

产品名称	动因名称及单位	动因数量	分配率	作业成本
LF		225 153.8		701 241.51
LF重处理		1 961.66		6 109.59
MF重处理		12 763.4		39 755.95
合计	产量（千克）	239 878.86	3.1145元/千克	747 107.05

⑥PF精烘包作业中心作业成本分配。

PF精烘包作业中心作业成本分配一览表见表9-9。

表9-9 **PF精烘包作业中心作业成本分配一览表** 金额单位：元

产品名称	动因名称及单位	动因数量	分配率	作业成本
PF		1 971.90		856 329.91
PF重处理		181.10		78 645.60
合计	产量（千克）	2 153	434.2664元/千克	934 975.51

3）归集各产品的作业成本并计算完工产品成本

① 分配直接材料成本。

直接材料成本分配一览表见表9-10。

表9-10 **直接材料成本分配一览表** 金额单位：元

产品名称	LF	PF	JQ	MF重处理	LF重处理	PF重处理	合计
金额	40 796 683.29	6 844 790.64	7 328.5	11 907 866.39	746 754	1 364 359.54	61 667 782.36

② 计算完工产品总成本和单位成本。

将各种产品从各个作业中心分配到的“作业成本”与消耗的“直接材料成本”汇总，即为各种完工产品的“产品作业成本”。结合各种产品的产量，即可得到其单位成本。

第一发酵车间2023年完工产品成本一览表见表9-11。

表9-11

第一发酵车间2023年完工产品成本一览表

金额单位：元

作业中心	产品名称（最终产品成本标的）						合计
	LF	PF	JQ	LF重处理	MF重处理	PF重处理	
发酵	47 916 642.8	1 065 845.98					48 982 488.78
LF、MF提取	4 102 153.81						4 102 153.81
PF提取		1 213 067.9					1 213 067.9
JQ			532 563.82				532 563.82
LF、MF精烘包	701 241.51			6 109.59	39 755.95		747 107.05
PF精烘包		856 329.91				78 645.60	934 975.51
小计	52 720 038.12	3 135 243.79	532 563.82	6 109.59	39 755.95	78 645.60	56 512 356.87
直接材料	40 796 683.29	6 844 790.64	7 328.5	746 754	11 907 866.39	1 364 359.54	61 667 782.36
合计	93 516 721.41	9 980 034.43	539 892.32	752 863.59	11 947 622.34	1 443 005.14	118 180 139.23
产量（单位kg）	225 153.8	1 971.9	10.4	1 961.66	12 763.4	181.1	
单位成本	415.35	5 061.13	51 912.72	383.79	936.08	7 968.00	

注：由于LP在第一合成车间考核，因此第一发酵车间的完工产品一览表不包括LP。

9.1.4 第一发酵车间作业成本法应用效果分析

1）准确性分析

（1）差异计算。

应用作业成本法试算后，发现第一发酵车间2023年各产品成本存在较大扭曲。由于直接材料属于各产品专属资源，不影响成本，因此现在将2023年第一发酵车间按传统核算方法计算的不含材料的成本与在作业成本法下计算的成本进行对比分析。2023年第一发酵车间不含材料单位成本差异计算表见表9-12。

表9-12　**2023年第一发酵车间不含材料单位成本差异计算表**　单位：元

产品名称 （1）	传统成本核算方法下 （2）	作业成本法下 （3）	差额 （4）=（2）-（3）	差异率 （5）=（4）÷（3）×100%
PF	1 701.03	1 589.97	111.06	6.9850%
LF	266.07	234.15	31.92	13.6323%
JQ	704.66	51 208.06	-50 503.4	-98.6239%
LF重处理	0	3.11	-3.11	-100%
MF重处理	19.08	3.11	15.97	513.5048%
PF重处理	0	434.27	-434.27	-100%

注：LP在第一合成车间考核，故在此对其成本差异不计算和分析。

结论：在2023年采用传统成本法计算成本时，所有产品的单位成本都与真实成本有出入。这些差异会随着产量的增加而导致总成本发生较大扭曲。尤其是LF，是在这几种产品中产量最大的产品，其成本的较大虚增，将极易使企业的决策失误。

（2）差异原因分析。

根据目前掌握的资料分析，至少有以下原因导致第一发酵车间成本扭曲：

①MF重处理，没有经过发酵等中心，但按传统计算方法，也将未

经过作业中心的间接费用分摊给该产品。②LF也只经过了发酵、LF提取、精烘包等工艺，但却分摊了所有工艺过程的间接费用。③LF重处理、PF重处理，竟然只计算了材料费，而没有考虑其他任何间接费用，从而导致重处理成本严重虚减。④JQ本来属于专有设备，但却让其他产品分担了其折旧等间接费用，导致其成本严重虚减。⑤PF差异最小，但仍然承担了不应承担的间接费用。

2）成本控制力分析

在作业成本法下，由于把第一发酵车间的生产过程分为各个中心，这样可以更清楚地掌握作业活动的资源消耗，分析成本增减的根本原因，从而采取有效的整改措施，比如，所有产品都经过发酵环节，则发酵环节无疑成为成本控制的关键点。LF与MF提取中心消耗资源较多，也应较多关注。而考核越清晰，奖惩的依据就越可靠，因此，奖惩的激励和警示作用也就越显著。

9.1.5 对第一发酵车间和Z厂成本管理工作的建议

1）对第一发酵车间成本管理工作的建议

（1）对重处理要严格把关，不该经过的工艺环节不必再经过。

（2）应请求厂部尽快予以明确LP的考核责任单位，可否将考核责任划归第一发酵车间，不能让其长期成为监管的真空地带。

(3)进一步做好基础数据的收集和整理工作（尤其是作业动因数据)，不致使成本扭曲。同时，动因量类别越多，企业越容易选择比较准确的分配标准。

2）对Z厂成本管理工作的建议

第一发酵车间作为一个管理相对较好的车间，尚且存在成本扭曲较大的现实情况，那么全厂的情况就可想而知。为此Z厂应采取以下措施：（1）要以此次模拟核算的结果为教训，强调车间成本核算的重要性，不要有“肉烂了在锅里的”的漠视成本计算和考核的思想。（2）倡议技术人员和成本核算人员的横向交流，使成本核算方法更能符合生产特点。（3）抓好成本核算的基础工作，提高全厂各车间统计工作质量。（4）在有条件的车间尽快实施作业成本法。（5）教育职工要有全局观念并且正视利益的重新分配。针对利益重新分配对实施作业成本法带来的阻力，企业决策者应该有充分的思想准备，且能给各单位及员工做好思想工作，鼓励其顾全大局。毕竟对一个企业而言，只有不断采用先进的管理方法，自身才可不断向前发展，也才能最终使所有员工受益。而先进的管理方法，也包括先进的成本管理方法。(6) 促进技术人员与会计人员的横向交流。没有技术人员的参与，划分作业中心、确定作业动因就缺少科学依据，作业成本法的使用价值也将大打折扣。因此，企业应该积极营造一个使技术人员与会计人员能深入、融洽交流的工作环境。

9.2 五金制造企业作业成本法应用案例研究

9.2.1 中小五金制造业的重要地位、面临困境及会计人应做出的贡献

探讨中小五金制造业改进成本管理的根本原因，乃基于中小五金制造业长期以来在我国的重要地位及其为经济发展、社会稳定所做出的贡献。

1) 中小五金制造业在中国的重要地位

(1) 是地方财政收入不可或缺的主要来源之一。

随着中国五金行业的崛起，五金产业基地现已遍及广东、浙江、江苏、福建、山东、河北、河南等省区。五金产业基地的蓬勃兴起，为地方经济的增长和财政收入做出了重要贡献。

(2) 为促进就业做出重要贡献。

五金制造业，市场细分化程度高，层次多，无论是高端产品，还是低端产品，客观上都有自己生存的空间。这样，就为不同规模、不同技术层次的五金企业提供了生存与发展的机会。中小五金企业借此而找到自己的市场定位，为广大仅具有中低技术水准的劳动者提供了宝贵的就业机会，尤其使广大农民工提高了收入，提高了生活质量，进而为社会

稳定和中国城市化发展做出了重要贡献。

2）中小五金制造业的经营困境

（1）成本飙升导致企业举步维艰。

在高物价、高税负、高成本（简称“三高”）的影响下，不少五金企业陷入生存困境。“接单无利润”导致订单成了“鸡肋”。但若不接受客户订单，则多年辛苦培养的客户群被自己摧毁，属于“慢性自杀”；而若接受订单，几乎是义务劳动，赔钱赚吆喝，属于“找死”。企业从而陷入进退维谷的境地。

（2）残酷竞争压缩企业市场生存空间。

由于中小五金制造业的行业进入障碍低、启动资金少，导致中小五金生产线林立。飞速攀高的企业数量，引发了企业间的恶性竞争。在原料采购上，非理性抢购；在市场开拓上，非理性削价。“薄利让利”成了唯一的“杀手锏”。从业者普遍认为，如此竞争，近乎于“国内倾销”，使中小五金制造业迅速走完薄利、微利、无利的“死亡三部曲”，许多企业距离关门大吉仅一步之遥，“假停产、真倒闭”已不鲜见。

3）会计人应有的贡献：从成本管理角度为五金制造业解困做出贡献

生产成本飙升且成本管理水平低下，是导致中小五金制造业陷入困境和制约其发展的重要原因之一。作为会计工作者，可从成本管理的角度为五金业解困与发展做出贡献。这是会计人可为企业做出的直接贡献。而在成本管理上，引入并推广ABC（作业成本计算法）方法核算成本、考核成本控制绩效，则是比较有效的举措。

9.2.2 中小五金制造业的特点及应用作业成本法的条件

系统分析归纳中小五金制造业的所有制特点、管理特点、工艺特点，是判断中小五金企业采用作业成本法核算成本是否具有可行性的重要依据。经过分析，中小五金制造业有以下共性特点。

1）所有制性质促使企业更加重视成本管理工作

中小五金制造业的突出特点之一，就是大多为私营企业。私营企业的资本，大多是其所有者一生打拼的血汗积累，与国营企业负责人相比，他们更关心企业的命运，更重视成本管理。或许他们的个人能力和知识水平有限，但他们对企业的珍惜是毋庸置疑的，这是进行成本管理改革的内在驱动力，是推行先进成本管理方法的首要条件。

2）直线式管理促进了作业成本法的执行力

中小五金制造业的突出特点之二，就是直线式管理，即老板既是所有者，又是决策者，还是督导者。不论我们对此管理方法有否非议，但客观上这种管理方式却提高了对作业成本制度的执行力，不像大企业命令链冗长，执行效果与初衷相去甚远。

3）工艺简单使作业成本法更易实施和发挥作用

中小五金制造业的突出特点之三，就是与大企业相比，其技术工艺相对简单。这样，准确划分作业中心、确定合理的作业动因，都变得简单易行，从而降低了采用和贯彻作业成本法的难度。

4）会计人员专业能力可保证作业成本法的实施

中小五金制造业的突出特点之四，是其已基本具备作业成本法需要的会计人力资源。随着高等院校多年来对会计人才的大量培养，中小五金制造业中的成本核算人员绝大多数受过系统的会计教育，具有大专及以上学历，其会计方面的综合能力和学习新知识的能力可保证作业成本法的实施。即使某些人员初次接触作业成本时还比较生疏，但仅针对本企业成本核算需要进行短时期帮教或自学，其能力亦可以达到采用作业成本法核算成本所需要的水平。

综上分析，中小五金制造业采用作业成本法进行成本核算具有较充分的可行性。

9.2.3 案例研究

1）企业情况简介

（1）永昌五金有限公司概况。

永昌五金有限公司于20世纪90年代在绍兴市成立，是一家小型五金制造企业，多次被市县政府评为“讲信用”单位。公司主要生产女士发夹等五金冲压制品，拥有热处理生产线3条，冲压机床大小50台，自动送料机10余台，还有车床等生产设备。能生产各种各样的小五金产品。该厂生产单位分为两个分厂，第一分厂主要是以裁剪和淬火为主，电镀外包；第二分厂主要是以装配为主。该企业和其他五金企业一样，当前面临着成本飞速上升和市场残酷竞争的双重压力。企业希冀采用先进的成本核算方法，对成本进行更准确的核算和分析，使成本控制效果更好，并为企业决策提供可靠依据。经研究，请高校成本会计专家对其成本核算工作进行研究。高校成本会计专家认为可试用作业成本法对其成本进行核算和分析，并将其第一分厂及其7月份成本核算工作作为样本进行研究。

（2）永昌五金有限公司第一分厂生产经营情况介绍。

第一分厂共有20名员工，分布在各个工作环节，其中管理人员1名，操作人员19名。该分厂拥有27台设备和一栋厂房，27台设备安置在同一栋厂房内，设备功率各不相同。经过裁剪、淬火等生产加工活动，共生产1001#、2001#、3001#、4001#、5001#等五种型号的妇女发饰初级产品，经过外包电镀后，为第二分厂提供半成品。该分厂此前采用传统核算方法，期末将所有加工费用按各产品在淬火活动中消耗的工时分配给各种产品，材料按各种产品实际耗用情况直接计入各种产品成本。生产统计资料比较完善，成本核算基础工作较好。

2）应用作业成本法进行成本核算

经过研究，企业和高校师生共同组成成本核算研究小组，制定作业成本核算在该企业应用研究的基本思路并完成核算过程。

（1）基本思路。

在7月份，传统成本法与作业成本法同时进行，最后对核算结果进行分析研究。传统成本法由企业在职会计人员进行；作业成本法在企业会计人员、技术人员、生产管理人员的协助下，主要由高校师生进行。

（2）永昌五金有限公司作业成本核算过程设计。

① 设计（划分）第一分厂作业中心，并确定各个作业中心的作业内容、作业动因、成本标的。

经过企业技术人员、生产管理人员、高校教师共同研究后，完成了第一分厂作业中心设计（划分）、确定成本标的和作业动因等作业成本法下必须完成的基础工作。为了清晰地反映作业中心与成本标的（成本计算对象）的关系，编成表9-13。

表9-13 **第一分厂作业中心一览表**

序号	作业中心	作业内容（任务）	作业动因（分配标准）	成本标的（成本计算对象）	生产设备拥有量（台）
1	管理中心	生产组织	折合后的机器工时	1001#、2001#、3001#、4001#、5001#	0
2	裁剪中心	对所经过的产品进行裁剪，为淬火中心提供半成品	折合后的机器工时	1001#、2001#、3001#、4001#、5001#	25
3	淬火中心	对裁剪中心转来的半成品进行淬火，为第二分厂提供半成品	折合后的机器工时	1001#、2001#、3001#、4001#、5001#	2

注：1.作业划分原则：以工艺特点为主要划分标准，兼顾会计工作的重要性原则。

2.作业动因：由于该企业员工较少，设备是生产力生成中的核心因素。生产组织的主要任务是设备的管理和使用。裁剪中心和淬火中心的员工，主要是以操作设备来完成生产加工活动，因此，以机器工时作为作业动因科学合理；此外，由于各设备功率不同，因此，以折合后的机器工时为作业动因。

② 确定资源分配思想及资源动因（资源成本分配标准）。

首先，各个中心直接消耗的资源直接计入各个中心。其次，各个中心共同消耗的资源，采用恰当的资源成本动因分配到各个中心。为了明确作业中心与资源消耗的关系，编成表9-14。

表9-14　**第一分厂资源成本内容及服务方向、计入方式一览表**

资源名称	职工薪酬	机器动力	机器折旧	房屋折旧	机器维修	水费
作业中心	管理中心 裁剪中心 淬火中心	裁剪中心 淬火中心	裁剪中心 淬火中心	裁剪中心 淬火中心	裁剪中心 淬火中心	淬火中心
计入方式	直接计入	分配计入。 分配标准：各中心所属机器设备总设备功率	直接计入	分配计入。 分配标准：各中心所属机器设备占有的厂房空间	直接计入	直接计入
备注	职工可以清楚地归属到有关中心	分厂只有总电表，动力消耗与机器功率有直接关系	机器可以明确地归属到有关中心	房屋的主要磨损方式是机器工作震动	设备维修服务方向能明确指向有关中心	水费主要发生在淬火中心，其他中心水费极少，可忽略不计

③ 模型设计。

为了使核算工作科学化和规范化，根据该企业的实际情况，设计以下计算模型。

$$R = \sum_{i=1}^{4} z_i + \sum_{j=1}^{2} \frac{f_j}{Q_j} \cdot q_j \qquad (1)$$

模型释义：该模型为作业成本归集模型。R系某作业中心的作业成本；z_i系该作业中心所消耗的第i项直接计入的资源成本；由表9-14可知，该企业直接计入作业中心的资源最多4项，所以i不超过4；f_j系各个中心共同消耗的第j项共同资源成本；Q_j系共同资源的分配标准总量；q_j系该中心所消耗的共同资源的分配标准总量。从表9-14可知，该企业在生产过程中需要分配的共同资源成本共2项，所以j不超过2。

$$C = \sum_{i=1}^{3} \frac{R_i}{G_i} \cdot g_i \tag{2}$$

模型释义：该模型是产品作业成本计算模型。C系某产品的作业成本；R_i系第i个作业中心的作业总成本；G_i系第i个作业中心的作业成本分配动因总量；g_i系该产品接受的第i个作业中心提供的服务作业动因量。从表9-13可知，该企业共有3个作业中心，所以i不超过3。

（3）产品作业成本计算。

① 根据各中心资源消耗单据，归集作业成本。

根据表9-14信息，利用模型（1），归集并计算各中心的作业成本，编成表9-15。（计算过程略）

表9-15 **第一分厂各作业中心作业成本计算一览表** 金额单位：元

作业中心＼资源名称	职工薪酬	机器动力	机器折旧	房屋折旧	机器维修	水费	合计
管理中心	3 000						3 000
裁剪中心	20 800	3 246.7532	1 666.667	3 858.02469	5 400		34 971.44
淬火中心	9 600	46 753.2468	4 166.667	308.641975	10 000	1 000	71 828.56
合计	33 400	50 000	5 833.334	4 166.667	15 400	1 000	109 800

② 产品作业成本计算。

利用模型（2）和表9-13、表9-15资料，计算各产品作业成本，并编成表9-16（计算过程略）。

表9-16　**第一分厂各产品作业成本计算一览表**　金额单位：元

成本项目	作业成本	分配率=作业成本÷折合后机器工时	产品作业成本									
			1001#		2001#		3001#		4001#		5001#	
			作业量	金额（元）	作业量	金额（元）	作业量	金额（元）	作业量	金额（元）	作业量	金额（元）
管理作业	3 000	3 000÷5107.5=0.5874	900	528.66	770	452.30	1 200	704.88	1 275	748.94	962.5	565.22
裁剪作业	34 971.44	34 971.44÷2 600=13.4506	450	6 052.77	385	5 178.48	625	8 406.63	650	8 742.89	490	6 590.68
淬火作业	71 828.56	71 828.56÷2 507.5=28.6455	450	12 890.48	385	11 028.52	575	16 471.16	625	17 903.44	472.5	13 534.96
合计	109 800			19 471.91		16 659.3		25 582.67		27 395.27		20 690.86

注：尾数差异由5001#承担。

③ 差异及原因分析

企业会计部门转来的本月成本报表显示，剔除掉直接材料后，本月1001#、2001#、3001#、4001#、5001#等半成品的总成本（即加工费用）分别为22 981.40元、17 874.42元、25 534.88元、25 534.88元、17 874.42元。经过计算，与真实成本相比，1001#、2001#半成品分别虚增了18.02%、7.29%；而3001#、4001#、5001#半成品分别虚减了0.19%、6.79%、13.61%。成本扭曲程度较大。

经过分析，其差异主要由以下原因造成。

第一，分配标准（成本动因）选择不当。此前用“机器工时”而非“折合后的机器工时”分配成本，虽然简单，却掩盖了不同产品使用不同功率的设备导致消耗机器工时所具有的实质差异。比如1001#产品，经过划分作业后发现，由于使用的主要为功率较小的设备，故其实际占用的折合机器工时是最少的。

第二，忽视了不同加工阶段加工费用投入的差异。由于在不同的作业活动中，企业投入的加工费用不同，则在加工费用较多的作业活动中，某种产品使用的机器工时比重较大，即应该承担较多的费用，反之亦然。而该企业在传统成本法下，由于没有划分作业中心，未考虑不同工艺下加工费用投入的差异（例如，生产工艺实际情况显示，水费只在淬火作业中发生），而是将所有加工费用都以在淬火工艺中各产品消耗的机器工时分给所有产品。由于淬火是第一分厂的最后一个工艺，故带有明显的按产量分配加工费用的指导思想。为了证明这一分析的正确性，企业还在传统方法下，用折合后的机器工时作为分配标准进行试算，但得出的结果仍然和使用作业成本法计算的结果存在差异（虽然差异有所减少）。

3）对第一分厂改进成本管理工作的建议

通过应用作业成本法核算7月份成本，以及对成本核算结果进行分析，我们得出如下结论：

（1）该五金企业存在应用作业成本法核算成本的必要性和可行性。建议试行一段时间后，若成本控制绩效明显，可正式采用，并可推广到第二分厂。

（2）注意加强成本核算的基础工作。机器工时统计、资源消耗统计应该进一步细化，为更好地应用作业成本法提供保证。

9.2.4 对中小五金制造业应用作业成本法的建议

1）会计人员亟须改变传统工作习惯，关注企业经营，积极为企业出谋划策

通过上述研究发现，会计人员的工作积极性和创新能力，就可能为企业做出颇有价值的贡献。在理论上，虽然我们总说会计有很多职能，是企业决策的“重要参谋”。但客观情况却与此要求很不相符。目前大多数会计人员仍把自己的工作定位在“算账”上，只要自己没有核算错误就是好会计，从而导致会计远离企业一线生产经营活动。长此下去，不仅起不到参谋作用，最终还会影响会计在企业和社会上的威信与地位——毕竟没有作为，就没有地位。会计是企业经营信息的第一知情者，会计人员理应在企业遇到困难时站出来，利用自己的专业知识创造性地为企业破解经营难题，积极地在“在阳光下”为企业创造财富，而不应对企业的经营情况漠然冷对，更不应沦为“偷税漏税的同路人”。

2）企业应尝试让技术人员参与成本核算，促使作业成本法优势的发挥

作业成本法涉及很多工艺技术知识，而目前的成本会计人员大多缺少工科技术知识，如果只让这些成本会计人员去实施作业成本法，则即使作业成本法方法本身在成本管理方面有许多优势，也很难发挥出来。企业将技术人员纳入成本核算组织，是当务之急。

3）加强与高校合作，充分利用“巧实力”

中小五金制造业的人力资源单薄，但若其能充分利用自身体制灵活的特点，积极吸收高校“外脑”，组成校企合作的横向成本核算组织，则可走出一条进行成本管理改革的捷径，从而凸显“小代价”解决“大问题”的“巧实力”。

9.3 纺织企业作业成本法应用案例研究

9.3.1 绍兴纺织业发展前景及面临的问题

1）发展前景

绍兴市是浙江乃至全国知名的纺织业大市，在国际纺织市场上的地位亦举足轻重。绍兴纺织业占绍兴GDP总量的50%以上，促进了绍兴的经济持续发展，为社会提供了大量的就业机会，也为社会稳定做出了突出贡献。

2）面临的问题

绍兴纺织业基础雄厚，政府也具有长远的支持计划，然而，绍兴纺织业在快速发展过程中也面临一些严峻困难，主要表现在成本攀升和国际竞争压力等几个方面。

（1）要素成本大幅攀升，严重压缩企业盈利空间。首先，近几年来用于纺织制造业的各种要素成本大幅上升（如能源及主要原材料），导致物化劳动成本飙升。其次，由于劳动者权利保护的加强，工资水平不断提高，导致活劳动成本大幅上升。上述因素都导致纺织业制造成本上升，盈利空间被急剧压缩，从而严重影响企业的发展后劲。

（2）国际竞争、人民币升值、出口退税调整等诸多压力增大。人民币升值，对出口企业已经普遍造成严峻挑战。而对纺织品出口企业而言，压力则更为沉重，导致国际竞争力持续下降。与此同时，近几年印度、巴基斯坦等国的纺织产业又异军突起，从而在国际市场上对绍兴纺织品出口形成巨大挑战。

综上所述，保持绍兴纺织业的发展势头与竞争优势，以成本控制为突破口，既是当务之急，又是企业通过调动自身主观能动性、经过努力可达到的目标之一。而降低成本的重要手段，则是寻求更加科学的成本核算与控制方法。

9.3.2 目前的成本核算方法对纺织业成本管理的不利影响

目前的成本核算方法是传统的核算方法，虽然传统方法的痼疾由来已久，但对其改变，却从来没有像现在这么紧迫。绍兴纺织品企业采用传统成本核算方法，轻视生产过程中的成本管理，即以最终产品为成本核算目标，导致成本核算工作严重脱离生产组织特点和工艺特点，从而难以做到有的放矢，已经远远不能满足纺织品低成本领先战略对成本管理工作的更高要求。

9.3.3 尝试利用作业成本法提高绍兴纺织业的成本管理质量

为了对绍兴纺织业的成本管理进行改进，由若干成本核算骨干教师组成了成本研究的课题组，对绍兴纺织业进行实地调查。课题组在调查的基础上，尝试利用作业成本法对绍兴纺织业进行成本核算和管理，冀盼利用“解剖麻雀”的方法，先在中小企业中进行试点核算，然后总结经验，再向大企业展开。其中的主要原因是中小企业较多，容易取得案例。经过大量调查后，课题组选择YHK织造厂作为试点案例。

1）YHK织造厂生产情况简介

YHK织造厂（为了保护企业商业机密，本节涉及的企业名称及其产品名称，均用英文字母指代，隐去企业资产价值、收入等信息），是绍兴一家中型民营企业。该厂主要生产GD、SK、FC等产品。企业共有生产人员257人（其中生产工人243人，生产管理人员14人），分别分布在前道准备车间、织造车间、检验中心等三个生产单位，见表9-17。上述产品依次经过三个生产单位加工、检验完成。成本核算组织形式采用集中核算形式（即生产单位不设核算人员，成本核算工作全部由厂财务部成本会计完成），目前的核算方法属于传统成本核算方法。

表9-17　　　　　　YHK织造厂生产人员分布图

车间名称	生产工人人数（人）	管理人员人数（人）
一车间（前道准备）	63	6
二车间（织造）	155	7
检验中心	25	1

2）应用作业成本法进行产品成本核算

该企业的成本管理基础较好，成本所需资料翔实，具有进行作业成本法核算的基本条件。选取该企业2023年7月的成本核算资料作为试算数据资料。该企业7月份生产GD、SK、FC等产品各10万米，期末没有在产品。剔除直接材料成本后，三种产品共产生加工成本951 790元，以下按照作业成本法逐步对其产品成本展开核算与分析。

（1）划分确定YHK织造厂作业中心。

划分确定作业中心，是对YHK织造厂成本进行核算的前提。在技术人员的帮助下，根据三个车间各自的生产工艺特点，结合成本管理需要，为YHK织造厂设立三个作业中心，并定义了各个作业中心的作业内容、成本标的等，从而确定了成本动因，见表9-18。

表9-18　　　　　　YHK织造厂作业中心及其功能一览表

作业中心	编号	作业内容	成本标的	成本动因（分配标准）
前道准备中心	1	前期准备工作	GD、SK、FC	工时
织造中心	2	纺织加工	GD、SK、FC	工时
检验中心	3	质量检测	GD、SK、FC	批次

（2）建立YHK织造厂主要数学模型。

为了使YHK织造厂未来成本核算规范化，课题组为其设计出以下主要数学模型。

$$T=\sum_{i=1}^{n}R_i \quad (1)$$

模型释义：T系YHK织造厂某作业中心作业成本总额；R_i系该作业中心发生的第i种资源成本。

$$M=\frac{T}{Q} \quad (2)$$

模型释义：M 系 YHK 织造厂某作业中心作业成本分配率；T 系该作业中心作业成本总额；Q 系该作业中心作业总量。

$$C = \sum_{i=1}^{3} Q_i M_i \tag{3}$$

模型释义：C 系 YHK 织造厂某产品的作业成本；Q_i 系该产品在第 i 个作业中心消耗的作业量；M_i 系第 i 个作业中心的作业成本分配率。

（3）归集各中心发生的资源成本。

科学合理地划分作业中心后，利用模型（1），即对各作业中心发生的各种资源成本进行归集（根据作业成本计算法的指导思想，此处不考虑直接材料费用），即为该中心的作业成本，见表9-19。

表9-19　**YHK织造厂各作业中心资源成本归集表**

作业中心	工资费用（元）	燃料动力费（元）	折旧费（元）	维修费（元）	合计（元）	作业量（工时或批次）
前道准备中心	101 135	79 971.50	42 000	21 000	244 106.50	133工时
织造中心	266 292	6 700	350 000	49 000	671 992	1 150工时
检验中心	29 932	1 560	3 000	1 200	35 692	6批次
合计	397 359	88 231.50	395 000	71 200	951 790.50	

（4）计算各产品作业成本。

根据表9-19归集的各个中心的资源成本及其作业量，利用模型（2），计算出各个作业中心的作业成本分配率；根据各作业中心的作业成本分配率及该中心有关产品消耗的作业量，利用模型（3），可以计算出各个产品应分配的作业成本；最后根据各产品完工产量，计算出各个产品的单位作业成本（此处略去计算过程）。产品作业成本分配一览表，见表9-20。

表9-20 **作业成本分配一览表**

作业中心	总作业成本（元）	分配率	GD		SK		FC	
			作业量	作业成本（元）	作业量	作业成本（元）	作业量	作业成本（元）
前道准备中心	244 106.50	1 835.3880（元/工时）	46工时	84 428	49工时	89 934	38工时	69 744
织造中心	6 719.92	584.3409（元/工时）	465工时	271 719	240工时	140 242	445工时	260 031
检验中心	356.92	5 948.67（元/批次）	2批次	11 897	3批次	17 846	1批次	5 949
合计	951 790.50			368 044		248 022		335 724
产量（米）				100 000		100 000		100 000
单位成本（元/米）				3.68044		2.48022		3.35724

注：当按作业成本分配时，分配结果四舍五入取整数，尾数差异由FC承担。总成本微小差异，不影响单位成本计算结果的分析。

（5）不同成本核算方法下YHK织造厂成本核算效果分析及建议。

根据该企业成本信息，在传统成本核算方法下，该企业2023年7月份GD、SK、FC三种产品成本报表上剔除掉直接材料费用后，单位产品加工费用均在3.17263元/米左右，也就是各产品单位加工成本基本相同。但利用作业成本法核算后，显示三种产品真实的单位加工成本是不同的，即GD、SK 、FC的单位加工成本分别为3.68044元/米、2.48022元/米和3.35724元/米。

经过分析，在传统成本核算方法下，GD成本与真实成本差异率为-13.8%（（3.17263-3.68044）÷3.68044），同理计算出SK差异率为27.92%，FC差异率为-5.5%，即GD、FC单位成本分别虚降了13.8%和5.5%，导致SK单位成本虚增了27.92%，从而造成了三种产品单位加工成本基本一致的假象，严重影响了该企业长期以来成本分析的正确性，直接误导了企业的定价决策和成本管理绩效考核工作。究其原因，主要是因为该企业采用传统成本核算方法时，将所有加工费用统一按产品产量进行分配，掩盖了在各个加工阶段成本动因不同的客观事实，从而导致GD和FC将成本向SK大量转移。

经过核算，掌握了该企业三种产品的真实成本，建议企业以此为依据，对三种产品成本进行控制，制定出新的具有科学依据的产品销售单价和成本绩效考核标准。

9.3.4 在绍兴纺织企业逐步推广作业成本法，积极为企业培养“复合型”成本会计人才

在对YHK织造厂采用作业成本法试算的效果进行分析后，课题组又对从其他中小型纺织企业调查所获得的信息进行了总结，最后得出如下结论。

1）作业成本法在中小型纺织企业成本核算中有明显效果

这些效果主要体现在两个方面：一是成本核算准确性比以前有明显提高，二是成本形成的过程明显比以前清晰。从而有利于企业分析成本、控制成本，以及考核成本管理绩效。本案例中的加工步骤较少，如果加工步骤较多，则利用作业成本法计算产品成本，提高成本管理水平的效果就更突出。

2）绍兴中小纺织业初步具备或已经具备推广作业成本法可行性

第一，许多中小型纺织企业是民营企业，企业高层管理者往往是所有者，责任心强，对成本工作尤其重视，从而有提高成本管理绩效的强烈愿望。

第二，由于中小型纺织企业的规模较小，因此作业成本法贯彻起来比较容易。中小企业往往采用直线式管理方法，企业内部政令畅通，执行力强，从而有利于贯彻新的成本核算方法。

第三，划分作业中心和确定成本动因比较容易。大多数中小型纺织企业的工艺流程较短，作业中心划分容易；工艺比较简单，作业动因较少，因此，成本动因也容易确定。

第四，电算化的普及降低了作业成本法的操作难度。由于电算化的普及，以前作业成本法在操作方面存在的固有困难（如寻找成本动因难、计算复杂且计算量大等）相对降低。

此外，在具体推广时，由于各企业自身的特殊性，应视具体情况具体分析。在各项条件基本具备的企业，直接用作业成本法替代传统成本核算方法（成本会计是对内会计，企业有更大的自主权）；条件稍差的企业，则可以在仍然使用传统成本法的前提下，将作业成本法用于企业内部对成本进行试算和分析，以此作为传统成本核算方法的补充。

3）加强校企交流合作，开展“复合型”成本会计人才培养工作

推广作业成本法，是系统工程，不仅应让企业认识到作业成本法在成本管理方面所具备的优点，而且应帮助企业培养实施作业成本法的人力资源。在这次调查中，课题组深感成本管理队伍素质的高低，对一种新成本核算方法使用的成效影响之大。作业成本法，涉及成本管理与工艺技术两个方面知识的有机结合，要求工艺技术人员和成本核算人员密切配合。然而，由于前两者在专业领域及专业知识方面长久以来存在的固有隔阂，从而造成协作方面的先天困难。为此，推动培养既懂成本核算（尤其是作业成本计算）又懂工艺技术的“复合型”成本会计人才，迫在眉睫。为推动“复合型”成本会计人才的培养，课题组有两种基本思路，一是在绍兴地区的高等院校纺织专业开设成本会计辅修专业或作业成本法选修课；二是吸收纺织企业技术人员进修成本会计知识。至于培养计划，则可以根据企业的实际情况进行灵活设计。就初步调查的情况而言，两种方法都具有相应的可行性。通过以上工作，课题组期望从根本上提高纺织企业成本管理队伍的综合素质，进而有利于企业更好地应用作业成本法，提高成本管理水平。

9.4 合成晶体制造企业作业成本法应用案例研究

合成晶体产品是以天然大理石碎料、石粉为主要原材料的树脂型合成体，含有92%以上的天然大理石。大力发展合成晶体制造业，消化大量天然石材废料，对提高大理石废料的回收利用，提高石材资源利用率有重要意义。广西省是我国最大的天然大理石产地。随着大理石产量的快速增加，同时也带来了数量巨大的大理石废料，不仅造成巨大的浪费，而且对环境保护造成很大压力。可见，发展合成晶体制造业，不仅对提高我国石材资源利用率有重要意义，而且对促进广西区域循环经济的进一步发展有重要的战略价值。

9.4.1 合成晶体制造企业使用作业成本法的意义、条件

目前广西合成晶体制造企业的成本管理模式非常粗放，不利于企业

依据成本信息加强内部管理，从而影响了企业自身的营销决策、生产决策，以及资金运作管理等，进而限制了企业的管理活动向精益化发展。作业成本法逐渐在向制造业推广时，可探索应用该方法提高合成晶体制造业的成本管理水平，从而促进企业做强做大。

1）合成晶体制造企业应用作业成本法进行成本管理的意义

（1）有利于更好地发挥成本会计职能，提高成本管理精益化水平。

与传统成本法相比，合成晶体制造企业应用作业成本法，成本信息将更加准确。准确的成本信息有利于科学分析成本、有效管控成本，并在此基础上优化生产资金分配，以及提高企业产品定价决策的科学性。同时，作业成本法要求对各项资源消耗在数量上、价值上进行严格统计，从而有利于促使合成晶体制造企业成本管理从目前的粗放式管理向精益化管理发展。

（2）有利于提高车间生产管理水平。

在合成晶体制造企业实施作业成本法是一个系统工程，需要相关的技术人员、生产管理人员、成本会计人员共同分析生产工艺流程、生产组织方式等，从而有助于发现车间在生产管理过程中存在的问题，并针对这些问题提出改进措施和优化方案，最后达到提高车间生产管理水平的目的。

（3）有利于培养出综合能力强的成本管理队伍。

在作业成本法下，要求成本管理人员深入企业一线调研，并潜心向生产管理人员、工艺技术人员请教生产管理知识和工艺技术知识，这有助于加强会计人员与其他专业技能人员的横向交流，扩大会计人员的知识视野，使成本核算工作和企业生产经营活动紧密结合起来，培养出具有较强综合素质的成本管理队伍。

2）合成晶体制造业采用作业成本法的条件

课题组在对广西合成晶体制造企业深入调研后，发现该类企业在采用作业成本法方面具有多项有利条件，而主要困难是会计人员对作业成本法尚比较陌生，但通过培训可以克服困难。故在此主要介绍以下有利条件。

（1）合成晶体制造企业设备自动化程度高、价值大，间接费用快步攀升。

和大多数其他行业的工业企业相比，合成晶体制造企业生产技术一般都相对简单，利于采用自动化设备进行生产；同时该类企业生产环境粉尘密度高、噪声大，也应尽量采用自动化生产线以减少人工投入量。这两项因素都促使合成晶体制造企业的设备自动化水平快速提高。而设备自动化水平的提高，自然促使设备价值提高，从而导致间接费用快步攀高。在间接费用分配的准确性方面，作业成本法比传统成本法有明显优势。因此，合成晶体制造企业间接费用的快步攀高，使企业对采用作业成本法进行成本管理有了客观要求。

（2）合成晶体制造企业多为私营企业，企业老板对成本管理具有很强的责任心。

调研发现，合成晶体制造企业多为私营企业，企业所有者（老板）普遍对成本管控工作有强烈的责任心，对不断探索成本管理的新方法、新措施具有浓厚兴趣，从而提高了企业高层与作业成本法体系研发人员在思想观念上的共识度，大大降低了彼此间的沟通难度。

（3）大多数合成晶体制造企业命令链扁平，作业成本法的执行力强。

广西合成晶体制造企业大多为私营企业，同时以中小企业为主。这种企业的特点是命令链扁平、指令传递效率高，这与部门繁多、人员关系错综复杂的大中型企业及国有企业形成鲜明对比，将大大提高作业成本法的执行力度。

（4）合成晶体制造企业的生产工艺简单，便于划分作业中心和确定作业动因。

相对精密制造而言，合成晶体制造企业属于技术含量较低的行业，工艺流程比较简单。故划分作业中心、确定作业动因都比较容易。一般与技术人员和生产管理人员沟通后，就可合理地划分作业中心并确定作业动因，因而降低了开发作业成本法计算体系的工作量和难度。

（5）作业中心少降低了计算模型体系设计难度及Excel计算软件设计难度。

合成晶体制造企业工艺简短，从而导致作业中心较少。作业中心较少，客观上降低了作业成本法计算模型的设计难度和Excel计算软件的设计难度。

9.4.2 合成晶体制造企业作业成本法计算体系设计基本思路

应用作业成本法计算合成晶体制造企业产品成本，主要是根据企业的具体需要，设计一套逻辑缜密、简洁实用的作业成本法计算体系，并用具体案例予以试算，完善后企业可以用来计算产品成本。合成晶体制造企业作业成本法计算体系设计，可依以下步骤进行。

1）确定设计指导思想和组建设计小组

设计指导思想为具体设计工作提供方向指南，保证设计工作能朝着主要目标前进。设计对象的具体情况千差万别，不同的设计对象作业成本法计算体系设计指导思想也应有所不同，宜具体情况具体分析。但基本思想应是“紧扣实际、逻辑严密、简洁易懂、便于推行”。在确定设计指导思想的同时，企业应组建设计小组，所有设计工作将由设计小组完成。设计小组应由企业分管会计工作的领导负责，人员可包括成本会计人员、生产工艺人员、生产管理人员，以及因设计工作需要而纳入的其他人员。这里不再赘述。

2）作业成本法计算体系设计

确定设计思想之后，设计小组即可选择一个车间为蓝本，按以下步骤为该车间展开作业成本法计算体系的具体设计工作。

（1）分析工艺特点，结合成本管理需要，划分作业中心。

设计合成晶体制造企业作业成本法计算体系的第一步是划分作业中心。作业中心的划分要充分尊重企业工艺技术人员、生产管理人员的意见，并结合成本管理工作的绩效需要划分。尽量将同质生产工艺纳入同一作业中心，这样有利于简化作业中心数量。对消耗资源较多、作业量大、在传统成本核算方法下粗放处理的生产工艺活动要给予较多关注，尽量为其设计独立作业中心，这对发挥作业成本法的绩效有显著意义。

（2）确定成本标的和作业动因。

划分好作业中心后，须确定成本标的和作业动因。成本标的即成本计算对象，在具体的作业环节，各个车间的生产管理人员和工艺技术人员都对其了如指掌，在此不再赘述。

确定作业动因则需要特别慎重，因为动因往往是多个，如果选择不慎，会使费用在各个成本标的之间分配不合理。确定作业动因亦需耐心请教工艺技术人员和生产管理人员，有些作业动因属于简单动因，有些作业动因则属于复合动因。作业动因也直接影响了动因计量单位的选择。若作业动因属于简单动因，则计量单位也是单一计量单位；若作业动因属于复合动因，则计量单位也是复合计量单位。

（3）建立作业成本法计算模型体系。

计算模型是完成计算工作的逻辑工具，由于计算模型往往是多个，因此形成计算模型体系。计算模型体系在模型数量上应尽量压缩，属于成本会计的常识性成本计算知识可不必建立模型，这样可以减少设计工作量；计算模型过于复杂，则可以根据计算的实际需要进行分解，即将一个复杂计算模型分解设计为几个简单计算模型。这样便于成本会计人员理解，也便于设计简易Excel应用软件。

（4）开发简易Excel应用软件。

计算体系设计完成后，为了提高计算工作效率，企业可以设计作业成本法简易Excel计算软件。Excel软件的设计，应依据计算模型体系逻辑来设计，这样有利于查出Excel软件设计的瑕疵。关于Excel软件的设计这里不再赘述。

（5）试算、校正、确定核算体系。

上述设计工作完成后，可以采用该车间的某一个月的具体数据，应用设计的作业成本法计算体系进行成本试算，并对照作业成本法下，该车间产品成本与传统方法下该车间产品成本的差异，评估采用作业成本法的价值。在试算后，对发现的设计瑕疵进行校正，然后企业以内部发文的方式，将其定为该车间的作业成本法计算制度。嗣后总结设计经验，并在其他车间逐步展开作业成本法计算体系设计工作。最后使全单位各车间均可采用作业成本法进行成本计算。

9.4.3 案例研究

1）LT石业有限公司及其1#车间简介

（1）LT石业有限公司及其1#车间基本简介。

LT（为了保护企业商业机密，企业名称和产品名称均用化名或字母代替）石业有限公司于2013年成立于广西某市，引进意大利全套最新生产设备，生产线采用国际先进的真空合成法生产技术，并与著名大学高分子工程系共同开展科技创新合作。公司主要产品具有色泽光鲜、颜色均匀、尺寸精确、光泽度高、抗压耐磨、透气性好、可多次翻新等优点，是国际流行的绿色环保装饰材料，广泛应用于宾馆、酒店、商厦、车站、地铁、机场等，是厨房厨具和工艺家私制作的理想环保型材料。经国家权威部门检测，公司主要产品放射性符合国家A类装修材料要求，并通过ISO9001质量体系认证。

1#车间是LT石业有限公司比较典型的一个车间，可体现该公司生产基本特点。1#车间目前生产BXJ、BY、AMMH、SAN、YJB等五种产品。基本工艺流程依次为：将原材料压制成荒料半成品、荒料半成品锯割成毛板、毛板精磨为成品板等基本工艺。车间内各种原材料、半成品、成品等运输工作主要靠航吊系列设备完成。生产设备自动化程度高，废品和次品较少。企业采用订单式生产模式。

（2）1#车间2023年5月份基本成本资料。

1#车间2023年5月份依据订单共生产BXJ、BY、AMMH、SAN、YJB等五种产品共计156 018平方米，产品全部完工，本月未产生不可修复废品。发生工资费用422 420元、折旧费504 451.11元、维修费33 565元、电费309 187.04元、油料费18 835.47元、车间办公费520元、工艺费24 573.90元、污水处理费32 142.03元、生产工具消耗费4 000元、清洗费13 841.30元、直接材料费4 066 301.1元，5月份全部费用合计5 429 836.95元。按传统成本法计算，五种产品单位成本分别为35.1907元、36.0417元、38.8584元、33.9883元、33.6063元。其中包含的直接材料费分别为26.0175元、27.9700元、30.7419元、25.0902元、24.7063元（这里采用了其会计部门Excel计算账表的原始数据，故保留4位小数）。

LT石业有限公司管理层高度重视成本管理革新工作，2023年2月就近与本地高校成本管理专业教师合作，拟采用作业成本法进行车间产品成本管理，并成立了作业成本法计算体系设计小组。设计小组领导由公司财务总监担任，成员主要包括高校成本管理教师、公司成本管理人员、工艺技术人员，以及需要纳入的生产管理人员等。拟以1#车间为蓝本进行设计，并以该车间2023年5月份成本数据资料进行试算，完善后形成该车间作业成本法核算制度，嗣后将经验用于其他车间设计作业成本法计算体系，最终在全公司各车间采用作业成本法进行成本管理。

2）1#车间作业成本法计算体系设计

依前述具体设计步骤，设计小组展开1#车间作业成本法计算体系设计工作（为了行文简洁，在此略去该车间作业成本法计算体系设计指导思想的确定过程及内容，而主要研究计算体系的具体设计和试算）。

（1）1#车间作业中心划分及作业动因确定。

① 划分1#车间作业中心。

根据1#车间具体生产工艺、生产组织情况，结合成本管理需要，完成了1#车间作业中心的划分设计，具体见表9-21。

② 确定1#车间各作业中心的作业动因。

据1#车间作业中心作业特点，确定了各个作业中心的作业动因和作业动因计量单位，具体见表9-21。

表9-21 1#车间作业中心、作业动因设计一览表

序号	作业中心名称	作业中心功能定义	成本标的（即成本计算对象）	作业动因	作业动因计量单位	作业中心划分说明
1	管理中心	负责1#车间生产组织管理，是1#车间所有生产活动的指挥中心	BXJ；BY；AMMH；SAN；YJB	成品板面积	平方米	该车间各种成品板质量如何，直接关系产品的市场信誉，故车间管理工作全面向质量管理聚焦，且管理工作量与各种产品产量有关。质量主要体现在精磨环节。经过讨论，将各种产品在精磨环节的成品板面积作为管理中心作业动因比较合适。作业动因计量单位为平方米

续表

序号	作业中心名称	作业中心功能定义	成本标的（即成本计算对象）	作业动因	作业动因计量单位	作业中心划分说明
2	航吊中心	负责1#车间生产运输活动。利用由中原圣起双梁桥式起重机等设备组成的1#车间航吊设备系统，完成各种产品原料、半成品、成品的运输作业	BXJ；BY；AMMH；SAN；YJB	运输重量·距离	吨·米	航吊作业活动贯穿了各种产品原料、不同产品集成块半成品生产、不同产品毛板半成品锯割、不同产品毛板精磨，以及成品板入库码放等所有生产活动的运输转移工作。因此，其作业动因是运输重量与运输距离的复合作业动因。且根据运输工作单可将为不同产品服务的运输活动区别清楚。经过讨论，将航吊中心为不同产品在整个生产过程中的运输重量与距离的乘积作为该作业中心的作业动因。作业动因计量单位为复合单位吨·米
3	集成中心	负责各种产品集成块的压缩活动。利用由盛达人造岗石成型设备等组成的1#车间自动化压机设备系统，对各种产品的原料进行配制、压缩，为切割中心生产半成品集成块（内部称荒料）。然后由航吊设备系统转移至切锯中心	BXJ；BY；AMMH；SAN；YJB	集成块重量	吨	某种产品的重量越大，某种产品消耗该中心的作业量就越多。且该中心的各种产品半成品集成块的重量是不相等的。经过讨论，按该中心生产的集成块（内部称荒料）重量作为该中心的作业动因比较合适。作业动因计量单位为吨

续表

序号	作业中心名称	作业中心功能定义	成本标的（即成本计算对象）	作业动因	作业动因计量单位	作业中心划分说明
4	切锯中心	负责各种产品毛板切割工作。利用由铰链式框架锯设备等组成的1#车间锯割设备系统，对各种产品集成块进行切割，为精磨中心提供半成品（即毛板）。然后由航吊设备系统转移至精磨中心	BXJ；BY；AMMH；SAN；YJB	毛板面积	平方米	某产品需切割的毛板面积越多，消耗该中心作业就越多。经讨论，将各种产品毛板面积作为该中心作业动因。作业动因的计量单位为平方米。因本月切锯中心和精磨中心未产生不可修复废品，则本月成品板面积即为毛板面积
5	精磨中心	利用由盛达自动磨机等设备组成的1#车间精磨设备系统，对切锯中心完成的各种产品毛板进行精磨，最终制成成品板，然后由航吊设备系统转移至成品板库存区码放	BXJ；BY；AMMH；SAN；YJB	毛板面积	平方米	某产品需精磨的毛板面积越多，消耗该中心作业就越多。经讨论，将各种产品毛板面积作为该中心作业动因。作业动因计量单位为平方米。因本月切锯中心和精磨中心未产生不可修复废品，则本月成品板面积即为毛板面积

（2）计算模型体系设计。

根据1#车间作业成本法计算的具体需要，设计了1#车间作业成本法计算模型体系，共包含四个基本模型。

$$S=\sum_{i=1}^{n} r_i \cdot q_i \tag{1}$$

模型释义：该模型为作业成本归集模型。S系某作业中心当月作业成本，下同；r_i系该作业中心消耗的第i种资源或者费用的分配率；q_i系该作业中心消耗的第i种资源或者费用数量（由于资源成本分配属于成本计算常识，这一点作业成本法与传统成本法并无不同，为了使模型体系简化，在此略去资源成本分配率模型的设计）。

$$v=\frac{S}{Q} \tag{2}$$

模型释义：该模型为作业成本分配率计算模型。v系某作业中心作业成本分配率；Q系该作业中心本月所发生的全部作业量。

$$C=\sum_{i=1}^{5}v_i\cdot p_i \tag{3}$$

模型释义：该模型为作业成本分配模型。C系某产品（即板材）当月作业成本，下同；v_i系第i个作业中心的作业成本分配率；p_i系该产品所消耗的第i个作业中心的作业量。因为1#车间共有5个作业中心，所以i不超过5（如需计算某产品单位作业成本，则用模型（3）除以该产品当月产量即可，属于成本计算常识，为使模型体系简化，在此略去该车间单位作业成本计算模型的设计）。

$$Z=C+D \tag{4}$$

模型释义：该模型为产品成本计算模型。Z系某产品（即板材）当月成本；D系该产品当月的直接材料费用（如需计算某产品单位成本，则用模型（4）除以该产品当月产量即可，属于成本计算常识，为使模型体系简化，在此略去该车间产品单位成本计算模型的设计）。

3）作业成本法下1#车间成本计算和分析

（1）成本计算。

① 作业成本归集。

利用模型（1），采用1#车间5月份数据和相关统计资料，完成各个作业中心的作业成本归集工作，见表9-22。

表9-22　**1#车间2023年5月份作业成本归集计算一览表**　单位：元

费用项目 \ 名称 作业中心	管理中心	航吊中心	集成中心	切锯中心	精磨中心	合计
工资费用	63 350.00	24 000.00	102 659.00	54 550.00	177 861.00	422 420.00
折旧费	83 690.35	71 309.01	264 837.94	57 973.56	26 640.25	504 451.11
维修费	14 483.89	12 341.11	1 540.00	2 180.00	3 020.00	33 565.00
电费	12 353.39	61 875.00	128 925.00	33 291.30	72 742.35	309 187.04
油料消耗费	3 500.00	15 335.47				18 835.47
车间办公费	520.00					520.00
工艺费			12 286.94	6 143.48	6 143.48	24 573.90
污水处理费				22 499.42	9 642.61	32 142.03
生产用工具消耗费			4 000.00			4 000.00
清洗费			13 841.30			13 841.30
作业成本合计	177 897.63	184 860.59	528 090.18	176 637.76	296 049.69	1 363 535.85

② 作业成本分配。

利用模型（2）、模型（3），采用1#车间5月份数据和相关统计资料，完成各作业中心作业成本分配计算工作，见表9-23。

表9-23 **1#车间各作业中心作业成本分配计算一览表** 金额单位：元

作业中心名称			管理中心	航吊中心	集成中心	切锯中心	精磨中心	作业成本合计
待分配作业成本（1）			177 897.63	184 860.59	528 090.18	176 637.76	296 049.69	1 363 535.85
作业量（2）			156 018平米	941 548.2090吨·米	6 729.1845吨	156 018平米	156 018平米	—
分配率（3）=（1）÷（2）			1.14024	0.1963368	78.47759	1.13216	1.89754	—
作业成本分配（分配方法：下列各种产品在各有关中心消耗的作业量×该产品有关中心的作业成本分配率）								
产品名称	BXJ	作业量	19 910.40	62 201.4700	892.2202	19 910.40	19 910.40	—
		作业成本	22 702.63	12 212.44	70 019.29	22 541.76	37 780.78	165 256.90
	BY	作业量	25 563.60	102 197.0510	1 129.2161	25 563.60	25 563.60	—
		作业成本	29 148.64	20 065.04	88 618.16	28 942.09	48 507.95	215 281.88
	AMMH	作业量	11 664.00	52 160.3874	521.1767	11 664.00	11 664.00	—
		作业成本	13 299.76	10 241.00	40 900.69	13 205.51	22 132.91	99 779.87
	SAN	作业量	82 675.20	598 384.9459	3 500.2483	82 675.20	82 675.20	—
		作业成本	94 269.57	117 485.00	274 691.05	93 601.55	156 879.50	736 926.67
	YJB	作业量	16 204.80	126 604.3530	686.3232	16 204.80	16 204.80	—
		作业成本	18 477.03	24 857.11	53 860.99	18 346.85	30 749.55	146 290.53
	作业成本合计		177 897.63	184 860.59	528 090.18	176 637.76	296 049.69	1 363 535.85

注：当各中心进行作业成本分配时，由于航吊中心的作业量很大，因此航吊中心的分配率保留七位小数。各中心分配结果尾数差异由YJB承担。

③ 产品成本计算。

利用模型（4），采用1#车间5月份数据和相关统计资料，完成各产品成本计算工作，见表9-24。

表9-24 **1#车间产品成本计算一览表**

产品名称（1）	作业成本（元）（2）	直接材料成本（元）（3）	产品总成本（元）（4）=（2）+（3）	产量（m^2）（5）	单位成本（元）	
					单位作业成本（6）=（2）÷（5）	产品成本（含直接材料）（7）=（4）÷（5）
BXJ	165 256.90	518 018.8	683 275.70	19 910.4	8.3000	34.3175
BY	215 281.88	715 014.3	930 296.18	25 563.6	8.4214	36.3914
AMMH	99 779.87	358 573.8	458 353.67	11 664	8.5545	39.2964
SAN	736 926.67	2 074 333.2	2 811 259.87	82 675.2	8.9135	34.0037
YJB	146 290.53	400 361	546 651.53	16 204.8	9.0276	33.7339
合计	1 363 535.85	4 066 301.1	5 429 836.95	156 018	—	—

（2）传统成本法下1#车间各产品单位成本扭曲程度及原因分析。

① 各产品单位成本扭曲程度计算。

采用1#车间5月份数据和相关统计资料，剔除掉直接材料成本后（不包含直接材料，扭曲程度更清晰），计算传统成本法与作业成本法下单位成本计算结果差异（即扭曲程度），见表9-25。

表9-25 **不同成本法下1#车间各产品单位成本差异计算比较一览表（剔除掉直接材料成本）**

产品名称（1）	产品规格（2）	作业成本法（元）（3）	传统成本法（元）（4）	扭曲额（元）（5）=（4）－（3）	差异率（%）（6）=（5）÷（3）×100%
BXJ	240cm×160cm×1.4cm	8.3000	9.1732	0.8732	10.52%
BY	270cm×160cm×1.4cm	8.4214	8.0717	-0.3497	-4.15%
AMMH	270cm×160cm×1.4cm	8.5545	8.1165	-0.4380	-5.12%
SAN	240cm×160cm×1.4cm	8.9135	8.8982	-0.0153	-0.17%
YJB	240cm×160cm×1.4cm	9.0276	8.8999	-0.1277	-1.41%

注：产品规格=产品的“长度×宽度×厚度”，单位均为厘米。

② 传统成本法下1#车间各产品单位成本扭曲程度及对成本管理工作的影响评析。

由表9-25“差异率”栏发现，BXJ单位成本被虚增10.52%，成本被严重虚增，从而容易误导该产品提高市场报价，进而有发生价格竞争力下降、订单流失的风险。或者不提高定价，但误认为盈利空间小，从而导致该产品缩小生产规模的错误决策；BY、AMMH两种产品成本被严重虚降，容易造成盈利较好的假象；SAN、YJB成本虚降程度不严重，但也存在一定程度的扭曲。错误的成本核算结果，给成本管控提供了失真的信息，从而严重影响了成本管控绩效。若按成本信息分产品考核一线员工工作成绩，则容易导致考核失去公平，影响考核应有的激励作用。

③ 1#车间各产品单位成本扭曲的原因分析。

企业在用传统成本法核算时，不能深入研究车间内部生产特点，会计人员不了解1#车间内航吊系统的重要性，而是笼统地把航吊费用计入车间制造费用，又简单地把所有制造费用在荒料压制、切割、精磨等工艺环节按50%、25%、25%进行分配（会计人员只认为在荒料半成品生产阶段应发生的间接费用多，但并没有可靠证据证明这一简单思路下采用如此比例的合理性），导致荒料压缩环节分配了车间一半的航吊费用。而在荒料压缩工艺阶段，由于荒料的外观形态都是长方体，因此，会计人员又简单地按各产品荒料半成品“颗数”作为标准分配把该段制造费用分配给不同产品，从而忽视了颗数之间存在着严重的重量差异。表9-25“产品规格栏”显示，BY、AMMH的体积要大于其他三种产品，结合体积、密度等因素，经过测算，此两种产品每颗荒料半成品重量高于其他三种产品每颗荒料重量达26.56%。由于5月份BXJ产量较大，消耗自身产品荒料颗数较多，故将BY、AMMH航吊费用向BXJ严重转移。而SAN虽然本月产量最高，但在作业成本法下，航吊费用采用了重量与距离的复合作业动因，SAN在成品码放区的位置远于BXJ、BY、AMMH，故在作业成本法下，其分配的航吊费用较高，从而传统成本法与作业成本法计算结果相差不大。YJB的位置最远，不同成本法下单位成本差异较低的原因与SAN相同。

（3）对1#车间成本管理及相关工作建议。

经过为1#车间设计作业成本法计算体系，并用该车间5月份成本资料和相关统计数据进行试算后，对1#车间成本管理工作和相关工作提出以下建议。

① 建议采用作业成本法并做好车间统计工作。

经过设计该车间作业成本法核算体系并进行试算，认为该车间有采用作业成本法的必要性和可行性，因此建议采用作业成本法进行成本核算。同时抓紧完善生产消耗的统计制度，以满足作业成本法对基础数据质量的需求，从而提高未来作业成本法的使用绩效。

② 对单位产品重量较大的产品加强成本监控。

对单位产品重量较大的BY、AMMH等产品，以及未来可能将生产的类似产品加强成本监控。同时，若车间内部对成本管控进行业绩考核，则应采用按作业成本法计算的成本信息作为依据，因为准确的成本信息有利于维护考核的公平性。

③ 优化成品码放顺序，从根本上节约航吊费用

目前该车间内部对成品码放采用定位管理，即划定了不同成品板的码放区域。但从5月份分析，其码放区域与精磨环节（最后的生产环节）的距离不是很科学。因为基于节约航吊费用，应该将产量最大的产品码放区设置在距离精磨作业最近的区位、产量最小的产品码放区应设置在距离精磨作业最远的区位。故按与磨机距离由近及远的原则，本月合适的码放顺序应为SAN、BY、BXJ、YJB、AMMH。但实际码放顺序为BXJ、BY、AMMH、SAN、YJB。希望生产管理以后能根据订单尽量做到合理安排，从根本上节约航吊费用。

④ 可考虑调整BXJ产品定价以提高市场竞争力。

通过作业成本法试算，调研组发现BXJ单位成本被严重虚增，建议销售部门对市场进行深入分析，并结合该产品新的成本信息，适当调低该产品售价，以提高该产品的市场竞争力。

4）对LT石业有限公司关于作业成本法实施工作的建议

（1）设计小组对设计的1#车间作业成本法计算体系进行试算后，未发现设计的计算体系存在刚性错误，则建议进一步对各细节之处进行检查、完善，然后发文定为该车间正式成本核算制度予以推行。

（2）1#车间对设计的作业成本法计算体系继续运行一段时间后，总结设计经验和运行经验，可陆续开展其余各车间作业成本法计算体系的设计工作。

（3）加强对成本核算人员，以及企业相关管理人员作业成本法知识的培训，以此促进作业成本法的有效施行，并借此机会强化成本管理在企业文化中的重要地位。

9.4.4 小结

目前国内制造企业的生存和发展普遍面临严峻挑战，合成晶体制造企业仅仅是各类制造业的一个缩影。社会各界在努力为企业生存、发展探索新思路新方法的同时，积极进行成本管理工作创新，也是众多新思路新方法的重要组成部分。希望成本管理研究界、实务界的广大专家不甘落后，能依据专业所长为民族制造业的解困、发展做出积极贡献。

9.5 制鞋企业作业成本法应用案例研究

9.5.1 小型制鞋企业对社会的贡献和当前困境

1）小型制鞋企业对社会的贡献

小型制鞋企业具有投资小、工艺相对简单、对劳动力技能素质要求较低等特点。这些特点导致其启动容易，是以前东部沿海地区重要的产业形式，为东部沿海地区经济腾飞积累了丰厚的资金基础。目前国家推动西部经济发展，小型制鞋企业将为西部经济的发展做出新的贡献，为西部劳动力提供“离土不离乡”式的就业机会，同时增加地方财税收入并促进城市化发展。因此，关注小型制鞋企业的发展，既是对小型制鞋业的有力支持，又是学术活动与国家经济发展战略自觉保持一致的体现。

2）小型制鞋企业当前的困境

小型制鞋企业的自主知识产权少，资金基础弱，技术工艺简单，规模效益水平低，在金融危机的影响下，其受到的冲击更大。目前主要的经营困境一是订单骤减，二是销售价格持续降低，三是成本步步攀高。三个不利因素同时发力，企业面临的困境可想而知。但期望以较高水平的生产技术创新来走出困境，对小型制鞋企业而言，缺乏现实性。一是因为较高的生产技术创新需要投入更多的研发资金且可能承担研发失败的风险；二是小型制鞋企业缺乏高水平的研发团队；三是生产技术创新有可能带来产品档次的提升，并不符合其客户定位，则因此需要开发新的客户群，建立新的销售渠道与网络，从而企业的负担将变得更重，且风险更高。因此，目前比较可行、稳妥的办法，是尽力维护当前的市场，同时采用先进的成本管理思想和方法，尽量减缓成本上升带来的压力；同时根据准确的成本信息，调整不同产品的产量，达到既能维护市场份额及忠诚的客户群，又不至于亏损（或仍有一定盈利）。选用作业成本法完成成本管理工作，是小型制鞋企业可尝试的重要选项之一。

9.5.2 小型制鞋企业应用作业成本法研究

1）小型制鞋企业成本管理特点分析

此处“企业成本管理特点”，是指成本管理工作受企业经营规模影响而表现出的特点，对采用任何成本管理方法，其影响都是雷同的。分析小型制鞋企业成本管理特点，有助于分析小型制鞋企业在应用作业成本法方面存在的条件和障碍。小型制鞋企业成本管理活动主要有以下特点。

（1）会计组织形式和账务处理过程简单。

小型制鞋企业会计组织机构都采用集中核算的组织形式。与分散核算组织形式相比，这种组织形式对会计人员的协同工作水平要求低，甚至只有一个会计人员，则更没有会计协同工作的要求。

（2）企业所有者对成本管理活动有绝对影响。

小型制鞋企业多为私有企业和家族企业，企业所有者（老板）对成本管理活动有绝对影响，会计人员很难对老板的要求提出反对意见，尤其当老板的要求没有违反国家政策法规时，会计人员就更不能提出反对意见。

（3）企业所有者及成本会计人员知识水平和能力素质较低。

2）小型制鞋企业应用作业成本法的条件和障碍分析

由于小型制鞋企业成本管理有前述特点，因此也为小型制鞋企业应用作业成本法提供了条件，但同时也造成了一定障碍。

（1）小型制鞋企业应用作业成本法的条件。

首先，会计组织形式和账务处理过程简单，降低了开发作业成本法核算体系的难度，也节省了开发作业成本法核算体系所需的资金和精力，这一切有助于作业成本法核算体系的开发。其次，企业所有者（老板）对成本管理工作可施加绝对影响，这意味着只要企业所有者（老板）同意采用作业成本法，则企业在采用和实施作业成本法时阻力最小，成效也最大。这两点都是应用作业成本法的有利条件。

（2）小型制鞋企业应用作业成本法的障碍。

许多小型制鞋企业所有者及成本会计人员的知识素质和能力素质较

低，则在接受新事物和利用新管理技术时存在一定难度。相对于传统成本核算方法，作业成本法在中国还属于新事物，对小企业主和其会计人员而言，在理解和应用方面存在一定难度。但这一障碍应该能够被克服，一是因为企业需要更合适的成本管理方法以促进成本管理水平的提高，企业所有者有变革的积极性；二是因为针对小型制鞋企业设计的作业成本法核算体系，比较简单，易懂易用（在针对具体企业设计时，密切结合其经营管理实际，则企业主及其会计人员就更容易理解和使用了）。

综合上述分析，小型制鞋企业应用作业成本法的条件是主要的，而存在的障碍则是次要的并可以克服的。

3）小型制鞋企业作业成本法基本核算体系设计

小型制鞋企业作业成本法基本核算体系设计，包括作业成本法下的会计组织机构设计、会计信息系统设计、计算体系设计等内容。

（1）作业成本法会计组织机构设计。

小型制鞋企业作业成本法会计组织机构，应采用集中核算形式的会计组织体系，可参考传统成本核算方式下集中核算形式会计组织机构设计①，在此不再赘述。

（2）作业成本法会计信息系统设计。

小型制鞋企业作业成本法会计信息系统，包括作业成本法下的会计凭证子系统、成本账簿子系统、成本报表子系统等。由于小型制鞋企业采用集中核算组织形式，因此，其会计信息系统也应采用集中核算形式的会计信息系统设计。具体设计方法，可参考第8章ABC体系设计相关内容。

（3）作业成本法计算体系设计。

作业成本法计算工作量大，设计作业成本法计算体系是作业成本法应用研究的核心工作。作业成本法计算体系设计，主要包括建立作业中心（包括划分作业中心、确定各中心作业内容、确定各中心成本标的、确定各中心成本动因等）、建立计算模型等设计工作。小型制鞋企业的

① 党晓峰.工业企业ABC组织保证体系设计研究［J］. 财会通讯，2009（13）.

作业成本法计算体系设计有其共性，同时因企业个体特点，也会有所差异。下文将采用真实案例进行小型制鞋企业作业成本法核算体系设计示范，以帮助该类企业采用作业成本法进行成本管理工作。

9.5.3 案例研究

1）SMJA鞋业有限公司简介

SMJA（为了保护企业商业机密，文内企业名称及其产品名称，均用英文字母指代。隐去企业资产价值、收入等信息）鞋业有限公司，是一家小型私营企业。经营范围为皮鞋制造、销售，主要面向美国市场。企业共有生产人员316人（其中生产工人298人，生产管理人员18人），经过开发、裁断、针车、成型装运等生产活动，完成0801、0802、0803、0804等4个款式鞋产品的生产。目前采用传统成本核算方法核算成本。由于金融危机以来美国经济不景气，企业遇到了订单骤减、售价降低、要素成本攀升等诸多压力。企业积极采取一系列对策予以应对经营困难，其中在成本管理方面，即尝试运用作业成本法以提高成本管理水平（包括提高成本信息的准确性、提高成本控制的有效性、提高成本考核的公平性等），从而促进企业经营决策水平的提高，以达到保持并提升综合竞争力的目的。

2023年7月，适逢两位会计专业学生在该单位实习，企业即请求这两位同学与其实习指导教师对该企业作业成本法的应用进行研究。考虑到长期以来良好的校企合作关系，以及该研究对广大小型制鞋企业成本管理的指导价值，师生答应义务为该企业开展作业成本法应用研究活动，同时为企业保护商业机密。

2）SMJA鞋业有限公司作业成本法应用研究

作业成本法在SMJA鞋业有限公司应用研究的具体表现，系指为该公司设计针对性强的作业成本法核算体系，并对其进行应用示范。作业成本法核算体系包括作业成本法下的会计组织机构设计、会计信息载体系统设计、计算体系设计。设计前首先应确定设计指导思想。应用研究重在实用价值，所以将“逻辑严密、简易明晰，便于掌握”作为SMJA鞋业有限公司作业成本法核算体系设计的指导思想。以下即在该思想指导下，展开SMJA鞋业有限公司作业成本法核算体系的设计工作（因篇幅所限，在此重点研究SMJA鞋业有限公司作业成本法核算体系中的作业成本法计算体系设计，其他点到为止）。

（1）SMJA鞋业有限公司作业成本法会计组织机构设计。

SMJA鞋业有限公司作业成本法会计组织机构设计，包括确定该公司作业成本法会计组织机构类型、规划人员设置及人员间工作流程等内容。SMJA鞋业有限公司作业成本法会计组织机构类型，系集中核算形式的作业成本法会计组织体系，以企业老板为成本会计组织机构负责人（详细内容此处不再赘述）。

（2）SMJA鞋业有限公司作业成本法会计信息载体系统设计。

SMJA鞋业有限公司作业成本法会计信息载体系统设计，包括确定该公司作业成本法会计信息系统类型、会计信息系统组成、各种会计信息载体格式及填制方法等设计内容。该企业为小型企业，作业成本法会计信息载体系统类型，系集中核算形式下的作业成本法会计信息系统（会计信息载体系统内容庞大但知识含量较低，故在此不再赘述）。

（3）SMJ35A鞋业有限公司作业成本法计算体系设计。

作业成本法计算体系设计是SMJA鞋业有限公司作业成本法核算体系设计的中心任务。该公司作业成本法计算体系设计包括计算体系内容设计、体系应用示范等两部分工作。

① SMJA鞋业有限公司作业成本法计算体系内容设计。

a.划分作业中心。

划分作业中心，是SMJA鞋业有限公司采用作业成本法进行成本核算的前提。在技术人员的帮助下，根据该公司生产工艺特点，结合成本管理需要，为SMJA鞋业有限公司设立5个作业中心，并定义了各个作业中心的作业内容，确定了成本标的和成本动因，见表9-26。

表9-26　　SMJA鞋业有限公司作业中心及其功能一览表

作业中心名称	编号	作业内容（功能）	成本标的（计算对象）	成本动因（分配标准）	费用内容
开发中心	1	开发新款；做鞋样	各款鞋子	款式	所有费用
裁断中心	2	裁断；批皮；丝印	各款鞋子	工时	直接材料外所有费用 注：该中心工人工资按款式计件发放
针车中心	3	划线；机拥；车包；做包	各款鞋子	工时	直接材料外所有费用 注：该中心工人工资按款式计件发放
成型中心	4	放楦头；贴底；细处理；包装	各款鞋子	工时	直接材料外所有费用
装运中心	5	装运	各款鞋子	车次	所有费用

b.建立计算模型。

计算模型是正确计算作业成本的保证。根据该企业作业成本法计算工作的具体需要，为SMJA鞋业有限公司建立以下两个计算模型（注：作业成本法下的资源成本分配率求解方法与传统成本法下的要素费用分配率求解方法相同，而会计人员都十分熟悉传统成本法下的要素费用分配率求解方法，故在此略去资源成本分配率求解模型设计）。

$$Z = \sum_{i=1}^{m} a_i b_i + \sum_{j=1}^{n} c_j \tag{1}$$

模型释义：该模型为SMJA鞋业有限公司作业成本归集模型。Z系某作业中心归集的作业成本；a_i系需分配计入该作业中心的第i种资源成本分配率；b_i系该作业中心所消耗的第i种资源的数量；C_j系可直接计入该作业中心的第i种资源成本。

$$F = \sum_{i=1}^{5} \frac{z_i}{Q_i} \cdot q_i + \sum_{j=1}^{2} z_j \tag{2}$$

模型释义：该模型为SMJA鞋业有限公司作业成本分配模型。F系某款鞋产品作业成本；z_i系第i个作业中心的作业成本；Q_i系第i个作业中心的作业总量（分配标准）；q_i系该款鞋子所消耗的第i个作业中心的作业量。由于SMJA鞋业有限公司共有5个作业中心，因此，i不大于5。z_j系可直接计入该款鞋子的第i种作业成本。由于SMJA鞋业有限公司裁断、针车两个作业中心工人的工资属于计件工资，工资费用可明确指向具体款式的鞋子，因此，这两个中心的人工费可以不需要分配而直接计入有关产品，又因为此类中心有2个，所以j不大于2。

② SMJA鞋业有限公司作业成本法计算体系应用示范。

完成该公司作业成本法计算体系内容设计后，即应为其进行应用示范。应用示范是任意选择一个月份，用设计的作业成本法核算体系计算该月各个产品的作业成本，以达到帮助企业掌握、指导企业使用作业成本法计算体系的目的。经过协商，该公司选取8月份作为应用示范的月份。现将SMJA鞋业有限公司8月份基本生产经营情况做概括介绍。

该公司8月共生产0801、0802、0803、0804四个款式的鞋子41 410双（其中0801款12 700双、0802款11 940双、0803款6 210双、0804款10 560双），全部完工。经统计，8月份共发生加工费用（即不考虑直接材料成本）601 774.4元（其中裁断生产活动发生工资113 696.6元、针车生产活动发生工资160 515.8元）；消耗机器工时2 050工时（其中0801款622工时、0802款593工时、0803款258工时、0804款577工时）。

经过按作业成本法要求对该月原始凭证进行分析整理后，形成作业成本法所需要的数据资料，并依次展开以下作业成本法成本计算活动。

a.归集8月份作业成本。

以作业中心为单位归集作业成本，是将作业成本分配给有关款式鞋子（成本标的）的准备工作。正确归集作业成本，是正确分配作业成本的前提。依据原始凭证数据，利用“模型（1）”算法，编制表9-27。

表9-27　SMJA鞋业有限公司8月份作业成本归集一览表

作业中心		作业成本（元）								作业量
		人工费	电费	房租金	维修费	折旧	机物料	运费	合计	
开发中心		33 373	1 481	6 440	678	839	2 000		44 811	4款
裁断中心	分配计入各款式的作业成本		2 498	10 734	1 130	1 398			15 760	210工时

续表

作业中心		作业成本（元）								作业量
		人工费	电费	房租金	维修费	折旧	机物料	运费	合计	
裁断中心	直接计入各款式的作业成本	113 696.6							113 696.6	
	小计	113 696.6	2 498	10 734	1 130	1 398			129 456.6	
针车中心	分配计入各款式的作业成本		6 691	26 834	4 925	3 494			41 944	300工时
	直接计入各款式的作业成本	160 515.8							160 515.8	
	小计	160 515.8	6 691	26 834	4 925	3 494			202 459.8	
成型中心		87 567	11 206	59 033	6 320	7 686			171 812	1 540工时
装运中心		9 729	4 369	4 293	452	559		33 833	53 235	53车次
合计		404 881.4	26 245	107 334	13 505	13 976	2 000	33 833	601 774.4	

注：“作业成本”栏目下面的各明细栏目如“人工费”等属于资源成本。作业消耗资源，各中心作业成本由资源消耗后产生的资源成本构成。

b.分配8月份作业成本。

完成作业成本归集工作后，即可利用“模型（2）”算法，结合各款式鞋子在各作业中心所消耗的作业量，将表9-27的各作业中心作业成本分配给各款式鞋子，并计算各款式鞋子单位作业成本，作为未来成本控制、成本考核，以及企业经营决策的依据，见表9-28。

表9-28　**SMJA鞋业有限公司8月作业成本分配一览表**

作业中心		作业成本总额（元）	分配率	0801		0802		0803		0804	
				作业量	作业成本	作业量	作业成本	作业量	作业成本	作业量	作业成本
开发中心		44 811	11 202.75（元/款式）	1	11 202.75	1	11 202.75	1	11 202.75	1	11 202.75
裁断中心	分配计入各产品的作业成本	15 760	75.0476（元/工时）	69	5 178.28	54	4 052.57	30	2 251.43	57	4 277.72

续表

作业中心		作业成本总额（元）	分配率	0801		0802		0803		0804	
				作业量	作业成本	作业量	作业成本	作业量	作业成本	作业量	作业成本
裁断中心	直接计入各产品的作业成本	113 696.6	（不求分配率）		34 925		32 238		17 388		29 145.6
	小计	129 456.6			40 103.28		36 290.57		19 639.43		33 423.32
针车中心	分配计入各产品的作业成本	41 944	139.813（元/工时）	93	13 002.61	89	12 443.36	36	5 033.27	82	11 464.76
	直接计入各产品的作业成本	160 515.8	（不求分配率）		48 260		45 610.8		25 461		41 184
	小计	202 459.8			61 262.61		58 054.16		30 494.27		52 648.76
成型中心		171 812	111.5662（元/工时）	460	51 320.45	450	50 204.79	192	21 420.71	438	48 866.05
装运中心		53 235	1 004.434（元/车次）	17	17 075.38	15	15 066.51	8	8 035.47	13	13 057.64
合计		601 774.4			180 964.5		170 818.8		90 792.6		159 198.5
产量（双）		41 410			12 700		11 940		6 210		10 560
单位作业成本（元/双）		—			14.25		14.31		14.62		15.08

注：1.各作业中心作业成本分配率＝各作业中心作业成本÷各作业中心作业量。但裁断中心、针车中心直接计入各款鞋产品的作业成本不必求分配率，而是根据计件工资计算单直接计入各款式。各中心作业成本分配时四舍五入保留两位小数，尾数由0804产品承担。

2.款式不同，计算所有款式的平均单位作业成本没有意义，故该栏目画“-”线，表示不必计算。

c.对比不同成本核算方法的计算结果。

SMJA鞋业有限公司本月按其采用传统成本法计算单位成本，剔除其中所包括的材料成本后计算出单位加工成本（或称加工费用），并将其计算结果与作业成本法计算结果予以对比，见表9-29。

表9-29　**作业成本法与传统成本法计算结果对比表（剔除直接材料）**

项目 / 产品款式	传统成本法总加工成本（元）	作业成本法总加工成本（元）	传统成本法单位加工成本（元）	作业成本法单位加工工成本（元）	单位加工成本扭曲额（元）	单位加工成本扭曲率
0801	182 587.2	180 964.5	14.38	14.25	0.13	0.91%
0802	174 074.3	170 818.8	14.58	14.31	0.27	1.89%
0803	75 735.4	90 792.6	12.20	14.62	−2.42	−16.55%
0804	169 377.5	159 198.5	16.04	15.08	0.96	6.37%
合计	601 774.4	601 774.4	—	—	—	—

注：1.作业成本，实质为加工成本（或称加工费用）。故作业总成本即作业成本法总加工成本；作业成本法下的单位作业成本，即作业成本法单位加工成本。在此表中统一用“加工成本”表述，旨在便于理解表中指标的关系。

2.单位加工成本扭曲额＝传统成本法单位加工成本－作业成本法单位加工成本

3.单位加工成本扭曲率＝单位加工成本扭曲额÷作业成本法单位加工成本×100%

表9-29显示，8月各款式鞋子传统成本法总加工成本与作业成本法计算的相等，均为601 774.4元。表明作业成本法计算过程未出现数字重算或漏算的问题。但表9-29显示不同成本计算方法计算的各款式的单位加工成本均不相同，且部分款式差异较大。揭示了在传统成本法下，各款式单位加工成本存在不同程度的扭曲（失真），由此成本管理人员生产出（即提供）不准确的成本信息资料。其中0801、0802、0804三种款式鞋子单位加工成本被虚增，尤其是0804虚增最大；而0803款式的鞋子单位加工成本被严重虚降，虚降程度达到16.55%，其成本向其他款式鞋子大量转移。

（4）分析SMJA公司成本管理存在的问题及可能导致的后果。

经过分析，8月份利用设计的作业成本法计算体系计算的单位加工成本与该企业采用传统成本法计算的单位加工成本之所以不同，是由于该企业采用传统成本法计算成本，以及连传统成本法也没有很好落实所形成的。归结起来有以下三个问题。

问题一，不同生产环节的加工费用均按工时分配，分配标准不科学。

由于SMJA鞋业有限公司采用传统成本法核算成本，必然导致分配标准不够科学（过于单一、笼统）。SMJA鞋业有限公司各个生产环节的作业方式是不一样的，其成本动因也有所不同。该企业将任何加工费用，均按工时分配，从而忽视了不同作业方式间存在的本质差异。比如，开发工作消耗资源的多寡，与未来的产量和工时消耗没有必然关系，故开发工作发生的费用，不应按工时分配，而应该按款式（种类）分配（如果某种款式发生的费用过少或过多，还应分款式将其费用直接计入该款式）；装运工作消耗资源的多寡，与各款鞋子的生产工时没有直接关系，装运活动发生的费用不应按累计生产工时分配，而应按车次分配给各款式鞋产品。

问题二，裁断、针车、成型等生产活动发生的费用按所有生产环节发生的工时总量分配，不够科学。

裁断、针车、成型等生产活动，其加工费用虽可按生产工时分配给各款式鞋子，但由于不同生产活动费用发生额不同，不应按所有生产活动工时总量分配，而应按裁断、针车、成型生产活动各自消耗工时分配给各自加工的款式产品。在作业成本法下，由于按作业中心归集和分配加工费用，这一问题将不会发生。

问题三，裁断和针车工资非直接而是以分配方式计入有关产品，不符合成本核算的基本指导思想。

这两个生产环节的工资为计件工资，有完整的计件工资计算单证，完全可以直接计入有关款式的鞋产品。企业会计人员却为了减少会计工作量，简单地随同其他生产活动发生的工资，按各款式工时总量分配给各款鞋产品。如此处理无疑会扭曲人工成本，这在传统成本法下也属成本核算制度设计的较大失误。企业无论是否采用作业成本法，此错误都必须及时纠正。不过，只有在采用作业成本法时，所有费用的分配都以作业行为为分配依据，此错误才比较容易发现。

该公司成本管理存在以上问题，无疑给企业提供了失真的成本信息，由此带来成本控制出现偏差、成本考核有失公允、成本分析徒劳无功，最严重的是经营决策出现重大失误。当问题积累到一定程度，企业即可能面临灭顶之灾，因此，该企业存在的问题是比较严重的。但许多小企业之所以还能生存，客观上是因为就企业整体而言，还是有一定利润的，也因此掩盖了成本失真所造成的潜在威胁。

3）对设计的作业成本法计算体系予以评述

通过实例计算，我们发现该体系具有作业中心划分科学性高、作业动因确定准确性高、计算模型逻辑性强等优点，能满足该企业在现有经营特点下采用作业成本法提高成本管理水平的需要。

9.5.4 小结

当前不少成本研究人员认为小型企业，甚至中型企业不适合采用作业成本法，这无疑对企业成本管理工作是较大的损失。而对小型制鞋企业应用作业成本法的研究，为小型企业试图采用作业成本法提供了信心。以小型制鞋企业作为案例进行作业成本法计算体系设计，无疑对该类企业具有较强的直接示范作用，有利于此类企业及时、顺利地采用作业成本法提高成本管理水平。而在案例中裁断作业中心和针车作业中心，基于工资费用发生的方式（计件工资），仅依据作业成本法理论（以作业服务方向确定费用分配方向），创造性地将工资费直接计入作业成本从而计入有关款式的鞋产品，但并没有像直接材料一样计算完作业成本后再加上去，而是将裁断作业中心（针车作业中心也采用同样方法）的作业成本分为分配计入成本标的的作业成本和直接计入成本标的的作业成本，从而保持了作业中心作业活动消耗资源的完整性，并提供了更为清晰的作业成本信息，利于对各个作业中心的资源消耗进行全面控制和分析。此前研究作业成本法应用时，惯常的观点都是认为直接计入产品成本的费用只是直接材料成本，待作业成本分配结束后，再加到产品中去，而作业中心归集的作业成本不再细分（比如某中心的作业成本总额以某种作业动因分配给有关成本标的，即默认该中心所有加工费用都是共同费用，没有直接计入的必要）。这不仅有违生产特点，其实也背离了作业成本法的思想精髓，造成了新的成本扭曲。可见，作业成本法自身也有一个从粗放式算法向精益化发展的必要，需要在实践活动中不断提高其适用性，而文中的这一研究亮点有助于作业成本法的精益化发展。

小型制鞋企业是众多小企业中的一类，具有一定的代表性。小企业是大多数劳动力就业的目的地，但小企业缺研发资金、缺研发人才，提高成本管理水平很困难。研究小企业作业成本法的应用活动，帮助小企业提高成本管理水平，远非一个人或者少数人能为，而是需要一个强大的研究群体。希望更多的人来研究此类课题，为提高小企业成本管理水平提供智力支持。

10　服务业作业成本法业财融合

随着企业对成本管理的普遍重视，作业成本法的应用范围不断拓展。本章采用两个真实案例，指导住宿业、超市等行业应用作业成本法开展成本核算工作。对其他服务行业应用作业成本法开展成本核算工作也有启发作用。

10.1　住宿业客房成本作业成本法应用研究

客房收入是住宿业最重要的收入来源，提高客房成本管理水平对住宿业经营活动有重要意义。本节探索了客房成本ABC计算体系设计思想，根据设计思想为一案例企业设计ABC计算体系，并利用此计算体系完成该企业的客房成本计算活动，旨在指导住宿业自行设计客房成本ABC计算体系，实现采用作业成本法提高成本管理水平的目的。

10.1.1 客房成本管理对住宿业的意义及ABC方法在客房成本计算中的优势

1）较高的客房成本管理水平对住宿业的重要性

（1）促进住宿业提高盈利能力。

客房收入是大多数住宿业的主要收入来源，有效控制客房成本，才能提高客房的营业利润，从而提高企业的盈利能力，为企业积累后备发展基金。

（2）提高企业综合竞争力。

随着从事住宿业的企业数量的不断增加、国家倡导节俭风气的舆论宣传，以及政府对公款旅游的大力遏制等，住宿业的竞争将更趋激烈。准确核算成本，不仅有助于企业有效控制成本，而且可通过准确的成本信息调整客房品种，使企业获得低成本竞争优势和产品（客房）最佳组合的服务优势，并最终增强企业的综合竞争力。

2）以ABC方法进行客房成本计算的必要性

ABC是作业成本计算法的英文简称，其具体理论不在此赘述。现仅以列表的方式将其与传统成本法的优缺点予以对比，见表10-1。

表10-1 不同成本核算方法优缺点对比表

成本计算方法	指标项目								
	逻辑缜密度（1）	与生产经营特点密切度（2）	成本计算难度（3）	成本基础工作要求（4）	成本信息准确度（5）	成本分析准确度（6）	成本控制有效性（7）	成本决策有用性（8）	对企业成本竞争力作用（9）
传统成本法	低	低	低	低	低	低	低	低	低
作业成本法	高	高	高	高	高	高	高	高	高

注：指标重要性说明：1、2、5、6、7、8、9为成本管理重要指标；3、4为成本管理次要指标。指标性质说明：1、2、5、6、7、8、9等项指标，程度高者对成本管理有利，程度低者对成本管理不利；3、4等项指标，程度低者对成本管理有利，程度高者对成本管理不利。

表10-1显示，在9项指标中，作业成本法有7项优于传统成本法，且为重要指标；传统成本法仅有2项优于作业成本法，且为成本管理工作的非重要指标。可见，采用作业成本法比传统成本法更能提高客房成本管理水平。

10.1.2 应用作业成本法进行住宿业客房成本管理的障碍和条件分析

1）障碍

（1）成本管理意识不强。

计划经济僵化、粗疏的管理思想与方式，在成本管理领域的影响远比营销管理和人力资源管理这两个领域深刻、持久，以至于目前住宿业普遍缺乏较强的客房成本管理意识，存在“肉烂在锅里”的观念，缺乏变革成本计算方法的积极性。这是作业成本法在住宿业推广方面的最大障碍。

（2）缺乏作业成本法计算知识。

目前住宿业成本管理均采用传统成本法，成本管理人员比较缺乏作业成本法的基本理论，自然意识不到运用作业成本法提高成本管理水平。这是作业成本法在住宿业推广的次要障碍。

（3）成本管理人员的抵触情绪。

相对于传统成本方法，作业成本法一是计算工作量较大，二是若成本管理人员不懂作业成本法，则还必须学习新知。这些都容易引起成本管理人员的抵触情绪。

2）条件

（1）高层决策人员积极性高，执行力强。

住宿业大多数都属于非公企业，高层管理人员往往就是投资者，相对于公有制高层管理人员而言，住宿业的高层管理人员更重视成本管理和资金节约，因此，其对采用作业成本法的积极性高，从而能消除成本管理人员的抵触心理。同时，这些企业命令链扁平，执行力强，更有利于发挥作业成本法的优势。

（2）经营管理流程简单。

与工业、商业等其他行业相比，住宿业客房管理无疑属于简单经营管理活动，这有利于划分作业中心、确定作业动因等，可降低作业成本法的应用难度。

（3）住宿业成本管理工作组织方式简单。

住宿业成本管理工作组织方式比较简单，采用的是“集中核算”的成本核算组织形式，相对于“分散核算”的形式，住宿业应用作业成本法所需票据的种类少、数量少，传递过程简洁、流畅，从而提高了作业成本法的应用效率。

（4）成本管理人员综合能力比以前有质的飞跃。

目前住宿业的绝大多数成本管理人员，都受过正规的财会专业教育，加上不断进行的财会继续教育以及不同层次的会计资格考试（资格证、助师、会计师、高级会计师考试等）历练，住宿业成本管理人员的综合能力比十几年前有质的飞跃。绝大多数成本管理人员有能力根据自己本单位的需要应用作业成本法计算客房成本。

通过以上分析，企业采用作业成本法计算住宿业客房成本，存在的障碍是次要的，且是可以克服的，而具有的条件是主要的，因此，在住宿业客房成本计算过程中推广作业成本法是可行的。而利用作业成本法计算客房成本，必须设计作业成本法计算体系，在下文中简称为客房成本ABC计算体系。

10.1.3 住宿业客房成本ABC计算体系设计理论探讨

1）依据作业成本法思想剖析住宿业的成本性质

在作业成本法中，作业成本由作业活动中的各种资源耗费形成，作业成本以恰当方式分配给成本计算标的（成本计算对象），最后将直接费用（直接材料）加到各个成本标的，计算出产品的最终成本。那么客房成本计算中的直接费用是什么？在客房管理工作中，每种客房是成本标的，则该种客房所发生的折旧费、水电费、低值易耗品摊销、客房电话费用、宽带费用、供客人消遣的杂志费用，以及该种客房房内设备的维修费用等属于该种客房的“专属费用”，可视为该种客房的直接费用。除此之外的费用，一般在作业过程中发生的各种资源消耗，形成各个作业中心的作业成本。

2）作业中心划分的指导思想

（1）确保成本信息准确性。

“确保成本信息准确性”为作业中心划分工作的最重要前提条件。对消耗资源较多的作业活动，无论其作业量大小、对住宿业管理工作重要性高低，均应单独划分作业中心，以便于准确核算成本、正确分析成本、有效控制成本。

（2）适当兼顾及时性原则。

在划分作业中心时，企业可将对成本信息准确性影响较小的作业活动予以合并建立作业中心。比如，住宿业管理活动中有人事管理作业、营销管理作业、财务管理作业等，可合并设计“管理协调作业中心”。这样减少了作业中心数量，有利于减少成本计算工作量，从而达到提高成本信息及时性的目的。

3）计算模型设计的指导思想

采用作业成本法计算成本，必须完成较多的计算工作量，为此需要设计必要的计算模型。在设计模型时，注意以下三方面问题。

（1）模型数量适中。

模型数量以够用为主。设计的模型太多，会增加设计的工作量及强度，同时，模型数量越多，以后计算成本时，计算工作量也可能越大。因此，在设计计算模型时，设计者之间应进行充分的沟通，以确定合适的模型数量。

（2）数学逻辑缜密。

在设计计算模型时，企业应高度注意计算模型数学逻辑的缜密性。一是单个模型内部数学逻辑的缜密性，二是各个模型之间的关联性。

（3）简明易懂。

由于住宿业成本管理人员水平参差不齐，以及以作业成本法进行成本管理需要员工的广泛参与，具有全员成本管理的色彩，因此，在设计计算模型时，力求简明易懂，以促进成本管理活动参与者之间的沟通交流。

在以下案例研究中，将依上述设计思想为QT宾馆设计客房成本ABC计算体系，并以设计的ABC计算体系对QT宾馆6月份的客房成本进行计算，最后根据计算结果对其成本管理工作和经营决策工作提出建议。

10.1.4 案例研究

1）QT宾馆简介及其6月份业务资料

（1）QT宾馆简介。

QT宾馆位于桂北某旅游城市，是一家营业4个月的新开业宾馆，地理位置优越。该宾馆不提供餐饮服务，住宿服务是其唯一业务。该宾馆共有员工42人（其中管理人员10人、前台接待7人、客房服务员18人、后勤保障7人），拥有客房145间（其中豪华标间20间、豪华单人间25间、普通标间50间、普通单人间30间、大床房20间）。采用文中“三、住宿业客房成本ABC计算体系设计思想”，为其设计ABC计算体系。嗣后，以该宾馆6月份数据为资料，应用设计的ABC计算体系计算其成本并为经营决策提出建议。

（2）6月份QT宾馆住宿服务资料。

6月份QT宾馆营业3 065间次（其中：豪华标间营业240间次、普通标间营业1 350间次、豪华单人间335间次，普通单人间720间次、大床房420间次）。发生客房整理工时1 465.73小时（其中：豪华标间201.6小时、豪华单间211.58小时、普通标间641.25小时、普通单间243小时、大床房168.30小时）。发生客房维修工时共1 069.5小时（其中：豪华标间136.5小时、豪华单间162.75小时、普通标间427.5小时、普通单间202.5小时、大床房140.25小时）。发生各种费用共286 220元（其中，需要分配计入的费用有：工资费用11 900元、水电费55 497.50元、低值易耗品摊销39 408.35元、折旧费53 629.30元、办公费用2 095元、物料消耗6 341.85元、营销费用2 123元、客房电话费2 700元、客房网络费1 350元、客房杂志费1 125元、高档电器修理费2 950元）。

2）QT宾馆客房成本ABC计算体系设计

（1）划分作业中心。

经过深入调查，结合作业中心划分思想，该宾馆可划分为4个作业中心，分别是前台接待作业中心、客房服务作业中心、后勤保障作业中心、管理协调作业中心，并根据各中心作业内容确定了各中心成本动因，从而为作业成本计算打下基础。QT宾馆作业中心一览表见表10-2。

表10-2　　QT宾馆作业中心一览表

作业中心名称	作业内容	成本动因	计量单位	成本标的
前台接待作业中心	入住登记、房客居住期间服务咨询、离店结算等	接待量	间次	豪华标间、豪华单间、普通标间、普通单间、大床房
客房服务作业中心	房间整理、清洁	打理房间工作时长	小时	豪华标间、豪华单间、普通标间、普通单间、大床房
后勤保障作业中心	房间维修、安全保障	工作时长	小时	豪华标间、豪华单间、普通标间、普通单间、大床房
管理协调作业中心	客房运营管理协调	客房种类数	种	豪华标间、豪华单间、普通标间、普通单间、大床房

（2）计算模型设计。

QT宾馆根据客房成本计算需要，建立4个计算模型（注：作业成本法下的资源成本分配率求解方法与传统成本法下的要素费用分配率求解方法相同，而成本管理人员都十分熟悉传统成本法下的要素费用分配率求解方法，故在此略去资源成本分配率求解模型设计）。

$$Z = \sum_{i=1}^{m} a_i b_i + \sum_{j=1}^{n} c_j \tag{1}$$

模型释义：该模型为作业成本归集模型。Z系某作业中心归集的作业成本；a_i系需分配计入该作业中心的第i种资源成本分配率；b_i系该作业中心所消耗的第i种资源的数量；c_j系可直接计入该作业中心的第i种资源成本。

$$F = \sum_{i=1}^{4} \frac{z_i}{Q_i} \cdot q_i \tag{2}$$

模型释义：该模型为作业成本分配计算模型。F系某种客房的作业成本（下同）；z_i系第i个作业中心的作业成本总额；Q_i系第i个作业中心的作业总量（分配标准）；q_i系该种客房所消耗的第i个作业中心的作业量。由于该宾馆共有4个作业中心，因此i不大于4。

$$C = (F + D) \div L \tag{3}$$

模型释义：该模型为客房单位成本计算模型。C系某种客房的单位成本；D系该种客房的专属费用（也可称直接费用）；L系该种客房当月入住量。

$$r = \frac{C_1 - C_2}{C_2} \cdot 100\% \tag{4}$$

模型释义：该模型为该宾馆采用ABC计算体系后，对成本控制情况进行考核的模型。r系当月成本增长率（当$r \leq 0$时，表示当期成本节约或完成成本控制目标；当$r > 0$时，表示当期成本超额或未完成成本控制目标）；C_1系当月采用ABC计算体系计算的某种客房单位成本；C_2系采用ABC计算体系计算的某种客房基期单位成本（在该宾馆6月份暂时不用模型（4），因6月份是第一次采用ABC计算体系试算客房成本，没有基期可参考，当该企业正式应用ABC计算体系后，模型（4）即可发挥作用）。

3）QT宾馆客房成本计算

完成QT宾馆客房成本ABC计算体系设计后，即可利用该宾馆6月份客房经营资料，以设计的ABC计算体系，完成其客房成本计算工作。

（1）归集作业成本。

采用计算模型（1），归集QT宾馆各个作业中心作业成本，并编成表10-3。

表10-3 **QT宾馆各个作业中心作业成本归集一览表** 金融单位：元

作业中心	作业成本								总作业量
	人工费	水电费	低值易耗	折旧费	办公费用	物料消耗	营销费用	小计	
前台接待	17 500	315	240	962	200			19 217	3 065间次
客房服务	45 000	810	75	1 500	0	3 910		51 295	1 465.73 整理工时
后勤保障	17 800	320	200	600	100	2 432		21 452	1 069.5 维修工时
管理协调	38 700	450	80	2 000	1 795	0	2 123	45 148	5种
合计	119 000	1 895	595	5 062	2 095	6 342	2 123	137 112	

（2）分配作业成本，计算各种客房单位成本。

采用表10-3数据，利用模型（2）、模型（3），将QT宾馆各作业中心作业成本分配给各种客房，然后将各种客房专属费用（直接费用）追踪加进该种客房成本，计算各种客房的总成本和单位成本，编成表10-4。

表10-4

QT宾馆作业成本分配一览表

作业中心	作业成本总额	总作业量	作业成本分配率	客房品种									
				豪华标间		豪华单间		普通标间		普通单间		大床房	
				作业量	成本（元）	作业量	成本（元）	作业量	成本（元）	作业量	成本（元）	作业量	成本（元）
前台接待	19 217	3 065间次	6.2698	240	1 505	335	2 100	1 350	8 464	720	4 514	420	2 634
客房服务	51 295	1 465.73整理工时	34.9962	201.60	7 055	211.58	7 404	641.25	22 441	243.00	8 504	168.30	5 891
后勤保障	21 452	1 069.5维修工时	20.0580	136.5	2 738	162.75	3 264	427.5	8 575	202.5	4 062	140.25	2 813
管理协调	45 148	5种	9 029.6	1	9 029.6	1	9 029.6	1	9 029.6	1	9 029.6	1	9 029.6
作业成本小计	137 112				20 327.6		21 797.6		48 509.6		26 109.6		20 367.6
专属费用	149 108				24 273		24 270		56 134		26 550		17 881
成本合计	286 220				44 600.6		46 067.6		104 643.6		52 659.6		38 246.6
营业量（间次）	3 065				240		335		1 350		720		420
单位成本					185.84		137.52		77.51		73.14		91.06

注：尾数差异由大床房承担。

4）QT宾馆采用传统成本法造成的成本扭曲情况及原因分析

（1）成本扭曲情况。

将该宾馆采用传统成本法计算的客房成本，与ABC计算体系的计算结果进行对比，确定其成本扭曲程度。

表10-5 作业成本法与传统成本法客房单位成本计算结果对比表

项目 客房类别	传统成本法单位成本（元）	作业成本法单位成本（元）	单位成本扭曲额（元）	单位成本扭曲率
豪华标间	161.51	185.84	-24.33	-13.09%
豪华单间	138.67	137.52	1.15	0.84%
普通标间	78.78	77.51	1.27	1.64%
普通单间	78.72	73.14	5.58	7.63%
大床房	90.4	91.06	-0.66	-0.72%

注：1.单位成本扭曲额=传统成本法单位成本-作业成本法单位成本

2.单位成本扭曲率=单位成本扭曲额÷作业成本法单位成本×100%

从表10-5发现，该宾馆采用传统成本法计算客房成本时，各种客房成本均被不同程度扭曲。

① 豪华标间成本被大幅度虚降，成本扭曲程度严重。

② 普通标间、普通单间成本被虚增，尤其是普通单间成本虚增幅度较大，成本扭曲程度比较严重。严重扭曲的成本信息，无疑容易影响经营决策的正确性和对员工考核的公平性。

③ 豪华单间成本虚增、大床房成本虚降，但由于成本扭曲程度都较微小，对企业经营决策和员工考核等影响不大。

（2）成本扭曲的原因分析。

① 忽视了豪华客房与普通客房在服务（即作业）上的差异。

该宾馆对豪华客房管理投入较多的客房整理和维修保障劳动，但用传统成本法计算容易忽视这一区别，简单地将客房整理费用、维修保障费用在各种房型之间平均分配，导致豪华客房这两项费用向普通客房转移。

② 将豪华客房专属费用误划为公共费用。

在传统成本法下，该宾馆不认真分析成本动因，将专用于豪华客房的电器维修费、上网费、电话费（对客人是免费电话）作为共同费用向所有客房予以均摊，从而造成豪华客房成本虚降，普通标间成本虚增。此外，豪华标间楼层有一专供该层宾客使用的公共小憩处，成本管理人员简单地将其折旧纳入公共费用分配给所有客房。

③ 未深入剖析大床房、普通标准间与普通单人间在作业上的差异。

虽然大床房与单人间都是1间，且面积相等，但大床房内部设备稍多，维修、整理也花费较多时间，然而该宾馆的成本管理人员忽视了这一差异，将大床房与普通单间一样分摊维修与客房服务成本，从而导致普通单间成本虚增，大床房成本虚降。同样，普通标间每间房床位多（2个床位）、设备多，其整理费用和维修费用亦应较多，但该宾馆未考虑这一较大差异，仍把维修、客房服务成本采用均摊的方法分配给各种客房。导致普通标间费用向普通单间、大床房转移。

总之，该宾馆客房成本转移的基本特点是，豪华标间成本向普通客房转移；普通标间成本向普通单间、大床房转移；大床房成本向普通单间转移。最终造成豪华标间成本大幅虚降、普通单间大幅虚增；豪华单间些微虚增、大床房些微虚降、普通标间小幅虚增的等现象。

5）对QT宾馆成本管理工作和经营决策工作的建议

根据ABC计算体系应用情况，对QT宾馆未来的成本管理工作和经营决策工作提出4点建议。其中1、2两点乃关于成本管理工作的建议，3、4两点乃关于经营策略的建议。

（1）强化全员成本管控意识。

成本管控意识对企业非常重要。该宾馆的员工还没有从根本上重视成本工作，也没有参与成本管理的积极性。该宾馆管理层应在员工中开展节俭教育，增强员工对企业的责任心，引导员工从工作的细微处入手，控制成本、节约资金。比如，无论是在客房整理保洁时，还是维修安检时，员工都有责任关停客人因疏忽忘记关停的客房用水设备、电器设备，以节约客房水电专属费用。在客房保洁时，客房服务员应注意科学使用保洁制剂。过度使用保洁制剂，不仅提高客房成本，而且容易对客人的健康造成不利影响。提高客房服务员的整理保洁操作水平，减少不必要的客房设备损伤，以节约维修费用、低值易耗品更新费用。

（2）做好成本管理基础工作，提高ABC计算体系使用效果。

首先，成本管理人员应进一步剖析该宾馆住宿服务的经营特点，制定科学的定额标准（如客房整理保洁工时定额、维修安检工时定额、客房保洁制剂使用量定额等），使作业活动时长、资源消耗有据可依。其次，该宾馆应尽快制定规范的消耗统计制度，对作业活动消耗的各种资源数量及时准确登记、对各种客房消耗各个作业中心的作业量及时准确统计，并将上述统计资料妥善保管，以满足应用ABC计算体系计算客房成本的需要。

（3）培养回头客，提高客房入住率。

普通标间、普通单间单位成本低，是因为客人的入住率较高。相反，虽然QT宾馆精心打理了豪华客房，消耗了很多作业量，但豪华标间仍然处于较低的入住率水平。尤为严重的是，通过对该宾馆半年来的经营分析，我们发现豪华标间的入住率不仅一直不高，而且有下降趋势。可见，采取有力措施培养回头客，对该宾馆非常重要。

（4）优化客房品种组合，适当降低豪华客房的占比。

长期以来，公务出差客人是豪华标间的主力消费群体，但随着党的十八大在全社会倡导节俭风气宣传活动的不断深入，涉公消费档次将得到严格遏制。建议该宾馆及时进行客房品种调整，即减少豪华标间、豪华单间的供应量，增加普通单间、普通标间的供应量，以适应市场的需求特点。

10.1.5 小结

随着企业对成本管理水平的重视，作业成本法观念正被企业逐渐接受，并应用于成本管理实践。作业成本法的应用研究重点也应向根据具体行业，甚至具体企业设计ABC计算体系的方向发展。文中关于住宿业客房成本ABC计算体系的设计，对住宿业整体行业应用作业成本法进行客房成本计算有一定借鉴价值，但更重要的是，借此呼吁更多专家来从事作业成本法在各行各业的应用研究，从而提高全社会的成本管理水平。

10.2 超市作业成本法应用案例研究

B类超市对城郊普通社区居民的生活以及就业都有重要现实价值，然而B类超市目前普遍面临经营困境。通过采用作业成本法加强B类超市成本管控能力，是促进B类超市应对市场挑战的重要路径之一。本节分析了B类超市应用作业成本法的条件、探索了B类超市作业成本法计算体系设计的原则，嗣后以案例企业为样本完成作业成本法计算体系设计并进行试算，对B类超市采用作业成本法进行成本管理有借鉴和指导价值。

10.2.1 B类超市的贡献和面临的挑战

1）B类超市基本概念及现实贡献

根据超市规模和服务定位，国内超市目前基本分为ABC三类（其中A类超市一般称为KA）。B类超市是国内中等规模的超市，商场经营面积在1 000平方米到3 000平方米之间。相对于KA超市，B类超市进场费低，在没有KA类门店的次商业圈，显得比较强劲。同时，B类超市对中低端文化水平和技能的农民工及社区附近市民提供了就业机会，故对稳定社会秩序、帮助底层民众脱贫做出现实贡献。

2）B类超市面临的挑战

（1）新进及距离较近的KA超市对B类超市客流量形成虹吸现象，导致其营业收入骤减。

目前超市竞争激烈，KA超市凭借其强大的资金实力，不断向B类超市所处的社区进军，或者在距其不远的临近社区开设新店，强力抢走B类超市客户，在KA和B类超市之间形成客流向KA一边倒的虹吸现象，使B类超市营业收入骤减。B类超市经营陷入走不动、退不出的两难困境。

（2）B类超市优秀人力资源流失，企业失去创新动力。

优秀的人力资源是企业最重要的制胜法宝。可是，由于B类超市附近KA超市的虹吸现象，在不断吞噬B类超市客流量的同时，也不断抢走B类超市的中高端管理骨干和优秀员工。从B类超市流失到KA超市的优秀人力资源，不仅让B类超市失去创新动力，还顺便带走了B类超市多年积累的核心竞争技术，致使B类超市的经营状况更为艰难。

市场竞争是正常的，但B类超市的经营困境也带来了一些现实问题。首先，KA超市对员工的文化素质要求较高，即使实际工作中用不到较高的学历，但作为KA超市内部的用人门槛，仍然要求员工具有大专以上或者具有专门职业学习的经历及资格证书，因而对倒闭的B类超市的大多数员工并非全盘吸收，致使许多原本依赖B类超市就业的社区居民和乡下进城的农民工因此失业。原在B类超市上班的社区内居民，则要离开社区重新择业，本来工作和照顾家庭两不误，一下子变得不可能了。而对于在B类超市打工的乡下进城的农民工而言，由于突然失去工作，一下子无所适从，则随其进城读书的子女即面临转学的艰难选择。其次，如从竞争角度分析，部分KA超市所处位置距离B类超市商业区不远，属于同一个竞争范围，但客观上未必就在B类超市原来所在社区。所以，B类超市一旦倒闭，B类超市所在社区的居民则需要全部到相对较远的KA超市购物，客观上使购物变得不便，导致生活质量下降。

所以，作为B类超市自身而言，必须从多方面寻找对策，不断提高竞争能力，争取能坚持经营并有所发展。在诸多对策中，通过作业成本法提高成本管控能力，增加成本竞争力是提高B类超市综合竞争力的重要途径之一。而采用作业成本法进行成本管控，则是通过设计作业成本法计算体系并加以运用实现的。

10.2.2 B类超市采用作业成本法的条件分析及其作业成本法计算体系设计原则

1）B类超市采用作业成本法的条件分析

（1）B类超市管理流程较为简单，有利于划分作业中心和确定作业动因。

与制造业及其他大多数行业的生产经营管理相比，超市的管理无疑属于相对较简单的管理活动。比较简单的经营管理活动，有利于划分作业中心并确定作业动因。这一特点，不仅降低了作业成本法的应用难度，而且降低了作业成本法计算体系的开发成本。

（2）B类超市成本核算工作组织简单，降低了作业成本法组织体系的复杂程度。

成本核算体制分为集中核算体制和分散核算体制两种形式。超市成本核算基本是采用集中核算形式，由此降低了作业成本法下成本核算工作组织的复杂程度，可提高作业成本法下成本信息收集效率并降低信息收集成本。

（3）内部命令链扁平，作业成本法执行力强。

通过调查发现，与制造业等行业相比，超市管理的内部命令链比较扁平，指令传递速度快、执行坚决。这便于超市管理层在企业内部进行成本管理改革动员，从而强化了作业成本法的执行力度，提高了作业成本法的使用绩效。

当然，B类超市除了具有上述采用作业成本法的条件外，也不可避免地存在一些采用作业成本法的障碍，主要是B类超市会计人员对作业成本法尚不熟悉，以及担心开发费用较高等。但经过调查，这些障碍都能通过对会计人员进行短期培训、优化作业成本法计算体系等手段得到解决。

因此，在B类超市应用作业成本法，存在的条件是主要的，存在的障碍是次要的，且这些障碍经过努力是可以克服的。

2）B类超市作业成本法计算体系设计原则

（1）划分作业中心既须确保准确核算成本，又应适当兼顾及时性原则。

作业成本法的主要作用是成本核算准确，提供的成本信息对经营决策有用性高，因此在进行作业中心划分时以“准确核算成本”为前提条件。对消耗资源较多的作业活动，企业都应单独划分作业中心，以便于准确核算成本、分析成本、控制成本。同时，将对成本管理影响较小、作业动因相同或类似的作业活动合并起来建立作业中心以降低会计人员的工作量，从而提高成本信息的及时性。

（2）作业动因选择应尊重经营管理部门和一线员工的意见。

作业动因的选择决定了作业成本法分配的科学性。但作业动因隐藏在作业（营业活动）之中，经营管理部门和一线员工对此最有发言权，故设计人员应虚心听取并尊重经营管理部门和一线员工的意见，多交流、多探讨，切忌闭门造车。

（3）设计计算模型体系既要逻辑严谨，又要简明易懂。

① 逻辑严谨。

计算模型的逻辑严谨性是保证计算结果正确性的关键。首先，计算模型体系内不同模型之间的逻辑要严谨。每个模型都有具体的计算目的，模型之间的计算目的不能重复；同时，不能遗漏模型，不能出现某些重要计算活动没有模型作为计算工具。其次，要注意每个具体模型的内部数学逻辑关系。在设计具体的计算模型时，应紧扣该模型要完成的计算目的，将影响该计算目的的因素考虑齐全，不可有所遗漏。在将影响因素考虑全面的情况下，还要注意各因素在模型内的数学关系，比如，各因素之间是乘法关系还是加法关系，是除法关系还是减法关系，等等。另外，还要采用实际数据对设计的模型进行试算以检验其逻辑严谨性，完善后的模型方可作为正式模型投入使用。

② 简明易懂。

作业成本法是提倡企业全员广泛参与成本管理的成本计算方法。在设计成本计算模型时，应考虑B类超市员工文化水平的客观情况，尽量使计算模型简明易懂，便于B类超市内不同教育层次、不同岗位的员工理解，从而提升成本管理人员与其他人员的沟通效率。

10.2.3 案例研究

1）XS超市及其2023年2月基本经营资料

XS超市（为保护企业商业机密，该超市名字用字母代替，所在城市名字用字母代替亦属相同原因）位于四线城市Z市城郊某成熟大型小区（该小区业主主要为10多年前土地被征用的当地农民，当时土地征用价格较低，加之多数业主文化层次较低且缺乏正规职业培训，所以大多数业主属于中低收入阶层）门口附近，营业面积1 600平方米，是集百货销售、食品销售、生鲜销售于一体的综合性社区购物中心，已经经营13年，近几年一直处于濒临亏损状态。该超市按超市分类标准属于B类超市。

2023年2月份XS超市全部员工23人，其中管理人员6人，一线员工12人，后勤保障人员5人；销售区面积分配：食品销售区占销售区总面积43%，百货销售区占销售区总面积48%，生鲜销售区占销售区总面积9%。

2023年2月份XS超市发生各种公共费用共86 897元，其中：工资费用49 723元、福利费6 961元、电费2 866元、房租费2 170元、办公费389元、工程维修费2 928元、信息耗材费433元、收银耗材费760元、折旧费948元，低值易耗品摊销576元，保险费19 143元。

基于优化成本管理需要，XS超市管理层请求邻近高校成本管理教师予以帮助，期望通过引入作业成本法提高成本管理水平。高校成本管理教师本着为地方小微企业服务的目的，与XS超市建成联合设计小组，为其免费进行作业成本法计算体系设计，并以该超市2月份业务为蓝本进行试算。作为交换条件，XS超市同意在确保商业机密不外漏的前提下，允许高校成本管理教师将研究成果用于学术交流和教学活动。

2）XS超市作业成本法核算体系设计

（1）划分XS超市作业中心及确定作业动因。

在经过深入调研、充分交流的基础上，设计小组将该超市的作业活动划分为运管中心、信控中心、收银中心、勤保中心等4个作业中心，并确认了各作业中心的作业动因，见表10-6。

表10-6 **XS超市作业中心一览表**

作业中心名称	作业内容	作业动因	计量单位	成本标的（即成本计算对象）
运管中心	负责超市运营管理	区位数	个	百货销售区、食品销售区、生鲜销售区
信控中心	商品信息录入、价格调整、订单汇总	信息处理频次	次	百货销售区、食品销售区、生鲜销售区
收银中心	服务咨询、购物结账、寄存管理包裹	刷单频次	次	百货销售区、食品销售区、生鲜销售区
勤保中心	负责门店日常维修、货物上、下架	工作时长	小时	百货销售区、食品销售区、生鲜销售区

（2）建立计算模型体系。

完成作业中心划分工作和作业动因确定工作后，即可建立XS超市作业成本法计算模型体系。根据XS超市作业成本法计算需要，设计小组建立了3个计算模型（另：作业成本法下的资源成本分配率求解与传统成本法下的要素费用分配率求解方法相同，属于成本管理基本常识，故在此略去资源成本分配率求解模型设计）。

$$C = \sum_{i=1}^{n} q_i \cdot r_i \tag{1}$$

模型释义：该模型为作业成本归集模型。C系某作业中心的作业成本，下同；q_i系该作业中心消耗的第i种资源的消耗量；r_i系第i种资源的资源成本分配率。

$$v = \frac{C}{W} \tag{2}$$

模型释义：该模型为作业成本分配率计算模型。V系某作业中心作业成本分配率；W系该作业中心当月作业总量。

$$M = \sum_{i=1}^{4} v_i \cdot w_i \tag{3}$$

模型释义：该模型为某销售区当月作业成本分配模型。M系某销售区当月应分配的作业成本；v_i系该销售区消耗的第i个作业中心的作业量；w_i系第i个作业中心当月作业成本分配率。XS超市共有4个作业中心，所以i不超过4。

3）XS超市作业成本法计算体系试算

按前述作业成本法计算体系设计原则，设计小组需要对完成的XS超市作业成本法计算体系进行试算，试算过程如下。

（1）XS超市作业成本归集和分配。

① 作业成本归集。

采用XS超市2023年2月份经营资料，利用模型（1），完成各个作业中心的作业成本归集，编成表10-7。

表10-7　XS超市2023年2月份各个作业中心作业成本归集一览表

作业中心	总作业量	作业成本（元）											
		工资	水电费	低值易耗	办公费	信息耗材	房租	维修费	福利费	折旧费	收银耗材	保险	合计
运管中心	3个	24 137	1 086	117	389		671		3 379	467		9 293	39 539
信控中心	680次	4 008	294			433	259		561	69		1 543	7 167
收银中心	153 939次	16 751	1 057	459			1 240	35	2 345	412	760	6 449	29 508
勤保中心	208小时	4 827	429					2 893	676			1 858	10 683
合计		49 723	2 866	576	389	433	2 170	2 928	6 961	948	760	19 143	86 897

② 作业成本分配。

利用模型（2）、模型（3），结合表10-7计算结果，对各个作业中心的作业成本进行分配（即计算各个销售区的作业成本），编成表10-8。

表10-8　XS超市2023年2月份作业成本分配计算一览表

作业中心 1	作业成本总额（元） 2	总作业量 3	分配率 4=2÷3	百货销售区		食品销售区		生鲜销售区	
				作业量 5	成本（元） 6=4×5	作业量 7	成本（元） 8=4×7	作业量 9	成本（元） 10=4×9
运管中心	39 539	3个	13 179.67	1个	13 179.67	1个	13 179.67	1个	13 179.67
信控中心	7 167	680次	10.5397	394次	4 152.64	272次	2 866.80	14次	147.56
收银中心	29 508	153 939次	0.1917	45 623次	8 745.93	97 140次	18 620.74	11 176次	2 142.43
勤保中心	10 683	208小时	51.36	83.2小时	4 273.15	104小时	5 341.44	20.8小时	1 068.29
合计	86 897				30 351.39		40 008.65		16 537.95

注：作业成本分配结果四舍五入保留两位小数。为了避免把尾数差异挤入某一个销售区，从而导致该销售区成本失真，故对尾数差异不做处理。各销售区作业成本之和比总成本86 897元高出0.99元。

（2）传统成本法下各销售区公共费用分配计算结果扭曲情况及原因分析。

采用作业成本法计算体系分配计算各个销售区的作业成本（即公共费用）后，需要和传统计算方法下各个销售区的公共费用分配计算结果进行比较，比较在不同成本法下公共费用分配计算结果的差异（即成本扭曲率），并分析其原因。

① 传统成本法下公共费用分配方法。

在传统成本法下，XS超市会计人员是以各个销售区面积作为分配标准将公共费用分配给各个销售区的，其计算过程和结果见表10-9。

表10-9　**XS超市2023年2月份传统分配方法下各个销售区公共费用分配一览表**

销售区 1	待分配公共费用总额（元） 2	各销售区面积占销售区总面积比重 3	各商品区分配金额（元） 4=2×3
百货销售区	86 897	43%	37 365.71
食品销售区		48%	41 710.56
生鲜销售区		9%	7 820.73
合计	86 897	100%	86 897

② 传统成本法各销售区公共费用分配扭曲率计算。

为了检验作业成本法的计算效果，现将传统成本法下各个销售区的公共费用分配结果与作业成本法下的分配结果进行对比，见表10-10。

表10-10　**2023年2月份作业成本法与传统成本法销售区公共费用分配对比一览表**

销售区 1	传统成本法（元） 2	作业成本法（元） 3	分配扭曲额（元） 4=2−3	分配扭曲率（%） 5=4÷3
百货销售区	37 365.71	30 351.39	7 014.32	23.11%
食品销售区	41 710.56	40 008.65	1 701.91	4.25%
生鲜销售区	7 820.73	16 537.95	−8 717.22	−52.71%
合计	86 897	86 897	—	—

从表10-10可见，在传统成本法下，百货销售区公共费用被虚增23.11%，食品销售区公共费用被虚增4.25%，生鲜销售区公共费用则被

虚降52.71%。公共费用分配扭曲现象严重。

③ 公共费用分配结果扭曲原因分析。

XS超市2023年2月份公共费用分配结果扭曲的主要原因是，在传统成本法下，该超市会计人员简单地以各个销售区所占面积为分配标准，将公共费用分配给各个销售区。生鲜占用的面积最小，所以分配的公共费用最少。这样掩盖了各销售区事实上对公共资源的消耗情况。而事实上，公共资源的消耗，与销售区面积并不存在严格的比例关系。与各销售区面积有关的房屋折旧、销售区照明、通风等费用属于各个销售区的专属费用而非公共费用，因此，专属费用不用经过分配可直接计入各个销售区成本，只有公共费用需要分配计入各个销售区，但公共费用的发生与各个销售区的面积并无因果关系。在作业成本法下，该超市通过建立作业中心，将公共资源的消耗归集到各作业中心形成各中心的作业成本，各作业中心则通过对各个销售区服务（即作业）行为的特质进行分析，从而确定了各自的作业动因，再通过各自的作业动因将各个作业中心的作业成本分配给各销售区。实质上就是将公共费用根据费用发生的成因划分为不同板块，每个板块则采取科学的费用分配方法进行分配。这样就避免了一刀切地以面积作为分配标准带来的严重偏差。

4）对XS超市建议

（1）可采用作业成本法进行公共费用分配。

首先，经过试算，采用作业成本法能较好地提高公共费用分配结果的准确性及成本分析的准确性，从而提高成本信息的有用性、成本考核的公平性，进而有利于促进XS超市提高成本竞争力；其次，试算也表明，该作业成本法计算体系比较简明易懂，便于操作，实用性强。故建议XS超市采用作业成本法进行公共费用分配，且使用此作业成本法计算体系完成公共费用分配。

（2）强化成本管理基础工作，提高作业成本法使用效果。

与传统成本核算方法相比，作业成本法对成本管理基础工作的广度、深度要求更高。建议XS超市根据作业成本法计算需要，健全和完善成本管理制度，对各种资源消耗、作业消耗进行及时、全面的统计，做好原始记录，以利于资源成本、作业成本的准确分配。

（3）加强成本管理意识教育，培养员工自觉参与成本管控的主人翁意识。

“千斤重担大家挑，人人肩上有指标”。成本管理是企业每个员工都应参与的工作，并非只是会计人员的工作。作业成本法的成本控制范围更为广阔，XS超市应教育并倡议每个员工都积极地支持成本管理工作，从具体工作的每个环节节约消耗，才能从根本上控制成本总额，并由此培养员工对超市的主人翁意识。员工的主人翁意识和积极向上的工作风貌，才是企业解决一切问题的利刃，是企业长期发展的核心动力。

（4）调整销售区面积结构，增加生鲜区面积。

根据作业成本法计算结果，我们发现XS超市在销售区面积分配上存在一定的不合理现象。生鲜销售区虽在信控中心、收银中心、勤保中心的作业动因量均小于其他商品销售区，但生鲜销售区的面积占用亦太过狭小，不利于生鲜营业活动，这也是在传统成本法按面积分配公共费用时，其销售区成本被虚降的主要原因。基于生鲜的实际经营情况，生鲜的销售区面积应适当扩大。能发现这一问题，也体现了作业成本法的优点，因为采用作业成本法核算成本，需要随时调研一线经营活动，从而有助于及时发现在营业活动中存在的不足之处。

10.2.4 小结

企业通过加强内部管理提高自身的经营管理水平及综合竞争力，已经逐渐成为管理界的共识，而成本管控则是企业最重要的内部管理活动之一。作为成本管理人员，善于从本职工作角度出发，并结合企业的经营特点，积极进行成本管理创新，从而为提升企业内部管理水平做出贡献，不仅体现了成本管理人员的职业能力，而且体现了成本管理人员的职业精神。只有自觉地为企业发展出谋划策，才能将会计人员的参谋作用充分发挥，也才能赢得企业信任，并促进会计行业科学化、良性化发展。在此呼吁财会人员，要不断提高自身的综合能力和职业责任心，使会计人达到“不做假账亦能被企业管理所倚重”的从业境界。

11　本量利分析业财融合

本量利分析对企业准确测定盈亏平衡点，进而采取措施规避风险具有重要意义。本章采用两个真实案例，指导畜类养殖企业、小型物流运输企业开展本量利分析工作。对其他行业开展本量利分析工作亦有启发作用。

11.1　畜类养殖业本量利应用改进研究

11.1.1　畜类养殖业本量利分析应用研究的意义

研究畜类养殖业本量利问题，不仅对帮助农民致富、预防经营风险有重要现实意义，而且对养殖户经营活动从粗放式管理向精益化管理转变有长远影响。此外，随着研究活动在深度和广度两方面的拓展，也加强了校、地联系，使本量利理论知识转化为农民所需要的实用技能，为管理会计知识的普及起到示范作用。

11.1.2 本量利分析在畜类养殖业的应用改进

1）成本性态划分方法改进

（1）在传统成本性态划分方法下，畜类养殖业的成本划分。

畜类养殖费用一般包括饲料、人工成本、药品及疫苗、水电费、运杂费等、累计折旧、长期待摊费用、应付职工薪酬、工资及福利、租赁费、水电费、销售费用、管理费用、财务费用、营业外支出等。按照传统成本性态划分方法，可以将畜类养殖的生产投入分为变动成本与固定成本两大类，其中药品疫苗费、饲料费、人工费、运杂费等为变动成本，而水电费、地租、固定资产折旧、贷款利息等为固定成本。

（2）在改进的成本性态划分方法下，畜类养殖业的成本划分。

在改进的成本划分思路下，由于畜产品属于生物产品生产，生物产品的生产必须符合生物生长的基本规律，即其产量未必与原材料（饲料、药品）投入情况完全正相关，故畜产品的变动成本和固定成本划分方法不能简单套用一般制造业的成本性态划分方法，即在畜产品生产过程中固定成本的范畴可能扩大，变动成本的范畴可能缩小。在此根据畜类养殖的生产特点，对其变动成本和固定成本进行重新划分，总体上划分为变动成本、专属固定成本、共同固定成本。

① 变动成本。

根据畜类养殖场的生产特点，我们将与各种产量有直接变动关系的运杂费和人工费划分为变动成本。

② 专属固定成本。

不同的畜产品生产需要不同的饲料和药品，但饲料和药品并非与产量成直线关系，少投入和多投入都影响畜类生产，不同畜产品的饲料费、药品费可以把它们划归为各自的专属固定成本。

③ 共同固定成本。

在畜类养殖场中，由于电费、地租、固定资产折旧、养殖场总体广告费用、管理费用等属于整个畜类养殖场的经营成本，因此可以把它们划为各种畜产品的共同固定成本，

以上划分方式与传统划分方式显著不同。首先是固定成本范畴扩

大，其次是固定成本还可以进一步分为专属固定成本和共同固定成本。这样的划分方式，相较于传统的划分方式，显然盈亏平衡点的计算结果将发生变化，其准确性也相应提高。

2）本量利计算模型体系改进设计

对传统成本性态划分方法下的本量利一般计算公式，在此不再赘述。根据改进的成本划分方法本量利计算需要，我们设计以下的计算模型体系。

$$F = \sum_{i=1}^{n} f_i \tag{1}$$

模型释义：该模型为共同固定成本总额归集模型。F 系养殖场共同固定成本总额（下同）；f_i系养猪场第 i 种共同固定费用。

$$G = \frac{F}{S} \cdot m + A \tag{2}$$

模型释义：该模型为固定成本分配模型。G 系养殖场某种畜产品应分配的固定成本（下同）；S 系养殖场畜产品生产占用面积（或其他合适分配标准，具体情况具体分析）；m 系该种畜产品的产量；A 系该种畜产品的专属固定成本。

$$B = \sum_{i=1}^{n} b_i \tag{3}$$

模型释义：该模型为单位变动成本归集模型。B 为某种养殖的畜产品单位变动成本（下同），b_i为该种畜产品发生的第 i 种单位变动费用。

$$Q_e = \frac{G}{P - B} \tag{4}$$

模型释义：该模型为盈亏平衡点产销量计算模型。Q_e系某种畜产品盈亏平衡点产销量；P 系该种畜产品的销售单价。

11.1.3 改进后的本量利计算思想在HF生猪养殖场的应用

为了使改进的本量利计算思想便于被更多的养殖户理解并借鉴，我们在此分别用传统本量利算法和改进算法对案例企业进行盈亏平衡点计算比较演示。计算演示中的传统方法从简，改进后的本量利计算方法从细。

1）HF生猪养殖场简介及按传统算法进行2023年盈亏平衡点计算

（1）HF生猪养殖场简介简介。

HF（为保护企业商业机密，企业名称、地点以字母代替）生猪养殖场位于J市某镇，距市区40分钟，交通便利，水库下水渠穿基地而过，为清澈山泉水，长年不断。境内气候条件属中亚热带季风湿润气候，具有“气候温和、四季分明，雨量充沛，日照充足”和“霜雪较短，无霜期长”的特点，年均温度16℃，盛夏年平均气温26.1℃；年降雨量为1 450mm。同时镇内电力充足，程控电话、全球通手机直拨世界各地。HF养猪场实力雄厚，拥有大面积的养殖场地和养殖设备，配套设施完善，年销售额达千万元以上。其经营的主要产品有乳猪、小猪、育肥猪等三种肉猪产品。2023年乳猪、小猪、育肥猪的年产量分别为218 000斤、381 800斤、675 000斤，合计1 274 800斤；占用笼舍累计面积分别为2 725平米、4 768平米、6 132平米，合计13 625平米；发生费用共计9 366 627.33元（其中能归属到有关产品的费用见表11-1，共计8 183 217.42元；难以分清归属的费用见表11-2，共计1 183 409.91元）。

表11-1 HF养猪场2023年各产品费用一览表 单位：元

项目	乳猪	小猪	育肥猪	合计
饲料	942 021.41	1 981 681.86	2 555 073.83	5 478 777.1
人工成本	28 279.24	90 907.65	258 878.67	378 065.56
药品及疫苗	315 314.17	475 614.90	297 640.49	1 088 569.56
水电费	13 193.83	41 949.98	119 385.19	174 529
固定资产折旧	24 982.02	83 170.07	228 461.85	336 613.94
生物性生物资料折旧费	207 444.11	218 039.96	116 517.55	542 001.62
租赁费	2 108.94	7 450.55	18 041.85	27 601.34
物料消耗	5 826.27	19 002.77	46 095.04	70 924.08
运杂费	6 604.82	20 615.48	58 914.92	86 135.22
合计	1 545 774.81	2 938 433.22	3 699 009.39	8 183 217.42

表11-2　　养猪场共同固定费用一览表　　单位：元

1	工资及福利费（猪场）	267 803.65
2	固定资产折旧（猪场）	234 590.97
3	租赁费（猪场）	18 166.00
4	电费（猪场）	122 219.60
5	运杂费（猪场）	62 941.45
6	物料消耗（猪场）	52 810.34
7	管理费用及其他费用	424 877.90
8	合计	1 183 409.91

（2）按传统算法进行2023年盈亏平衡点计算。

按传统算法，认为表11-1中的饲料、人工、药品及疫苗、运杂费、物料消耗为与产量有关的变动性费用，表11-1中其余费用与表11-2费用为固定费用。HF养猪场费用按传统的成本性态划分并计算盈亏平衡点，见表11-3、表11-4。

表11-3　　传统成本性态下HF养猪场费用分配一览表　　单位：元

费用项目	产品			
	乳猪	小猪	育肥猪	合计
饲料（1）	942 021.41	1 981 681.86	2 555 073.83	5 478 777.1
人工成本（2）	28 279.24	90 907.65	258 878.67	378 065.56
药品及疫苗（3）	315 314.17	475 614.90	297 640.49	1 088 569.56
运杂费（4）	6 604.82	20 615.48	58 914.92	86 135.22
物料消耗（5）	5 826.27	19 002.77	46 095.04	70 924.08
变动成本总额（6）=（1）+（2）+（3）+（4）+（5）	1 298 045.91	2 587 822.66	3 216 602.95	7 102 471.52
水电费（7）	13 193.83	41 949.98	119 385.19	174 529.0
固定资产折旧（8）	24 982.02	83 170.07	228 461.85	336 613.94
生物性生物资料折旧费（9）	207 444.11	218 039.96	116 517.55	542 001.62
租赁费（10）	2 108.94	7 450.55	18 041.85	27 601.34
共同固定费用总额（11）	236 682.06	414 128.45	532 599.40	1 183 409.91
固定成本总额（12）=（7）+（8）+（9）+（10）+（11）	484 410.96	764 739.01	1 015 005.84	2 264 155.81
成本总额（13）=（6）+（12）	1 782 456.87	3 352 561.67	4 231 608.79	9 366 627.33

注：表内（11）栏共同固定费用是据各产品年累计生产占用面积进行分配的。分配率=1 183 409.91÷13 625=86.8558（元/平米），乳猪、小猪、育肥猪分别占用面积2 725平米、4 768平米、6 132平米，用分配率乘以各产品面积，即可计算出各产品共同固定费用。因为分配率不能整除，会导致各产品按分配率计算的共同固定费用之和与总额产生差异。故在此按分配率计算的各产品共同费用四舍五入保留两位小数，将差额计入育肥猪，不会影响决策结果。各产品共同固定费用分别为236 682.06元、414 128.45元、532 599.40元。

表11-4　　**该企业会计人员按传统成本性态划分进行盈亏平衡点计算一览表**

单位：元

项目		乳猪	小猪	育肥猪
年产量（斤）	（1）	218 000	381 800	675 000
固定成本总额	（2）	484 410.96	764 739.01	1 015 005.84
各产品变动成本总额	（3）	1 298 045.91	2 587 822.66	3 216 602.95
单位变动成本（元/斤）	（4）=（3）÷（1）	5.954	6.778	4.765
单位价格（元/斤）	（5）	11	11	8
单位边际贡献（元/斤）	（6）=（5）－（4）	5.046	4.222	3.235
保本点产量（斤）（7）=（2）÷（6）		96 000	181 132	313 758

注：保本点产量取整数，且为了保证保本，只要有小数，都进位为整数。

2）HF养猪场按改进后的成本性态进行费用划分，并计算盈亏平衡点

（1）费用划分。

根据改进的成本性态划分方法，HF养猪场预计2023年总成本为9 366 627.33元，可分为专属费用和共同固定费用，其中专属费用又包括各产品的变动性费用以及专属固定费用。单位变动成本各项目是通过其计件工资计酬方法和各种畜产品出售时的运输费用计算方法获得，并依据模型3计算出单位变动成本合计。共同固定费用归集利用模型1。改进后的成HF生猪养殖场费用划分见表11-5。

表11-5　　**按改进后的成本性态费用划分方法HF生猪养殖场费用划分一览表**

项目				产品名称及费用金额			
				乳猪（元）	小猪（元）	育肥猪（元）	合计（元）
产量（斤）			（1）	218 000	381 800	675 000	1 274 800
专属费用	变动费用	产品工资福利	（2）	28 279.24	90 907.65	258 878.67	378 065.56
		运杂费总额	（3）	6 604.82	20 615.48	58 914.92	86 135.22
		变动费用小计	（4）=（2）+（3）	34 884.06	111 523.13	317 793.59	464 200.78
		单位变动费用	（5）=（4）÷（1）	0.160019	0.292098	0.470805	
	专属固定费用	饲料费	（6）	942 021.41	1 981 681.86	2 555 073.83	5 478 777.1
		药品及疫苗费	（7）	315 314.17	475 614.90	297 640.49	1 088 569.56
		水电费	（8）	13 193.83	41 949.98	119 385.19	174 529
		固定资产折旧费	（9）	24 982.02	83 170.07	228 461.85	336 613.94
		生物性生物资料折旧费	（10）	207 444.11	218 039.96	116 517.55	542 001.62
		租赁费	（11）	2 108.94	7 450.55	18 041.85	27 601.34
		物料消耗费	（12）	5 826.27	19 002.77	46 095.04	70 924.08
		小计	（13）=（6）+…+（12）	1 510 890.75	2 826 910.09	3 381 215.8	7 719 016.64
	专属费用合计		（14）=（4）+（13）	1 545 774.81	2 938 433.22	3 699 009.39	8 183 217.42
共同固定费用	工资及福利费（猪场）		（15）				267 803.65
	固定资产折旧（猪场）		（16）				234 590.97
	租赁费（猪场）		（17）				18 166.00
	电费（猪场）		（18）				122 219.60

续表

项目		乳猪（元）	小猪（元）	育肥猪（元）	合计（元）
		产品名称及费用金额			
共同固定费用	运杂费（猪场） (19)				62 941.45
	物料消耗费（猪场） (20)				52 810.34
	管理费用及其他费用 (21)				424 877.90
	共同固定费用合计 (22) =（15）+…+（21）				1 183 409.91
成本总计 (23) =（14）+（22）					9 366 627.33

注：与该企业传统保本点计算方法相比，在改进后的成本性态划分方法下，单位变动费用四舍五入保留六位小数，以保证保本点更精准。

（2）固定费用分配。

依据表11-5数据、以各种产品生产占用笼舍面积为分配标准、利用模型2对共同固定费用进行分配；专属固定费用不需分配，直接计入相应产品固定费用。固定费用分配见表11-6。

表11-6　　2023年HF养猪场固定费用分配计算一览表

项目	乳猪	小猪	育肥猪	合计
生产占用面积（平米）（1）	2 725	4 768	6 132	13 625
共同固定费用分配率（2）=（3）合计÷（1）合计	分配率=1 183 409.91÷13 625=86.8558（元/平米）			
共同固定费用分配（元）（3）=（1）×（2）	236 682.06	414 128.45	532 599.40	1 183 409.91
专属固定费用（元）（4）	1 510 891	2 826 910	3 381 216	7 719 017
固定费用合计（元）（5）=（3）+（4）	1 747 573.06	3 241 038.45	3 913 815.4	8 902 426.91

（3）以改进的本量利计算方法对HF生猪养殖场盈亏平衡点进行计算。

依据表11-5单位变动成本数据、表11-6固定费用数据，利用模型4，计算各种产品盈亏平衡点，见表11-7。

表11-7　　各种肉猪产品保本点产销量计算一览表

相关指标及保本点		计量单位	乳猪	小猪	肥猪
			产品名称		
年产销量	（1）	斤	218 000	381 800	675 000
固定成本	（2）	元	1 747 573.06	3 241 038.45	3 913 815.40
单位变动成本	（3）	元/斤	0.160019	0.292098	0.470805
单位价格	（4）	元/斤	11	11	8
单位边际贡献	（5）=（4）-（3）	元/斤	10.83991	10.707902	7.529195
2023年保本点产销量	（6）=（2）÷（5）	斤	161 217	302 678	519 819

注：保本点产量取整数，且为了保证保本，只要有小数，都进位为整数。

3）改良后的本量利计算方法与传统计算方法的计算差异及评价分析

（1）不同方法下保本点产销量差异计算。

对用传统本量利方法计算的保本点产量与改进方法的计算结果进行差异计算，见表11-8。

表11-8　　不同方法下保本点产销量差异计算一览表

保本点算法类别	计量单位	产品名称		
		乳猪	小猪	肥猪
传统成本性态划分下保本点产销量（1）	斤	96 000	181 132	313 758
改进成本性态划分下保本点产销量（2）	斤	161 217	302 678	519 819
保本点产销量差异（3）=（1）-（2）	斤	-65 217	-121 546	-206 061
差异率（4）=（3）÷（2）×100%	%	-40.45%	-40.16%	-39.64%

注：差异率百分数四舍五入保留两位小数。

（2）计算差异及评价分析。

表11-8差异计算结果表明，根据传统成本性态划分下的本量利算法，三种产品的盈亏平衡点都被虚降，虚降率分别为40.45%，40.16%，39.64%。虚降程度比较严重，从而导致企业对下年的经营风险估计不足，进而对生产风险难以采取全面有效的防控措施。之所以产生如此严重的差异，是因为在传统成本性态方法下，草率地将各种畜类产品所消耗的饲料、药品及疫苗等材料费用划归变动费用范畴，使得固定费用变小，导致保本点产销量下移。事实上，因畜类养殖业生产的特殊性，这些费用未必与产量成正比例，即未必饲料、药物投入越多，产量就越高。这些费用的主要特点更倾向于固定费用。由于改进的盈亏平衡点计算思想扩大了固定成本的范畴，从而提高了保本点产量，经营户也将随之提高风险警惕性。当然，若需成本性态划分准确性更高，则成本性态的划分应根据技术指标进一步细化。此外，在表11-4中，企业会计人

员想当然地将变动费用项目确定后，即以变动成本总额除以产量计算单位变动成本，这种方法违背了单位变动成本和变动成本总额的逻辑关系。正确的逻辑关系是根据生产、技术人员的意见先确定单位变动成本，然后再结合产量计算变动成本总额。可见会计人员的责任心和逻辑思维能力亦需进一步提高。

11.1.4 小结

科技兴农，不仅需要依靠自然科学，而且需要依靠管理科学。根据农业生产特点，将自然科学和管理科学结合起来进行研究，才能帮助农业生产经营从粗放型向精益型转变和发展。希望管理学界的专家能积极依靠自身专业能力为畜类养殖业服务，从而促进养殖业健康发展。

11.2 小型物流运输企业盈亏平衡分析与决策

小型物流运输企业一般因地制宜，就地招工，当地融资。该类运输企业对提高物流效率、农民就业、小微信贷等事业做出了重要贡献，这些方面是大中型物流企业难以尽善尽美做到的。因此，开展小型物流运输企业盈亏平衡分析与决策水平的研究活动，是物流管理研究者的重要责任。

11.2.1 小型物流运输企业提高盈亏平衡分析与决策水平的主要障碍和条件

1）主要障碍

（1）拍脑袋管理成为习惯，对科学管理认识不够。

小型物流运输企业起点低，最高管理者与老板往往是同一人，长期养成了粗放式管理的习惯，对科学管理认识不够，往往是临时根据直觉决策。在市场竞争不激烈时这一弊端对企业的影响并不显著。随着市场竞争日趋激烈，这一管理方式严重束缚了企业精细化管理水平的提高，也成为提高盈亏平衡分析与决策水平的严重阻碍。

（2）管理人员知识能力有限，对科学管理力不从心。

即使老板认识到提高企业盈亏平衡分析与决策水平的重要性，但由于其管理人员来自亲友乡邻，并非从市场择优招聘，因此，而这些管理人员对现代企业管理的理念、手段非常陌生，难以实现老板提高企业精细化管理的愿望，即心有余而力不足。可见，管理人员知识能力的短缺，成为企业提高盈亏平衡分析能力与决策水平的又一严重障碍。

2）主要条件

（1）企业所有者对企业生存具有强烈的忧患意识和责任感。

小型物流运输企业的高层管理人员，多为老板及其亲友，企业投资也基本来自于这些人员。一旦企业经营不善，这些人员的正常生活需求都难以保证。因此，他们对企业有强烈的责任感和忧患意识。如果他们认识到科学管理对企业发展的重要性，那么他们会努力接受科学管理知识并身体力行。

（2）多为直线式管理，对决策执行力度大、见效快。

小型物流运输企业多为直线式管理，命令链高度扁平化，从而提高了决策的执行力度和执行效果。一旦规范科学的盈亏平衡分析及决策思想、方法被接受，则能快速地在企业铺开实施。这一点是大中型物流运输企业难以企及的。

综上所述，障碍是暂时的，而条件是具备的，因此，提高小型物流运输企业盈亏平衡分析与决策水平是有很大可行性的。

11.2.2 小型物流运输企业盈亏平衡分析与决策体系设计

提高小型物流运输企业盈亏平衡分析及决策水平，核心工作是为其设计一个盈亏平衡分析与决策体系的设计，使其盈亏平衡分析和决策工作规范化、科学化。

1）主要指导思想

基于小型物流运输企业资金管理资金的投入能力、人员知识水平，该体系设计重点讲究实效。因此，将“简明易懂、讲求实效、便于操作”作为设计的主要指导思想。

2）具体设计

（1）决策方法设计。

①单项运输服务情况下决策。

a.是否接受客户订单的决策。

当接受客户订单后，该项运输服务边际贡献大于零，可以接受客户订单；当接受客户订单后，该项运输服务边际贡献小于等于零，不接受客户订单。

b.运力有限时选择最优订单的决策。

运力有限，但却有多个客户订单时，企业应该在边际贡献大于零的订单中选择边际贡献最大的订单作为最优订单。

②多种运输服务情况下决策。

a.业务量不饱满时运输路线选择。

由于完成运输任务的路线往往有多种可供选择的路线，因此，企业在运输业务不饱满时并且可满足客户基本要求的情况下，尽量选择边际贡献高的运输路线，从而提高加权平均边际贡献率，进而降低盈亏平衡点，降低企业的经营风险并提高企业的利润。

b.业务量饱满，企业没有剩余运力情况下的订单选择。

由于业务量饱满，因此，企业有选择订单的机会。企业应尽量选择边际贡献率高的订单，从而提高加权平均边际贡献率，进而降低盈亏平衡点，降低企业的经营风险并提高企业的利润。

（2）盈亏平衡点计算模型设计。

① 划分固定成本和变动成本。

正确划分固定成本和变动成本，是准确计算盈亏平衡点的前提。正确划分固定成本和变动成本，仅仅依靠会计人员难以完成。企业会计人员应该会同司机、业务技术人员、物流管理人员，对企业所发生的各项费用的性质进行分析，判断各项费用的成本性态，将费用分别归属于固定成本和变动成本。比如，车辆维修保养费用在运输企业费用中占比很高，必须准确划分出哪些属于常规性维修保养费用，哪些属于与运输业务量变化密切相关的费用。

② 建立盈亏平衡点计算模型。

为便于企业内会计人员和相关管理人员规范地、正确地计算盈亏平衡点，企业应根据自身的实际情况设计盈亏平衡点计算模型体系。盈亏平衡点计算模型体系包含的模型数量应适中，因为设计的模型越简单，则模型数量就越多；设计的模型数量越少，则模型结构就越复杂，不便于理解和计算。因此，企业应从本企业管理人员的理解能力出发，设计合适的计算模型体系。

下文以XC运输公司为例，进行盈亏平衡分析与决策研究。

11.2.3 案例研究

1）企业介绍

（1）企业基本情况。

广西XC物流有限公司（以下简称“XC运输公司”）于2014年12月开办于广西某市，注册资金200万元，是典型的小型物流运输企业。公司所在城市的支柱产业是石材生产业，XC运输公司为当地石材厂提供专门的集装箱货运服务，将客户石材运往钟山火车站、永州火车站、梧州码头。截至2021年8月份，公司有员工35人，大型半挂车15辆，每集装箱配货毛重为32吨。公司经营模式简单，管理方法粗放。

（2）由于盈亏平衡点不准确，导致企业决策失误，进而削弱了该企业的市场竞争力。

①销售人员不敢接订单，导致订单减少。

公司划分固定成本和变动成本方法粗略，从而将部分变动成本划归为固定成本，进而导致盈亏平衡点虚高，对营销人员造成误导，使其担心出现经营风险而不敢接订单。

②销售人员不敢降价，订单被同行削价抢走。

由于公司没有认真探索提高边际贡献率的方法，导致盈亏平衡点较高，在多家同类企业拼抢订单的过程中，面对同行削价抢单而束手无策，最终订单花落他家。

③对已接订单完成时，未实现利润最大化。

由于公司没有认真探索提高边际贡献率的方法，导致盈亏平衡点较高，即使接了订单，但利润并未达到最大化。

2）设计XC运输公司盈亏平衡分析计算模型与决策方法体系

XC运输公司认识到本企业存在的问题，邀请当地高校物流成本管理专业师生与企业成立联合研发小组，为其设计规范科学的盈亏平衡计算体系。联合研发小组依次开展以下工作。

（1）对XC运输公司费用进行划分。

联合研发小组在对一线司机、技术人员进行深入走访后，结合成本性态分析理论，将XC运输公司全部费用分为固定成本和变动成本。

① 固定成本。该公司固定成本包括工资费用、水费、电费、房租、电脑折旧、办公耗材、差旅费、管理招待费、常规性车辆维保费、食堂食材费、管理人员通信费、劳保费。

② 变动成本。三个送货方向，视同为三种运输服务产品，产量以"趟"作为计量单位。每个送货方向的变动成本为该方向运输服务车辆的燃油费、车辆折旧费、过路费、司机餐饮补贴费。

（2）确定XC运输公司最大运输能力。

公司经过实际测算，扣除返程后向3个方向的运输服务能力为225 000箱公里。若接收订单超过此运输能力，则公司有违约风险。

（3）设计盈亏平衡分析计算模型及决策方法体系。

$$F = \sum_{i=1}^{n} f_i \tag{1}$$

模型释义：该模型为XC运输公司某月固定成本总额计算模型。F系该月固定成本总额，下同；f_i系该月第i种固定费用。

$$B = \sum_{i=1}^{4} b_i \tag{2}$$

模型释义：该模型为某方向每趟单位变动成本计算模型。B系某方向每趟单位变动成本，下同；b_i系该方向每趟第i种变动费用。共4种变动费用，故i不超过4。

$$R = \frac{P - B}{P} \times 100\% \tag{3}$$

模型释义及决策方法：该模型为某方向运输服务边际贡献率计算模型。R系某方向运输服务边际贡献率，下同；P系该方向每趟运输服务价格。企业在订单的边际贡献率大于0时接受订单，反之不接受订单。

$$V = \sum_{i=1}^{3} W_i R_i \tag{4}$$

模型释义及决策方法：该模型为XC运输公司某月预计加权平均边际贡献率计算模型。V系该月加权平均边际贡献率，下同；W_i系该月某方向运输服务所占比重。因为运输服务方向有3个，所以i不超过3。V越大说明盈利能力越强，决策中若存在多个计算结果，则选择V值最大的方案。

$$I = \frac{F}{V} \tag{5}$$

模型释义及决策方法：该模型为XC运输公司某月盈亏平衡点销售额模型。I系该月盈亏平衡点销售额。I越小，说明企业风险越低，接受订单能力越强、盈利能力越强。当盈亏平衡点销售额低于总销售额时，该方案可行；反之，不可行。在多个可行方案中，企业应选择盈亏平衡点销售额最低的方案为最优方案。

3）利用上述设计对XC运输公司九月份业务进行盈亏平衡分析预测和决策

（1）计算各个运输服务方向边际贡献率。

根据对运输业务调查、每个运输方向运输单趟价格，依据模型2、3，可以计算XC运输公司边际贡献率，见表11-9。

表11-9 **各个运输服务方向边际贡献率计算一览表** 金额单位：元

运输服务方向	运输方向单位变动成本					单价	单位边际贡献	边际贡献率
	高速缴费	燃油费用	折旧费用	变动性修费用	单位变动合计			
钟山火车站	0	111	190	4	305	583.2	278.2	47.70%
梧州码头	157	691.5	1 182	22	2 052.5	3 628.8	1 576.3	43.44%
永州火车站	285	1 098	1 880	34	3 297	5 767.2	2 470.2	42.83%

注：1.每种运输服务方向，都选择了单位变动成本最低的运输路线。

2.因为折旧费是按运输距离计提，所以这里的折旧费属于一项变动费用。

（2）根据各个运输方向边际贡献率，进行九月份业务开拓。

9月份是每年该运输活动旺季，往年由于盈亏平衡点比较高，企业在接受订单方面过于谨慎，致使本企业旺季不旺。从表11-9得知，钟山方向边际贡献率最高、梧州次之、永州最低。企业可组织营销力量，大胆开拓业务。在业务饱满、运力用尽的情况下，优先吸纳钟山方向订单，然后再吸纳梧州方向订单，最后吸纳永州方向订单，见表11-10。

表11-10　**XC运输公司9月份业务开拓结果及加权平均边际贡献率**

服务方向	每趟距离	趟数	占总趟数比例	总运力（箱公里）
钟山火车站	54	2 400	89.7%	129 600
梧州码头	336	260	9.7%	87 360
永州火车站	534	15	0.6%	8 010
合计		2 675	100.00%	224 970
闲置运力				30

（3）计算盈亏平衡点销售额。

由表11-10可知，仅有30箱公里运力被闲置。企业运力得到充分挖掘使用。企业根据所预测的9月份固定费用，计算固定成本总额、加权平均边际贡献率、运输服务最佳结构下的保本点销售收入。

①利用模型（1），计算9月份公司全部固定成本。

表11-11　**XC运输公司9月份公司固定费用一览表**　单位：元

人工	电费	水费	房租	差旅	餐补	办公耗材	通信费	劳保	营销	固定维修	合计
201 450	2 217	58	1 700	1 500	9 000	1 200	1 700	1 190	24 000	10 560	254 575

②利用模型（4），结合表11-9、表11-10有关数据，计算加权平均边际贡献率。

表11-12　**XC运输公司9月份三个运输服务方向加权平均边际贡献率**

运输服务方向	边际贡献率	占总趟数比例	加权平均边际贡献率
钟山火车站	47.70%	89.70%	42.79%

续表

运输服务方向	边际贡献率	占总趟数比例	加权平均边际贡献率
梧州火码头	43.44%	9.70%	4.21%
永州火车站	42.83%	0.60%	0.26%
合计		100.00%	47.26%

③利用模型（5），结合表11-11、表11-12有关数据，计算9月份三个运输方向保本点销售额。

9月份三个运输方向保本点销售额=254 575÷47.26%=538 669.06（元）

（4）预测分析9月份三个运输运输服务方向利润及风险。

①9月份运输服务方向预计收入。

三个运输方向收入=2 400×583.2+260×3 628.8+15×5 767.2=2 429 676（元）

②9月份三个运输服务方向预计利润。

9月份三个运输方向预计利润=该月安全边际区收入×加权平均边际贡献率

=（2 429 676−538 669.06）×47.26%=893 689.88（元）

与往年相比，由于进行了科学的盈亏平衡点计算，以及根据各个方向的边际贡献率来展开市场开拓和业务结构优化，从而获得显著利润，实现了旺季丰收的显著经营成果，风险较低。

4）可行性建议

（1）进一步完善成本性态分析。

成本性态分析是XC运输公司正确计算盈亏平衡点的关键工作，建议公司财务、物流、技术进一步核定各种费用性质，提高盈亏平衡点计算的准确度。

（2）深化业财融合。

深化业财融合刻不容缓，既是提高本单位经营管理水平的重要工作，又是与其他企业管理水平竞争的长期核心利器。

11.2.4 小结

小型物流运输企业的资金弱、底子薄，但其对物流运输工作的贡献却不容小觑。它们是物流运输事业的重要补充，能完成大中型物流运输公司做不到的运输服务。基于此，期望更多的同行来为小型物流运输企业的融资、人力资源、技术管理等方面的工作提供智力支持，从而为物流事业的发展做出更大贡献。

12 费用预算业财融合

凡事预则立，不预则废。高质量的费用预算工作是企业科学分配费用、有效控制费用，以及公正考核业绩的重要前提和依据。费用预算工作需要预算人员充分了解企业的生产特点、技术水平，以及费用驱动的根本原因。

高速公路对国民经济发展、国防战备的重要性不言而喻，而高速公路的运营费用也高昂。我国是个多山地的国家，高速公路穿山而建，隧道密布，隧道的电费成为高速公路公司运营费用中的重要组成部分。故本章以高速公路隧道通风电费和维修费用预算为例，对费用预算业财融合的过程及效果进行示范。

12.1 高速公路隧道通风电费预算

12.1.1 高速公路隧道通风电费预算的指导思想

1）保证隧道正常运转电费开支

必要的隧道电费开支，是高速公路隧道安全、高效运营的前提条件。因此，必要的电费消耗必须有所保证。如果为了节约电费而导致交通事故发生，则必须严罚，而不是奖励。所以，预算控制是在保证隧道运行质量的前提下的控制，即不是为节约而节约，而是控制不该浪费的电费。

2）预算必须具体到单条隧道

某隧道管理所的通风电费是各条隧道通风电费的支出总和。只有控制到每个具体的隧道，预算才能准确，才有针对性。控制好每个具体隧道的电费支出，才能从根本上控制好整个隧道管理所的电费支出。

12.1.2 隧道通风电费的预算过程

1）隧道通风电费预算的难点

隧道通风电费预算的难点源于高速公路隧道通风效果的特殊性。气候、天气、隧道内部构造、隧道出入口高差，都会影响通风效果。隧道通风效果的不同，确定了隧道具体的用电量和电费的不同。在此可以引入一个概念：隧道风机运行特征段，即只要掌握了隧道风机运行的特征段，就可确定风机的运行数量、功率和时间。

2）隧道风机运行特征段概念的引入

隧道通风的主要设备是风机。每组风机的功率、功率损耗率、每次开机的组数、日运转的时长、年运转的天数，都会影响隧道电费的开支。而选择何种功率的风机，则是根据每条隧道运行的需要而定。那么，我们可以引进一个定义：风机运行特征段。风机运行特征段，是指风机在一天内不同时间段的运行特征，即按需要运行的不同功率的风机组数而定。由技术人员根据具体隧道的车流量、天气变化等因素进行确定，将一天内隧道内的风机运行时间分成特征段。

3）设计风机运行特征段确认表并收集数据

风机运行特征段确认表，是对某条隧道风机运行情况进行分段划分并确定的书面文件，是为高速公路公司设计的自制原始凭证，是隧道风机耗电量预算工作的原始依据，一经确定，不能随意变更。如需变更，必须由相关隧道管理所提出明确合理的变更意见，并经公司预算管理部门审定。

隧道风机运行特征段确认表见表12-1。

表12-1 **隧道风机运行特征段确认表**

隧道名称________　　　　　　隧道管理所名称________

风机运行特征段	特征段1	特征段2	…	特征段n	合计
风机运行组数（组）					
每组功率（千瓦/时）					
每组功率损耗率（%）					
日运行时长（小时）					
年运行天数（天）					
隧道风机用电量（度）					

技术员：　　技术主管：　　隧道管理所主管：　　预算主管：

4）建立隧道通风电费预算模型

为了使隧道风机用电预算过程更加科学，我们需要设计有关预算模型。

$$f = \sum_{i=1}^{n} q_i \cdot w_i \cdot (1 + r_i) \cdot t_i \cdot 365 \cdot p \quad (1)$$

模型释义：该模型为单条隧道通风电费预算模型。f系某单条隧道电费；q_i系该隧道第i个风机运行特征段的风机运行组数；w_i系第i个风机运行特征段每组风机的功率；r_i系第i个风机运行特征段每组风机的功率损耗率；t_i系第i个风机运行特征段的日时长；365系年运行天数；p系电价。

$$F = \sum_{i=1}^{n} f_i \quad (2)$$

模型释义：该模型为某高速公路公司（或隧道管理所）隧道通风电费总费用预算模型；F系某高速公路公司（或隧道管理所）隧道通风电费总费用；f_i系该公司第i条隧道的电费。

12.1.3 预算实例

1）企业情况简介

沿海某高速公路公司，拥有47条隧道，分别由3个隧道管理所管理。近3年公司隧道通风年均用电量达到1 100万度以上，电费930万元以上，其中M隧道管理所下辖的两条隧道约占总电量的80%（年均748万度），公司费用负担沉重。与此同时，却不断有司机投诉隧道风机开机不足，隧道内空气不够流通，空气质量很差，因此公司多次受到主管单位批评。2022年4月份，公司决心予以整改，目标是既要提高服务质量，又能降低隧道通风电费。

2）调研过程

公司成立了隧道通风电费预算课题小组，成员由公司财务副总、财务经理、隧道管理所所长、3位高校成本核算教师组成，经过对过往司机投诉意见进行归纳分析，逐渐发现存在的主要问题是风机开机的随意性很大，而没有确定的科学依据。在需要开机的情况下，常常不开风机或少开风机；而在不需要开风机或者需要少开风机的情况下又开了太多风机（不开怕投诉）。总体而言，风机运转的组数和时长，有很大的主观性。此外，在年底前，公司为了下一年的预算“不吃亏”，会突击开风机。正是基于上述原因，导致了公司的电费居高不下，同时客户（往来车辆司机）还投诉风机开机不足。原因查清了，接下来公司需要着手寻找解决问题的方案，并以M隧道管理所作为案例进行研究。

3）解决方案

（1）确定M隧道各个隧道管理所风机运行特征段。

预算管理小组对M隧道管理所的2条隧道进行了为期3个月的车流量、内部空气质量、所需风机运行组数等指标的详细观察和数据收集，最后确定了隧道1和隧道2的风机运行特征段确认表，分别见表12-2、表12-3。

表12-2　　隧道风机运行特征段确认表（隧道1）

风机运行特征段	1	2	3	合计
风机运行组数（组）	5	8	3	
每组风机功率（千瓦/时）	120	120	120	
风机功率损耗率	15%	15%	15%	
日运行时长（小时）	7	7	10	
年运行天数（天）	365	365	365	
隧道风机用电量				

表12-3　　隧道风机运行特征段确认表（隧道2）

风机运行特征段	1	2	3	4	5	合计
风机运行组数（组）	8	4	2	2	2	
每组风机功率（千瓦/时）	90	150	220	160	132	
风机功率损耗率	15%	15%	15%	15%	15%	
日运行时长（小时）	2	4	0.166667	0.166667	0.166667	
年运行天数（天）	365	365	365	365	365	
隧道风机用电量						

（2）隧道通风电费计算。

采用模型（1），利用表12-2、表12-3数据，分别计算出隧道1和隧道2的电费。

隧道1电费=［5×120×（1+0.15）×7×365+8×120×（1+0.15）×7×365+3×120×（1+0.15）×10×365］×0.85

=5 180 554.5（元）

同理，隧道2电费=1 683 477.48×0.85=1 430 955.9（元）

利用模型（2），M隧道管理所电费=隧道1电费+隧道2电费=6 611 510.4（元）

（3）分析。

新的预算隧道通风电费与3年以来隧道年均通风电费进行对比分析，有以下变化：

平均年电费降低额= M隧道管理所近3年年均电费-M隧道管理所年预算电费

=7 480 000-6 611 510.4=868 489.6（元）

电费降低率=868 489.6÷7 480 000=11.61%

由分析数据可见，费用降低明显。

（4）隧道通风电费预算制度推广。

经过“解剖麻雀”，对M隧道管理所通风电费进行预算模型设计和试算，得出了具有科学依据的结果。随后召开有财务人员和隧道管理所管理人员、技术人员参与的讨论会，除了对个别细节进一步探讨外，全体参会人员对预算的思路、模型，则完全同意。公司决定在全公司各个隧道管理所予以推广，准备于2023年试行，在试运行结束后再根据需要进行完善。

12.2 高速公路隧道设备维护费用预算研究

12.2.1 隧道设备维护费用预算的指导思想

1）保证必需的维护费用

预算是为了更科学地使用资金，不是为了节约而节约。因此，要遵循隧道营运管理的基本规律，即对保证隧道营运必需的维护费用，不仅不能压缩裁减，而且应优先考虑和安排。

2）准确预测资金需要，减少资金浪费和降低资金使用的机会成本

（1）减少资金浪费。

隧道维护费用有相当大的弹性。如果预算的维护费用超过次年实际应发生的维护费用额度较大，就可能造成在次年隧道设备维护活动中资金使用的大手大脚，从而造成资金浪费。准确的隧道设备维护费用预算，可有效杜绝此现象，从而起到事前控制的作用。

（2）降低机会成本。

维护费用预算过高，就会增加资金的筹集额度，从而造成资金的积压。如果是自有资金，就会损失超额部分资金在从事其他经营活动时可获得的收益；如果是借入资金，则会导致企业贷款利息沉重。准确的隧

道维护费用预算，可以减少隧道维护活动中的资金使用的机会成本。

12.2.2 案例研究

1）企业简介

本例企业与12.1通风电费预算的案例企业的企业属于同一家企业。该企业为维护隧道正常营运，每年投入巨资进行隧道设备维护，从而造成企业整体营运成本巨大，给企业形成沉重的资金压力。但企业仍然因为隧道设备维护问题受到管理部门训诫和过往司机投诉。经过分析，企业没有较为科学准确的隧道设备维护费用预算方法，是造成这种结果的主要原因。此外，企业已经积累了数年的有关隧道设备维护工作的完整资料，遂决定请高校有关专家对该高速公路公司的隧道设备维护费用进行预算研究，以指导明年的隧道设备维护费用预算工作。公司为此立即成立了预算工作研究小组，成员为高速公路公司总经理、高校成本专家、企业隧道技术骨干、隧道营运管理骨干、财务总监等。

2）隧道设备维护费用预算研究

预算工作研究小组成立后，立即开始进行研究，依次完成如下研究活动，并取得令企业满意的研究成果。

（1）初步筛选相关因素。

为了准确预算未来的维护费用，就需要寻找与维护费用相关的因素。经过对隧道营运及其设备维护活动进行深入调研后，归纳出以下两个与维护费用可能相关的因素，并进行比较。

（2）对“累计折旧”作为相关因素的分析。

在一般情况下，设备的累计折旧越大，说明设备的老旧程度越高，而老旧程度越高，则设备需要维护的可能性也越大，从而需要的维护费用也越高。因此，以累计折旧作为维护费用的相关因素，然后确定其与维护费间的数量关系，有理论上的可行性。但是在调查中发现一个意外的情况，就是在隧道内有相当一部分设备已经提足折旧（即不再计提折旧），但设备还在使用。那么以累计折旧作为预算基础，显然失去数学方面的可能性。因此累计折旧不能作为维护费用预算的相关因素。

（3）对“隧道营运年限”作为相关因素的分析。

TJ高速公路公司隧道已经营运4年。在隧道营运中，其设备有小规模的新旧更替行为。但由于隧道营运在时间方面有极高的稳定性要求(即没有大的灾害或意外事件发生，不能停止隧道的使用)，因此设备的种类及数量并没有大的变化。随着营运年限的增加，老旧设备的维护费用会持续增加。此外，在这4年中，隧道维护费用资料齐全，从而利于寻找隧道营运年限与隧道设备维护费用之间的相关关系。特别是以“隧道营运年限”作为相关因素，从量化上是可行的，优于以设备“累计折旧”作为相关因素。

综上所述，以“隧道营运年限”作为预算的相关因素，是最优选项，但是，还必须对隧道营运年限与历年实际维护费用之间的相关程度进行量化判断，以免犯主观性错误。

（4）对“隧道营运年限”与“隧道设备维护费用”间相关程度进行测算。

为了使“隧道营运年限”作为“隧道设备维护费用预算”相关因素具有量化依据，相关人员应对隧道营运年限与隧道设备维护费用之间的相关性进行测算，并依测算结果给出结论，具体分以下3个步骤。

① 收集和整理历年隧道设备实际维护费数据。

收集该企业历年隧道设备维护费用实际数据，同时根据历年隧道设备维护费用的年终考核报告，对不合理的费用予以剔除（在实际工作中不应超支的维护费用，以及不应产生的维护项目所发生的费用），得出的数据见表12-4。

表12-4 **整理后的历年维护费用数据一览表** 单位：元

科目编号	科目名称	2020年	2021年	2022年	2023年
540102	安全设施维护（以下为明细）	1 882 885.98	1 548 920.48	2 282 260.64	3 986 787.72
54010201	交通设施维护支出	1 551 658.21	994 457.00	1 674 152.00	3 596 103.00
54010203	照明设施维护支出	153 685.60	312 889.20	246 542.80	62 228.80
54010204	通风设施维护支出	330.00	425.00	66 951.50	

续表

科目编号	科目名称	2020年	2021年	2022年	2023年
54010205	火灾检测设施维护支出	53 863.60	7 500.00	78 100.00	173 189.87
54010206	消防设施维护支出	120 348.57	233 649.28	216 514.34	155 266.05
540103	通信设施维护（以下为明细）	420 893.01	950 378	1 339 336.53	923 674.95
54010301	通信线路维护支出	3 315.00	10 090.00	708 183.93	4 788.00
54010302	通信设备维护支出	20 193.72	72 894.00	43 169.00	12 000.00
54010303	供配电设施维护支出	142 057.49	271 262.70	332 673.60	661 179.75
54010304	交通检测诱导设施维护支出	85 925.00	61 446.00	191 772.00	145 410.00
54010305	紧急电话广播设施维护支出	9 570.00	414 314.50	37 252.00	78 296.00
54010306	防雷设施维护支出	11 460.00	4 192.00	12 440.00	350.00
54010307	电力监控设施维护支出	92 400.00		13 600.00	
54010308	照明通风控制设施维护支出	55 971.80	116 178.80	246.00	21 651.20
540104	监控设施维护（以下为明细）	215 680.60	614 000.72	562 824.10	246 164.20
54010401	外场设备维护支出	27 200.00	46 194.00	356 050.50	50 446.20
54010402	控制中心设备维护支出	188 480.60	567 806.72	206 773.60	195 718.00
540105	收费设施维护（以下为明细）	46 030.74	572 358.56	433 782.54	151 572.66
54010501	中心设备维护支出	5 123.00	218 955.00	4 117.00	200.00
54010502	收费站设备维护支出	32 678.00	326 475.56	255 886.91	86 502.16
54010503	车道设备维护支出	8 229.74	26 928.00	173 778.63	64 870.50
合计		2 565 490.33	3 685 657.76	4 618 203.81	5 308 199.53

② 相关性测算。

从表12-4可知，该高速公路公司隧道的营运时间（4年），以及各年合理的维护费（剔除了不合理的费用），即可对“隧道营运年限”与“隧道维护费用”之间的相关性进行测算。设隧道营运年限为x，隧道维护费用为y，相关系数为r，相关系数计算见表12-5。

表12-5 **相关系数计算表**

数据项目	$4\sum xy$	$\sum x\sum y$	$4\sum x^2$	$\sum x\sum x$	$4\sum y^2$	$\sum y\sum y$	相关系数（r）
数据	180 096 861.61	161 775 514.31	120	100	278 682 409 778 129	261 713 170 289 708	r=0.995622673

（说明：相关系数r的公式排版很复杂，表内直接列出r计算结果，略去公式）

③ 结论。

相关系数r=0.995622673，已经高度接近1，表明“隧道运营年限”与“隧道维护费用”具有高度正相关关系。至此可以确定以“隧道营运年限”作为“隧道维护费用”预算的相关因素。

（5）“隧道营运年限”下的隧道设备维护费预算设计。

正式确定 “隧道营运年限”为“隧道维护费用”的相关因素后，即可运用回归分析的方法，确定次年隧道维护费用预算模型。基本模型为y=a+bx，其中y为次年隧道维护费用，a为每年的固定维护费用，b为年变动维护费用。计算过程及结果见表12-6。

表12-6 **隧道维护费预算模型计算确定表** 金额单位：元

公式指标	x（年）	y	$\sum xy$	$\sum x$	$\sum y$	$\sum x\sum y$	$4\sum xy-\sum x\sum y$	$4\sum x^2$	$\sum x\sum x$
	1	2 565 490.33							
	2	3 685 657.76							
	3	4 618 203.81							
	4	5 308 199.53	45 024 215.40	10	16 177 551.43	161 775 514.3	18 321 347.30	120	100
固定费用	a=（$\sum y$- 916 067.365×$\sum x$）/4=1 754 219.445								
变动费用	b=（4·∑xy-$\sum x\sum y$）/（4$\sum x^2$-$\sum x\sum x$）= 916 067.365								
总费用模型	y=1 754 219.445+916 067.365x								

注：总费用模型中的年固定费用1 754 219.445元，是每年的日常例行维护费用，与设备使用年限无关。单位变动费用916 067.365元，与设备使用年限紧密相关，指隧道设备每增加一年磨损，即增加916 067.365元的维护费用。

（6）对次年维修费用预算及预算效果。

次年为第5年，则可根据模型y=1 754 219.445+916 067.365x，预算出第5年隧道设备维护费用为：y=1 754 219.445+916 067.365×5=6 334 556.27（元）。

12.2.3 对案例公司的建议

（1）公司虽然建立了预算的计算模型，与以前凭经验预算隧道次年维护费用相比，提高了科学性。但是建议次年年末（第5年年末）得到次年（第5年）实际发生的维护费数据后，运用同样的思路，重新建立数学模型，预计第6年的维护费用，依此类推，这样的预算才准确。

（2）建议公司根据新的隧道维护费用预算思路，相应调整以前有关隧道维护费用业绩的考核制度，使考核制度与预算制度协调。

后续得到该公司消息，该预算方法在企业的预算工作中收到了良好效果。

12.3 本章结语

预算工作对企业的费用控制至关重要，但预算不是简单地降低成本，而是如何使费用的支出更合理，即生产经营需要发生的费用不仅不能削减，而且应努力满足需要。控制和杜绝的是那些不该发生的费用，从而使预算工作真正能为企业的经营管理活动服务。这就要求预算人员莅临企业经营管理一线深入调研，做出的预算才合理，才能使被控制对象信服并积极合作。

13 生产决策分析业财融合

短期经营决策分析包括生产决策分析、定价决策分析、存货决策分析等，而生产决策分析在企业短期经营决策分析中的地位最重要。生产决策分析业财融合的水平，将对生产决策分析质量产生直接影响。

13.1 生产决策的内容

生产决策主要包括新产品品种决策、亏损产品决策、特殊价格追加订货决策、产品深加工决策、零部件自制或外购决策，以及生产工艺方案决策等。生产决策业财融合需要考虑生产工艺的技术特点、设备产能、协议约定交货时限、成本控制等因素。本章以设备租赁决策为例进行研究。

13.2 多因素约束下中小企业短期代工活动设备租赁方案评估方法设计研究

13.2.1 以租赁设备完成短期代工活动对中小企业的意义和风险

短期代工活动是指客户要求在3个月内完成的代工活动。在制造业中，许多中小企业的客户群往往没有大企业的客户群稳定，从而造成生产能力闲置。而捕获短期市场机会，接受短期代工订单则可以消化中小企业闲置生产能力并增加企业的收入。同时，短期代工活动的实施，也有利于锻炼中小企业的市场生存能力并培养新的客户群。但中小企业在资金实力方面无法与大企业相比，当缺乏短期代工活动所需要的设备时，以购买设备来完成短期代工活动既困难，又没必要。因此，以租赁设备的方式进行短期代工生产，对中小企业缓和自身资金窘境、发挥“船小好调头”的灵活体制，以及及时捕获短期代工商机并充分获取代工利润，具有重要的现实意义。

然而，中小企业以租赁设备的方式完成短期代工活动，在促进企业自身发展的同时，也存在两个主要风险。一个风险是设备租金过高，此风险会导致企业保本点销售量提高。如果企业预先拟定了目标利润，也会导致目标利润业务量提高。如果保本点业务量超过了客户订单中表明的采购量（以下简称“订单量”），这个设备租赁方案就必须被舍弃。如果企业拟定了目标利润，而目标利润业务量超过了订单量，这样的租赁方案，即使可能为企业带来利润，但利润达不到企业的期望值，企业也会认为意义不大。另一个风险是设备产能较低，此风险会导致企业难以按合同约定的时间交付代工产品。这样的租赁方案，即便因设备租金低而使保本点业务量低，企业在订单量内就可获得超过目标利润的利润，但不能按时交货，则企业必须承担违约责任。尤其短期订单的客户往往对供货时间的及时性要求更高，从而提高了企业自身的违约概率及赔付强度。可见，第一个风险是由保本点业务量或者目标利润业务量与订单量之间的矛盾造成的；第二个风险是由设备产能与合同交货期之间的矛盾造成的。而中小企业的资金弱、底子薄，抗风险能力差，普遍存在“赚得起赔不起”的现实难题，一旦决策失误，则可能导致中小企业陷入经营困境，从而削弱了企业自身的发展后劲。

综上所述，以租赁设备完成短期代工活动，既可以缓和中小企业资金紧张的窘境，又隐藏着较高的风险。如何趋利避害，采用科学的设备租赁方案完成短期代工活动，对中小企业至关重要。在此探讨并设计中小企业短期代工活动设备租赁方案评估方法，希望为中小企业在短期代工活动中的设备租赁决策起到启发和指导作用。

13.2.2 短期代工活动设备租赁方案评估方法设计

1）短期代工活动设备租赁方案评估方法设计指导思想

短期代工活动设备租赁方案评估方法设计的指导思想是，所设计的设备租赁方案评估方法必须具有理论正确、逻辑严谨、操作性强的特点。同时，从谨慎性出发，尽量考虑到中小企业的抗风险能力，将规避风险作为设计时的优先考虑因素。故在多个方案中，不是首先考虑是否能保本，而是要考虑是否能完成目标利润，即把亏损、保本、仅有微利等风险较大的方案提前淘汰。

2）短期代工活动设备租赁方案决策的主要约束因素简析

经过剖析，我们发现短期代工活动设备租赁方案决策的主要约束因素有以下5个。

（1）订单量。

客户的订单量是第一个约束因素。订单量决定了代工企业的生产任务，同时也约束了企业的利润诉求。完成订单量是企业的义务和责任，企业的生产量低于订单量，不仅实现不了利润目标，而且会令企业自身承担违约责任。完成订单量也是企业获取最大代工利润的业务量，超过这个业务量不仅没有意义，而且还容易引起合同纠纷。

（2）设备租金。

设备租金形成代工活动的主要固定成本，甚至在许多情况下是唯一的固定成本。在订单单价和单位变动成本已经无法改变的情况下，设备租金决定了保本点业务量或目标利润业务量。同时设备租金也决定了各个方案的利润水平。

（3）交货日期。

交货日期是客户在合同上要求写明的交货最迟时间点。交货日期对企业代工活动的工作进度提出了要求。迟于此日期交货，则代工企业必须承担未按时交货的违约责任。

（4）设备产能。

设备产能是指代工企业所租设备的日生产能力。设备产能决定了代工企业完成订单量的时间，代工企业不能按时完成订单生产任务并交货，将按合同承担未按时交货的违约责任。

（5）利润最大化原则。

代工企业代工活动的主要目标是追求利润，无疑利润越大越好。在此约束条件下，企业将在所有可行性方案中选择可最大限度创造利润的方案。

可见，设备租赁方案评估方法的设计，必须在全面考虑以上五个约束因素基础上进行设计，这样的设计才符合理论正确、逻辑严密、操作性强的设计指导思想。

3）“三步走”评估方法设计

我们根据5个约束因素对设备租赁决策的影响方式，围绕评估方法设计指导思想，在此提出短期代工活动设备租赁方案“三步走”的评估方法设计。第一步，是对设备租赁方案中的设备租金所决定的保本点业务量或目标利润业务量（可称之为“最低业务量要求”，为了使企业尽量降低风险，在此不考虑保本点业务量，即最低业务量专指目标利润业务量）与订单量之间的量差关系进行评估，系可行性评估；第二步，是对各个方案中的设备产能所决定的完工期与合同交货期之间的时间差进行评估，系可行性评估；第三步，是对通过前两步评估的各个方案的利润情况进行评估，系最优方案评估。这三步环环相扣，顺序井然。以下是“三步走”评估方法的具体设计。

（1）“最低业务量要求”与“订单量”二因素约束情况下的设备租赁方案评估方法设计。

①本步骤设计理念。

短期订单，是企业针对特定客户所进行的生产，因此，多过的订单生产量，使得代工企业很难在市场上消化。若合同约定代工方不能擅自生产和销售，则代工方擅自使产量多过订单量还会引起合同纠纷。因此，代工方不可以有任何使生产量超过订单量的意图。故此时应给本次代工活动定一个目标利润即最低利润，实现这一最低利润目标的业务量，即最低业务量要求。若在某种设备租赁方案下，这一最低业务量超过了订单量，则该种设备的租赁方案就没有继续考虑的必要。反之，若最低业务量低于订单量，则该方案可以作为备选方案进入下一步的评估过程。本步骤设计理念如图13-1所示。

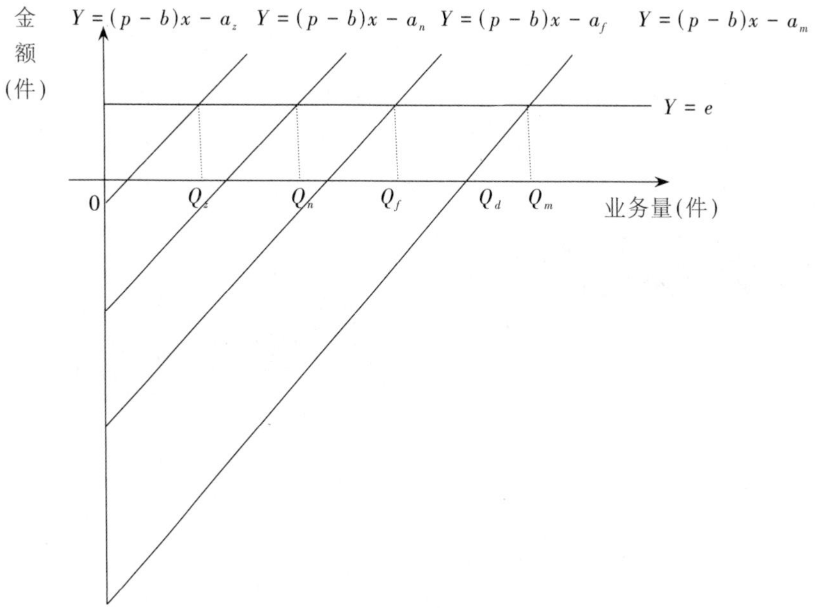

图13-1　各设备租赁方案盈利能力与目标利润图

在图13-1中，横轴表示业务量，纵轴表示金额。图13-1中共有4个设备租赁方案，分别是z方案、n方案、f方案、m方案。a_z、a_n、a_f、a_m分别是四种方案下的设备租金（即固定成本，下同），b是代工活动的单位变动成本（下同），各个方案相同。P是代工产品订单单价（下同），各个方案相同。4个方案的利润直线方程分别是$Y=(p-b)x-a_z$，$Y=(p-b)x-a_n$，$Y=(p-b)x-a_f$，$Y=(p-b)x-a_m$。$Y=e$是目标利润直线方程。4个方案的利润直线与目标利润直线相交处的最低业务量分别是Q_z、Q_n、Q_f、Q_m。客户订单量是Q_d（下同），用黑色柱表示。

从图13-1发现，Q_m在Q_d右边，表明在m方案下，其最低业务量要求高于订单量，根据企业盈利期望，该方案应该被淘汰，不能进入下一步评估。其他三个方案的最低业务量要求均在Q_d左边，表明各自的最低业务量均低于订单量，说明每个方案都可以在订单量内实现目标利润，故此三个方案可以进入下一步评估过程。

②本步骤评估方法计算模型设计。

$$\Delta Q = \frac{a+e}{p-b} - Q_d \tag{1}$$

模型释义：该模型为最低业务量与订单量的量差计算模型。ΔQ系某设备租赁方案的最低业务量与订单量的量差；a系该方案的设备租金，e系代工企业为本次代工活动拟定的目标利润；p系订单中的代工产品的单价；b系本次代工活动的单位变动成本；Q_d系本次代工活动的订单量。若ΔQ小于等于0，则说明在订单量内，该方案可以实现目标利润，因此，该方案可行；若ΔQ大于0，则说明在订单量内，该方案不能实现目标利润，因此，该方案不可行。

（2）“交货期”与“设备产能”二因素约束情况下的设备租赁方案评估方法设计。

①本步骤设计理念。

交货期是客户在合同上明确约定的交货日期，除了不可抗力之外，企业没有理由违反此约定，否则，企业将承担违约责任。不同的设备租赁方案往往会形成不同的设备产能，而设备产能决定了完工日期。因此，若某种设备租赁方案下的代工产品不能在交货期前（含当天）生产完工并交付客户，则该设备租赁方案应该被淘汰；反之，若能提前完工并交付客户，则该设备租赁方案可行，可以进入下一步评估。本步骤设计理念如图13-2所示。

在图13-2中，横轴表示天数，纵轴表示产量。$Y=q_fx$、$Y=q_nx$、$Y=q_zx$

分别是f方案、n方案、z方案的产量直线方程，q_f、q_n、q_z是三个方案各自的日产量。$Y=Q_d$是订单量的直线方程。3个方案的产量直线与订单量直线相交处的天数分别是T_f、T_n、T_z，指各设备租赁方案下完成订单量的天数，T_d是合同约定的订货期交货天数，用黑色柱表示。从图13-2可见，T_z在T_d右边，说明在z方案下，完工所需天数多于交货期规定天数，该方案存在交货期违约风险，不可行；相反，T_f、T_n均在T_d左边，说明在f、n方案下，各自的完工时间少于订货天数，该方案可行，可以进入下一步评估。

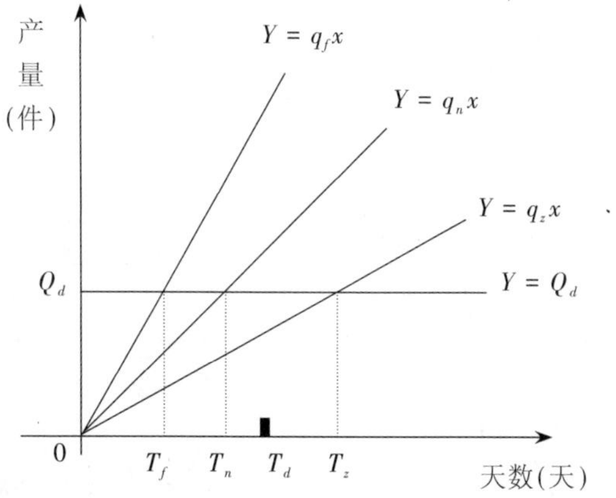

图13-2　各设备租赁方案下的完工时间与交货时间图

②本步骤评估方法计算模型设计。

$$\Delta T = \frac{Q_d}{q} - T_d \tag{2}$$

模型释义：该模型为完工天数与交货期规定天数的天数差计算模型。ΔT系某方案的完工天数与交货期规定天数的天数差；Q_d系本次代工的订单量；q系该方案下设备的日产能；T_d系交货期规定的天数。若ΔT小于等于0，则表明该方案下完工时间能满足交货时间要求，该方案可行；若ΔT大于0，则表明该方案下完工时间不能满足交货时间要求，该方案不可行。

（3）盈利最大化原则约束下设备租赁方案评估方法设计。

①本步骤设计理念。

通过了第二步评估的方案，均是可行方案。但若有多个可行方案，则应在盈利最大化原则下，在多个方案中选则最优方案。通过第一步、第二步评估后，仅有n方案和z方案进入第三步评估。本步骤设计理念如图13-3所示。

在图13-3中，横轴表示业务量，纵轴表示利润。$Y=(p-b)x-a_n$、$Y=(p-b)x-a_f$分别是n方案、f方案的利润直线方程，$x=Q_d$是订单量直线方程，平行于y轴。$\max S_n$、$\max S_f$分别是直线$Y=(p-b)x-a_n$、$Y=(p-b)x-a_f$与直线$x=Q_d$相交所对应的利润额，即本次订单量下的n方案和f方案所能实现的最大利润。从图13-3发现，$\max S_n$大于$\max S_f$，则S_n为最优方案。

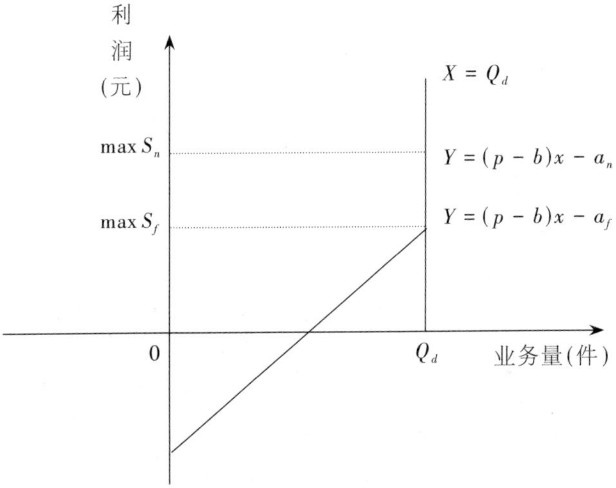

图13-3 各个方案利润图

②本步骤评估方法计算模型设计。

$$\Delta S = \max S_n - \max S_f \quad (3)$$

模型释义：该模型为各可行方案中的最大利润两两相减所得利润差的计算模型。ΔS系两个可行性方案最大利润的利润差；$\max S_n$系代工企业在n方案下完成订单量后获得的最大利润；$\max S_f$系代工企业在f方案下完成订单量获得的最大利润。若ΔS大于0，则n方案最优，企业应选定n方案作为完成本次代工活动的设备租赁方案；若ΔS小于0，则f方案最优，企业应选定f方案作为完成本次代工活动的设备租赁方案。

13.2.3 “三步走”设备租赁评估方法案例应用研究

1）案例企业简介及订单资料

（1）D市HM玩具礼品公司简介。

D市HM玩具礼品有限公司（以下简称“HM公司”）成立于2011年，是一家生产玩具、礼品的小型代工企业，于2013年通过中国质量认证中心验厂，成为合格生产商，于2015年通过省出入境检验检疫局验厂，取得《出口玩具质量许可证》。目前企业的稳定客户并不很多，故企业尝试接受一些临时性的非本企业主导产品订单。由于订单产品属于临时性且非本企业主导产品，则并未确定有且也无必要拥有生产订单产品所必需的专用设备，故需要从专门的租赁公司或其他企业租赁设备完成生产。为了避免临时性代工风险，企业预先提出多种租赁方案，然后从中选出最优方案。

（2）HM玩具礼品公司临时订单情况介绍。

2022年10月20日，HM公司营销部接到一个订货传真。客户要求企业按传真上的规格生产熊猫公仔玩具一批，数量56 000只，客户每只的购买价格为11元，客户要求HM公司在11月30日前（含11月30日）按传真上所列明的规格和数量通知自己来厂接货。客户请HM公司在10月25日前对是否接受订单做出答复。HM公司的营销部经理、生产部经理碰头后初步认为，企业尚有闲置厂房可以利用，工人也可以调剂加班，所缺设备可以采用租赁方式满足生产需要。因此，该订单有被接受的可能，营销部经理遂请求公司高层正式召开决策会议讨论。

2）案例企业决策

（1）公司高层及时召开由各部门负责人出席的决策会。

公司接受营销部的建议，及时召开了决策会，会议完成了以下主要事项。

①明确了本企业尚剩余的生产能力。

公司现有闲置厂房一处，可以进行临时生产。目前企业主导产品生产的压力不大，工人可安排加班。

②明确了该批产品的变动性生产成本金额及固定成本组成。

首先，公司固有的管理费用和销售费用与本次代工生产活动无关，因此，决策时对这些费用不予考虑；生产场地是原有的闲置厂房，为了避免数据复杂甚至出现错误决策，固定性费用不考虑厂房折旧。其次，该批代工产品有明确的顾客，几乎不增加变动性销售费用和管理费用，因此，在决策时可不考虑非生产性变动费用；工人工资拟依据计件工资计算，材料须用订单要求的材料。综上，经过充分讨论，该项代工活动的变动性费用是工资费用和材料费用以及电费，且每件产品的变动性费用为6.9元。固定性生产费用是设备租金，且因为租赁价格不同而固定性生产费用不同，亦因为固定性费用不同，将造成不同的生产总成本。

此外，与会各部门负责人认为，虽然该代工活动几乎不发生非生产性变动费用和非生产性固定费用，但由于要进行设备租赁、安排生产计划等工作，各部门管理人员还是需要在正常经营管理的同时，必须投入精力去解决诸多问题，即对隐性的精力付出也不可不考虑，故建议定一个最低利润目标，如果达不到最低利润目标，就干脆将这个代工活动放弃。

③总经理部署。

综合了各方意见后，总经理最后决定：第一，最低利润目标70 000元；第二，要求设备管理部门对本市设备租赁市场进行调查，尽快提出几种设备租赁备选方案；第三，为了避免发生违约责任，确定以11月1日—11月28日为生产时间（防止出现停工现象造成不能按时交货的危险，将完工时间比订单提前2天，即11月28日及以前必须完成订单生产量且保证质量），11月29—11月30日为交货时间；第四，设备管理部门及时将备选方案传递给财务部门进行评估筛选；第五，筛选出最优设备租赁方案后，10月24日前营销部门通知客户前来签订正式合同。

（2）设备供应部门提出五种备选方案。

设备供应部门调查了本市设备租赁市场，并与出租单位交涉后，提出了完成本次订单任务所需设备的五种租赁方案，如下：

① 第一种设备租赁方案（方案编号No.1）：租金160 000元，设备日生产能力3 300件；

② 第二种设备租赁方案（方案编号No.2）：租金139 000元，设备日生产能力2 940件；

③ 第三种设备租赁方案（方案编号No.3）：租金131 300元，设备

日生产能力2 670件；

④ 第四种设备租赁方案（方案编号No.4）：租金128 000元，设备日生产能力2 400件；

⑤ 第五种设备租赁方案（方案编号No.5）：租金115 000元，设备日生产能力1 860件；

在五种方案下，每种方案的出租单位都资信良好，可保证设备及时到位并良好运转。设备供应部门将此五种方案迅速传递给财务部成本管理人员，请其进行评估筛选并尽快将筛选结果交付供应部门。

（3）方案评估筛选。

HM公司财务部与本地高校的成本管理研究所之间有密切的校企合作关系，高校成本管理研究所往往将研究成果无偿供企业使用或借鉴，其中包括设备租赁方案的“三步走”评估方法。财务部成本管理人员接到设备供应部门的五种备选方案后，立即按“三步走”评估方法，展开对方案的评估筛选。

①“订单量”与“最低业务量要求”二因素约束情况下的设备租赁方案评估。

利用模型（1），结合HM公司的临时订单量、固定成本、单位变动成本，计算出各个方案的最低业务量，并根据第一步骤的评估标准，对方案进行评估筛选，见表13-1。

表13-1 **各方案最低业务量要求计算及评估一览表**

方案编号 1	租金（元） 2	单价（元） 3	单位变动成本（元） 4	单位边际贡献（元） 5=3－4	最低业务量（件） 6=2÷5	最低业务量取整（件） 7	订单量（件） 8	量差（件） 9=7－8	评估标准 10	方案是否可行 11
No.1	160 000	11	8.15	2.85	56 140.35	56 141	56 000	141	量差小于0为可行方案	×
No.2	139 000	11	8.15	2.85	48 771.93	48 772	56 000	-7 228		√
No.3	131 300	11	8.15	2.85	46 070.18	46 071	56 000	-9 929		√
No.4	128 000	11	8.15	2.85	44 912.28	44 913	56 000	-11 087		√
No.5	115 000	11	8.15	2.85	40 350.88	40 351	56 000	-15 649		√

注：第2栏租金指设备租金，即固定成本；第7栏最低业务量取整，是在谨慎性原则下，非四舍五入，而是若有小数即在整数个位数加1，然后去掉小数，以此法将第6栏小数编成第7栏整数数据；第11栏中√表示可行，×表示不可行。

从表13-1“量差栏”发现，方案No.1最低业务量超过了订单量，即使按时甚至提早完成订单生产，也达不到企业对利润的心理预期。对该企业而言，该方案是一种无意义方案，必须淘汰掉。剩下的其他四种方案从最低业务量而言是可行的（尤其方案No.5的最低业务量最低），则这四个方案立即进入第二步骤评价，即对各方案产能情况进行评价。

②“交货期（或企业拟定完工期）”与“设备产能”二因素约束情况下的设备租赁方案评估。

利用模型（2），结合各个方案的日生产能力、企业基于防范违约风险拟定的完工时间点等约束条件进行计算，然后根据第二步骤的评估标准对方案进行评估筛选。见表13-2。

表13-2 **各方案预计完工时间点计算及评价一览表**

方案编号 1	订单量（件） 2	日产能（件） 3	所需天数（天） 4=2÷3	取整天数（天） 5	预计完工时间点 6	企业拟定完工时间点 7	时间差（天） 8=6－7	评估标准 9	是否可行 10
No.2	56 000	2 940	19.05	20	11月20日	11月28日	-8	时间差小于0为可行方案	√
No.3	56 000	2 670	20.97	21	11月21日	11月28日	-7		√
No.4	56 000	2 400	23.33	24	11月24日	11月28日	-4		√
No.5	56 000	1 860	30.11	31	12月1日	11月28日	3		×

注：第5栏取整天数乃将第4栏小数升为整数，为了符合谨慎性原则，不采用四舍五入，而是只要有小数都在整数个位数增加1，去掉小数。第10栏中√表示可行，×表示不可行。

从表13-2“时间差”栏发现，方案No.5的完工时间已经迟于企业拟定完工时间，甚至迟于订单交货时间（11月30日），属于存在严重违约风险的方案，不仅会使企业蒙受经济损失，还影响企业的外部形象，企业以后接类似订单就很难了，故即使表13-1中发现其最低业务量最低，也必须淘汰。剩下的三个方案可以进入第三步评估筛选。

③盈利最大化原则约束下最优设备租赁方案评估筛选。

利用模型（3），结合No.2、No.3、No.4三个方案的成本情况，计算其利润，并根据第三步的评估标准对方案进行评估筛选，见表13-3。

表13-3 **各方案利润计算及评价一览表**

订单量（件）2	单价（元）3	收入（元）4=2×3	租金（元）5	单位变动成本（元）6	总成本（元）7=5+2×6	利润（元）8=4－7	评估标准9	是否最优10
56 000	11	616 000	139 000	8.15	595 400	20 600	利润最大为最优方案	×
56 000	11	616 000	131 300	8.15	587 700	28 300		×
56 000	11	616 000	128 000	8.15	584 400	31 600		√

从表13-3“利润”栏发现，按方案No.4完成订单生产后，企业可得利润31 600元，属于在3个方案中利润最高的方案，为最优方案。故选择方案No.4，其他两个方案舍去。

公司财务部确定方案No.4为本次代工活动的设备租赁方案并迅速传递给设备供应部门，设备供应部门即依此方案完成设备租赁工作并协同生产部门安装。本次代工活动的其他相关工作亦随即有序展开，此处不再赘述。

以上是“三步走”评估方法的案例应用示范。案例应用示范中是分三次用三个计算表格来进行的，乃是受页面限制所致。在实际操作中，代工企业成本管理人员亦可将“三步走”评估方法的所有因素及计算过程列在同一个Excel计算表进行，则信息会更齐全。比如发现在第一步就被舍去的方案No.1，其实是在所有方案中产能最强的方案；在第二步被舍去的方案No.5，其实是在所有方案中利润最高的方案。但经过评估，所选择的最优方案，既不是产能最强的方案，又不是利润最高的方案，而是从既符合目标利润要求，又符合产能要求的方案中选择出的利润最大化的方案。

此外，如果把三步顺序颠倒是否可以？答案是否定的。比如，若将第三步放在第一步，则会直接选出方案No.5，而把其他方案都舍去了，因为方案No.5的利润最高。但方案No.5是一个在产能上不可行的方案；如把第二步放在第一步，理论上是可以的，但由于中小企业代工活动的目的是赚取利润，因此，企业习惯上先考虑在订单量的限制前提下，是否能实现既定目标利润，所以，将第二步放在第一步，不符合代工企业的决策习惯。故三步顺序颠倒会导致方案评估混乱和错误。更因为如此，设计此“三步走”的评估方法，才可使企业在短期代工设备租赁方案评估过程中，路线清晰、操作规范、有章可循，并有效提高设备租赁方案筛选的正确率和评估筛选的工作效率。

13.3 本章小结

中小企业为社会提供了丰富的就业机会，也是国家和地方政府的重要税源。短期代工设备租赁方案评估问题，只是中小企业经营管理“问题库”中之一粟，此“问题库”中有更多的难题需要去研究、解决，在此呼吁广大成本管理领域的专家学者与其他领域的专家学者能增强彼此间横向交流的广度和深度，不断为中小企业的发展注入外脑活力，让科学的光芒照亮民族中小企业生产经营管理的精益化之路。

第3篇　业财融合软件设计

本篇分两章研究成本管理会计业财融合Excel应用软件的设计。第14章研究作业成本法Excel应用软件的设计，第15章研究辅助生产代数分配法Excel应用软件的设计。

成本管理会计业财融合计算工作量大、计算精度要求高、针对性强，没有计算软件作为辅助工具是很难完成的。但软件市场上，此类软件很少。因此，成本管理人员要具有一定的Excel软件的开发设计能力。此类软件设计应达到以下几个目标：

首先，更符合企业自身成本管理需要。该类自行设计的计算软件，应更符合企业自身的生产工艺特点、生产组织特点、企业对成本信息的特殊要求等条件，从而有效提高成本管理的工作质量。

其次，降低会计人员劳动强度。企业在使用自身设计的Excel软件时，应能将大量需要以手工方式完成的数据处理工作以电子计算机方式完成，从而大大降低了成本管理人员的劳动强度、节成本管理人员的时间，使其有机会从事需要更高智力的工作，比如成本预测、成本决策，进而更好地履行企业经营管理的参谋职责。

最后，降低成本会计办公费用。相对于外购，企业自行设计Excel应用软件，应为企业节约费用，从而降低企业的经济负担。简易Excel应用软件，可以随着企业生产经营环境的变化自行灵活修改升级，始终以较低的代价满足企业成本管理的需要。

14 小微工业企业作业成本法应用软件设计

本章以小微工业企业作业成本法Excel应用软件设计为例，指导同类企业进行作业成本法核算软件的设计，并对其他企业设计简易实用的成本核算软件有启发作用。

14.1 小微工业企业作业成本法Excel应用软件设计的基本思路

14.1.1 组成企业高层牵头的精干设计班子

小微工业企业设计作业成本法Excel应用软件，本质上是一项小型的应用研究活动。企业为此应组成由高层牵头的精干设计班子，高层一般是企业的总经理或者财务副总。这个设计班子应该包括企业技术骨干、生产管理骨干、成本会计人员等。企业技术骨干主要协助成本会计人员划分作业中心、确定作业动因；生产管理骨干主要是协助成本会计人员确定成本标的；成本会计人员负责完成作业成本法Excel应用软件设计。

14.1.2 剖析企业一线生产工艺技术，划分作业中心、确定成本标的、确定作业动因

设计班子组建后，开展的第一步工作，即划分作业中心、确定成本标的，以及确定作业动因等。

划分作业中心，必须根据生产特点和成本管理要求。在一般情况下，企业根据工艺特点的不同，将工艺划分为不同的作业中心；如果由于生产组织的不同，比如车间厂房狭小，容量有限，在多个车间用同一项工艺进行生产加工活动，那么为了成本核算和成本控制，也可以将该工艺分成多个作业中心；如果某项工艺耗费资源很少，且没有单独进行成本核算的必要，那么也可以不单设作业中心，而是和其他工艺共同组成一个作业中心。

作业中心确定后，就必须确定经过该作业中心的产品（即成本标的）。不同品种的产品，形成不同的成本标的。

最后，根据作业特点，确定成本动因（即作业成本分配标准）。如果工艺比较简单，往往成本动因也容易确定，一般靠经验判断即可；若工艺比较复杂，则必须借助SPSS等统计分析软件来确定成本动因，这就要求企业成本档案工作基础较好，能准确提供成本信息的相关历史资料，否则，即使采用SPSS软件，也可能造成成本动因失真。根据以往研究经验，小微企业工艺流程和生产组织体系简单直观，比较容易确定成本动因，因此，一般不需要借助SPSS统计分析软件。

14.1.3 建立简要计算模型

为了使软件设计具有更强的数学逻辑基础，企业完成作业成本划分并确定成本标的和作业动因等工作之后，即应建立相应的计算模型。计算模型一般包括资源成本分配类、作业成本归集类、作业成本分配类、产品成本计算类等四大类型（根据企业具体情况，也可以将模型类别进行合并）。在可能的情况下，模型力求简洁，这样便于Excel软件的设计。

14.1.4 小微工业企业作业成本法Excel应用软件设计及测试

待上述工作完成后，即可开始小微工业企业作业成本法Excel应用软件的设计工作。这里应用的是Excel编程知识，主要包括计算面板的界面设计、将计算模型转化为Excel方式等工作。界面设计力求简约清晰、人机友好、主要信息齐全悦目等（如将数据输入区和核算结果自动显示区分开）。这项工作不仅是一项简易的Excel软件编程工作，亦是一项审美工作。

完成作业成本法Excel应用软件设计工作后，应对其功能进行测试，以检查其是否存在错误及进一步优化的必要。可以将某月的一套真实成本原始数据输入，测其计算结果。若数据计算结果错误，则一般原因是输入错误或者建模错误。为了保证输入错误较少，可以同时多人输入测试。如果输入没有问题，那么就要检查模型设计了。模型设计也会出现两种情况的错误，一是建模错误，二是虽然建模正确，但转化为Excel公式（编程）时出错。

完成测试工作后，即应将面板确定下来。具体做法是首先是锁定Excel公式数据格，最后保存整个Excel程序。

14.1.5 将上述结果正式文件化

作业成本法Excel应用软件设计成果，是小微工业企业各类骨干技术人员集体智慧的结晶，企业应注意保护并给予充分的尊重，因此，企业应该发布正式文件，明确其在成本管理工作中的重要地位及操作方法。若有必要，企业也可以申请专利予以保护。

14.2 案例研究

14.2.1 企业情况简介

桂北五金有限公司是一家拥有24人的、从事妇女发饰产品生产的小型工业企业。该企业实行以总经理（即老板）为核心的直线式管理，公司组织机构由公司管理部和1个生产车间组成。生产车间有员工20人，其中管理人员1名，操作人员19名。该车间拥有27台设备和1栋厂房，27台设备安置在同一栋厂房内，设备功率各不相同。经过裁剪、淬火等生产加工活动，生产101#、201#、301#、401#、501#等5种型号的妇女发饰产品。该公司此前采用传统成本核算方法，期末将所有加工费用按各产品在淬火活动中消耗的工时分配给各种产品，材料按各种产品实际耗用情况直接计入各种产品成本。由于在产品成本较小，因此，该企业不计算在产品成本，所有生产费用由完工产品承担。该公司的生产统计资料比较完善，成本核算基础工作较好。近年来，随着公司所处行业技术变革步伐的加快，生产成本压力加大，公司的经营形势变得颇为严峻。目前公司采取多种策略谋求提高其综合竞争力，其中包括采用作业成本法进行成本核算，以提高成本信息的准确性、成本分析的正确性、成本控制的有效性，以及成本竞争力优势。

14.2.2 Excel用软件设计

1）建立设计小组

该企业组成了由总经理负责的作业成本法Excel应用软件设计小组，组员包括1位高校成本管理专家、1位本企业生产工艺技术员、1位本企业车间主任、1位本企业成本会计员（全日制会计大专学历，自考获得会计本科学历，3年会计工作经验，会计理论基础比较扎实，实践经验比较丰富，Excel操作熟练，尤其是喜欢学习新知识并具有较浓厚的应用研究兴趣及能力）。

2）划分作业中心、确定成本标的及作业动因

首先，划分作业中心。从工艺特点和成本管理需要等方面综合考虑，设计小组将该企业的作业活动划分为管理中心、裁剪中心、淬火中心。

其次，确定成本标的。上述3个作业中心的成本标的相同，均为101#、201#、301#、401#、501#等5种产品。

最后，确定作业动因。为了正确确定各个作业中心的作业动因，设

计小组多次召开了作业动因分析会议，最后以生产工艺技术员的意见为准——即各个作业中心均以“折合后的机器工时”为作业动因，主要是因为各个作业中心的生产力生成主体均为机器设备，且设备之间功率不同，需要折算。

3）建立计算模型

为了保证Excel设计的正确进行，企业需要建立计算模型。在此只表述主要模型的建立方法，至于其他模型如单位作业成本计算、单位产品成本计算等简单模型，属于Excel基本常识，故省略其建立过程。

$$R = \sum_{i=1}^{6} z_i \tag{1}$$

模型释义：该模型为作业成本归集模型（也是资源费用分配模型）。R系某作业中心的作业成本；z_i系该作业中心所消耗的第i项直接计入的资源成本。该企业直接计入作业中心的资源最多6项，所以i不超过6。该企业资源消耗原始凭证保存完善，消耗方向明确，可以直接计入各个中心，故尚无需要分配计入各个作业中心的共同资源。

$$C = \sum_{i=1}^{3} \frac{R_i}{G_i} \cdot g_i \tag{2}$$

模型释义：该模型为产品作业成本计算模型（隐含了作业成本分配率）。C系某产品的作业成本；R_i系第i个作业中心的作业总成本；G_i系第i个作业中心的作业成本分配动因总量；g_i系该产品接受的第i个作业中心提供的服务作业动因量。该企业有3个作业中心，故i不超过3。

4）作业成本法简易应用软件设计

（1）设计作业成本法Excel应用软件界面。

该项工作，是本设计活动最重要的工作，体现了企业对成本信息需求特点、人工劳动期望、审美需求标准等多方面的要求。界面的设计，也对Excel计算公式的编排起到制约作用。

根据前述对界面设计提出的“力求简约清晰”等要求，研究小组设计了该企业作业成本法Excel应用软件的界面，此界面分为功能不同的三大区域。“桂北五金有限公司作业成本法Excel计算面板”见表14-1。

表14-1　桂北五金有限公司作业成本法Excel计算面板（初版）

	A	B	C	D	E	F	G	J
1	数据输入区							显示区
2	资源名称	职工薪酬	机器动力	设备折旧	房屋折旧	机器维修	水费	合计
3	资源金额							
4	管理中心资源消耗量							
5	裁剪中心资源消耗量							
6	淬火中心资源消耗量							
7	管理中心101产品作业量							
8	管理中心201产品作业量							
9	管理中心301产品作业量							
10	管理中心401产品作业量							
11	管理中心501产品作业量							
12	裁剪中心101产品作业量							
13	裁剪中心201产品作业量							
14	裁剪中心301产品作业量							
15	裁剪中心401产品作业量							
16	裁剪中心501产品作业量							
17	淬火中心101产品作业量							
18	淬火中心201产品作业量							
19	淬火中心301产品作业量							
20	淬火中心401产品作业量							
21	淬火中心501产品作业量							
22	101#当月产品产量							

续表

	A	B	C	D	E	F	G	J
23	201#当月产品产量							
24	301#当月产品产量							
25	401#当月产品产量							
26	501#当月产品产量							
27	**成本显示区**							
28	管理中心作业成本							
29	管理中心作业成本分配率							
30	裁剪中心作业成本							
31	裁剪中心作业成本分配率							
32	淬火中心作业成本							
33	淬火中心作业成本分配率							
34	产品成本	管理作业成本	裁剪作业成本	淬火作业成本	作业成本小计	材料成本	产品成本合计	
35	101#产品作业成本							
36	单位成本							
37	201#产品作业成本							
38	单位成本							
39	301#产品作业成本							
40	单位成本							
41	401#产品作业成本							
42	单位成本							
43	501#产品作业成本							
44	单位成本							

第一，“数据输入区”。这个区域的所有数据依靠人工输入，因为这些数据是企业在生产过程中资源消耗的原始数据，根据原始凭证获得，因此，需要人工输入。

第二，“显示区”。这个区域由Excel将输入的原始数据进行合计显示，比如“管理中心资源消耗量”，管理中心消耗“职工薪酬”“机器动力”“设备折旧”等六类资源，在此区域可显示出六类资源的合计，使成本会计人员能清晰地掌握管理中心作业成本的总额，也免去了人工计算劳动量。

第三，“成本显示区”。这个区内域没有任何需要人工计算的工作，Excel将数据输入区的原始数据进行自行处理，然后显示出来，从而提供了企业所需要的所有成本信息数据。

为了输入方便准确、显示清晰悦目，这三个区的有关栏目，可以采用不同颜色的背景及字体颜色，完全可以根据会计人员个人爱好设计。

总之，这个界面设计满足了企业成本信息需求，是较好的界面设计。

（2）嵌入计算模型。

作业成本法Excel应用软件界面设计完成后，即应嵌入计算模型。在此利用Excel知识，将建立的数学模型在各个数据显示格内编排。此部分内容，主要是应用Excel软件的基本知识，此项工作虽然非常重要，亦需要耐心细致，但难度并不大，在此不必赘述。

（3）软件功能测试。

完成前述两项工作后，该企业的作业成本Excel应用软件初版设计就已完成，但初版能否使用，还必须进行测试。

在此利用该企业2022年7月份成本数据进行测试。将7月份成本原始数据输入计算面板初版时，计算结果随数据输入同步显示，20分钟操作结束，计算结果见表14-2。该企业以手工方式对此套资料进行作业成本法处理，2.5天后，得出计算结果，与计算面板计算结果完全一致，表明没有设计错误。但与计算面板相比，手工耗时是计算面板的60倍（1 200分钟除以20分钟）。至于会计人员劳动强度的降低，则更是不言而喻。可见，借此软件能把会计人员从琐碎的、繁重的低级工作（数据计算）中解放出来，使其有机会为企业思考更重要的问题，从而更好地发挥会计人员的参谋作用。

表14-2　**桂北五金有限公司作业成本法Excel计算面板（初版测试）**

1	A	B	C	D	E	F	G	J
2	数据输入区							显示区
3	资源名称	职工薪酬	机器动力	设备折旧	房屋折旧	机器维修	水费	合计
4	资源金额	33 400	52 000	5 833.334	4 166.666665	15 400	1 000	111 800.0007
5	管理中心资源消耗量	3 000						3 000
6	裁剪中心资源消耗量	20 800	5 246.7532	1 666.667	3 858.02469	5 400		36 971.44489
7	淬火中心资源消耗量	9 600	46 753.2468	4 166.667	308.641975	10 000	1 000	71 828.55578
8	管理中心101产品作业量	900						900
9	管理中心102产品作业量	770						770
10	管理中心103产品作业量	1 200						1 200
11	管理中心104产品作业量	1 275						1 275
12	管理中心105产品作业量	962.5						962.5
13	裁剪中心101产品作业量	450						450
14	裁剪中心102产品作业量	385						385
15	裁剪中心103产品作业量	625						625
16	裁剪中心104产品作业量	650						650
17	裁剪中心105产品作业量	490						490
18	淬火中心101产品作业量	450						450
19	淬火中心102产品作业量	385						385
20	淬火中心103产品作业量	575						575
21	淬火中心104产品作业量	625						625
22	淬火中心105产品作业量	472.5						472.5
23	101#当月产品产量	4 500 000						4 500 000
24	102当月产品产量	3 500 000						3 500 000
25	103当月产品产量	5 000 000						5 000 000
26	104当月产品产量	5 000 000						5 000 000
27	105当月产品产量	3 500 000						3 500 000
28	成本显示区							
29	管理中心作业成本分配率	0.58737151	0	0	0	0	0	0.587371512
30	裁剪中心作业成本分配率	4.46591519	1.126517059	0.35784584	0.828346686	1.15942029	0	7.938045065
31	淬火中心作业成本分配率	3.82851446	18.64536263	1.661681755	0.123087527	3.988035892	0.39880359	28.64548585
32	裁剪中心作业成本分配率	0.58737151	0	0	0	0	0	0.587371512
33	淬火中心作业成本	4.46591519	0.697102136	0.35784584	0.828346686	1.15942029	0	7.508630143
34	淬火中心作业成本分配率	3.82851446	18.64536263	1.661681755	0.123087527	3.988035892	0.39880359	28.64548585
35	产品成本	管理作业成本	裁剪作业成本	淬火作业成本	作业成本小计	材料成本	产品成本合计	
36	101产品作业成本	528.634361	3 572.120279	12 890.46863	16 991.22327	190 000	206 991.2233	
37	单位成本	0.00011747	0.000793805	0.002864549	0.003775824	0.042222222	0.04599805	
38	102产品作业成本	452.276065	3 056.14735	11 028.51205	14 536.93547	185 000	199536.9355	
39	单位成本	0.00012922	0.000873185	0.003151003	0.004153408	0.052857143	0.057010551	
40	103产品作业成本	704.845815	4 961.278166	16 471.15437	22 137.27835	315 000	337137.2784	
41	单位成本	0.00014097	0.000992256	0.003294231	0.004427457	0.063	0.067427457	
42	104产品作业成本	748.898678	4 961.278166	5 159.729292	10 869.90614	350 000	360869.9061	
43	单位成本	0.00014978	0.000992256	0.001031946	0.002173982	0.07	0.072173982	
44	105产品作业成本	565.345081	3 889.642082	13 534.99207	17 989.97923	415 000	432989.9792	
45	单位成本	0.00016153	0.001111326	0.003867141	0.005139997	0.118571429	0.123711426	

（4）锁定和保存。

经过测试，该作业成本法Excel应用软件完全达到了预期目标，是简洁实用的设计成果，可以使用，可以定为正式版。为了保证其嵌入的计算模型稳定正确，采用Excel“锁定”功能予以固定化，然后保存文件，同时备份，妥善保存，以防计算机出现意外而丢失。

（5）公司颁布文件，予以合法化。

设计小组顺利完成了该企业的作业成本法Excel应用软件，将其命名为“桂北五金有限公司作业成本法Excel计算面板”，并发布文件予以合法化。此处不予赘述。

企业使用Excel进行成本核算设计，简单易行，若企业产品品种增加，还可以进行升级，那时企业已对此设计思路和方法非常熟悉，其耗费的精力一定低于第一次设计。

14.3 本章小结

当代科学技术快速发展，导致企业的生产工艺技术变革加快；资源短缺，又导致成本升高；全球化程度提高，进而导致竞争加剧。成本核算人员应具有适应这些复杂变化的素质和能力。成本核算人员的素质与能力的提高又对高校会计人才培养工作提出了更高要求。小微工业企业需要具有作业成本法Excel应用软件设计能力的会计人才，高校的会计人才培养计划应因之改革，在成本会计教学改革方面，除了应推进成本核算理论、成本核算方法改革，还应将现代Excel开发应用技术与成本核算理论、成本核算方法结合起来，使学生具有Excel简易应用软件开发能力，以满足企业对人才的需求。

15　代数分配法软件设计

中型制造业企业及上规模的小型制造业企业普遍设有辅助生产部门（习惯上称“车间”或“分厂”，以下均称作“车间”），而且多数有2个辅助车间。为此类企业设计辅助生产费用代数分配法Excel应用软件，不仅能提高辅助生产费用分配、分析、控制等成本管理工作的质量，且可降低成本工作强度、提高成本信息及时性，故对企业具有重要实用价值。

15.1　设计代数分配法简易Excel软件的意义

15.1.1　可以充分发挥代数分配法的优势

“分配结果的准确性”是辅助生产费用分配工作追求的最重要目标。辅助生产费用分配方法有直接分配法、交互分配法、代数分配法、顺序分配法、计划分配法等五种方法。众所周知，就其分配结果的准确性而言，代数分配法的优势是其他四种方法不能比拟的。

“严格考核辅助车间之间相互提供劳务”和“成本信息及时性”是辅助生产费用分配工作追求的另外两个目标。就“严格考核辅助车间之间相互提供劳务”而言，交互分配法和代数分配法都比较严格。但交互分配法在分配辅助生产费用时，需要分两大步骤完成（先进行交互分配，再将交互分配后的费用再对非辅助生产单位进行分配）；而代数分配法在辅助生产车间之间的分配和对非辅助生产单位的分配同时进行，一次到位，其过程比交互分配法更简单，从而提高了“成本信息及时性”。因此，相比较而言，代数分配法能较好地达到两个工作目标，而交互分配法只能较好地达到一个目标（“严格考核辅助车间之间相互提供劳务”）。

可见，综合而言代数分配法无疑是最优秀的辅助生产费用分配方法，但客观上该方法为什么没有在企业得到普及？主要原因有：（1）以前企业缺乏电算化条件，代数分配法“计算复杂”，以手工方式采用代数分配法完成辅助生产费用分配，不利于“成本信息及时性”；同时某些企业的会计人员尚缺乏代数分配法所需要的基本数学知识，因此将辅助生产费用代数分配法弃之不用。（2）目前计算机已经普及，相关会计人员的数学水平已达到代数分配法所需要的数学知识基础，然而许多会计人员虽在操作Excel软件时没有障碍，但在设计Excel简易计算程序方面仍存在一定困难（若以手工采用代数分配法完成辅助生产费用分配，则又存在与以前“计算复杂，不利于会计信息及时性”的同样问题）；另外，就是有些会计人员觉得设计Excel软件耗时费力。故目前代数分配法仍未普及，致使成本会计工作质量受到一定程度的影响。

对两个辅助生产车间的代数分配法Excel软件基本设计进行研究，可启发企业会计人员开发3个及以上辅助车间的代数分配法Excel软件，使企业应用代数分配法分配辅助生产费用成为可能，从而使代数分配法的优势在企业得以充分发挥。

15.1.2 对具有两个辅助生产车间的企业具有普遍适用性，是“免费的午餐”

凡是具有两个辅助车间的企业，一般能直接利用本设计去完成其辅助生产费用的分配工作，从而节约了企业开发Excel软件的时间和费用，属于享受了一项“免费的午餐”。若企业的具体情况与该基本设计有所差异（比如辅助生产车间服务的非辅助生产单位更多），但只要是两个辅助生产车间，则将本设计稍作修改即可使用。

15.2 代数分配法简易Excel软件的设计思路及步骤

企业按以下思路（步骤）进行代数分配法Excel软件设计，可收到提高设计质量和节约设计时间的双重效果。

15.2.1 优先考虑界面的实用性

界面的实用性强可以减少操作者的操作强度。因此，在设计Excel计算软件界面时，企业应优先考虑界面的实用性（包括提高界面的清晰性和操作便捷性），尽量使界面简约化。具体做法是将整个界面分为“原始数据输入区”和“分配结果数据显示区”两个基本区域，且区域间不要重叠，并用醒目的颜色对区域名称进行标示。

15.2.2 研究实现界面“分配数据显示区”功能的数学逻辑

界面设计完成后，即研究实现界面“分配数据显示区”功能的数学逻辑。由于数学逻辑是代数分配法的方法基础，因此“数学逻辑正确”是采用代数分配法的前提，还是发挥代数分配法优势（准确性高）的最重要保证。此外，往往界面设计越科学，操作越便捷，数学逻辑越复杂。因此，数学逻辑设计一定要缜密耐心，反复检查直至没有任何瑕疵后，方可开展下一步设计工作。

15.2.3 根据界面设计和数学逻辑设计完成Excel公式编辑

界面设计和数学逻辑设计是代数分配法Excel软件设计工作的关键，确定了Excel公式编辑的基本思路。至于根据界面和数学逻辑进行Excel公式编辑，则是比较简单的设计工作，具有Excel基础知识的会计人员就能完成。当然，由于Excel公式编辑灵活多样，实现同样的界面，不同的人完成的公式编辑会存在一定差异，但基本思路是相同的。

15.2.4 初稿试运行和定稿

完成代数分配法Excel基本设计初稿后，企业需要对初稿计算功能的正确性进行检验，经测试无误后才可定稿使用。具体做法是选择某一个月的辅助生产费用实际数据，先用手工进行代数分配法计算，并将计算得到的正确数字记录下来。然后将辅助生产费用实际数据再输入设计的代数分配法Excel软件基本设计初稿，检查其运算结果是否与手工计算结果相符。若相符，基本上不用再检查，可直接定稿。如果不相符，那就要从数学逻辑和Excel公式编辑依次进行检查，因为问题可能出在任一环节。检查出瑕疵并修改后，企业应再次输入之前的原始数据进行检验，直至与正确答案相符后可定稿，同时采用Excel锁定技术，对设计的Excel软件进行保护并用于日后辅助生产费用的分配工作。

下文是依上述思路完成的代数分配法Excel软件基本设计（针对两个辅助生产车间）。

15.3 代数分配法Excel软件基本设计

15.3.1 界面设计

如果企业有两个辅助生产车间，分别是甲辅助生产车间和乙辅助生产车间。甲车间的当月原始费用为$F_{甲}$，劳务供应总量为$Q_{甲}$，分配率为$r_{甲}$，向乙辅助生产车间提供劳务量为$q_{甲}$。乙辅助生产车间原始费用为$F_{乙}$，劳务总量为$Q_{乙}$，分配率为$r_{乙}$，向甲辅助生产车间提供的劳务量为

$q_乙$（注：此处字母所代表的含义亦用于15.3.2中的数学逻辑设计）。设计Excel界面见表15-1。

表15-1 **代数分配法Excel软件界面基本设计**

（适合有两个辅助生产车间的企业采用）

序号	A	B	C	D
1	**辅助生产车间原始数据输入区**			
2	甲辅助生产车间劳务量及原始费用		乙辅助生产车间劳务量及原始费用	
3	单位名称	劳务数量	单位名称	劳务数量
4	乙辅助生产车间	$q_甲$	甲辅助生产车间	$q_乙$
5	A产品		A产品	
6	B产品		B产品	
7	C产品		C产品	
8	第一基本生产车间		第一基本生产车间	
9	第二基本生产车间		第二基本生产车间	
10	厂部管理		厂部管理	
11	销售部门		销售部门	
12	其他单位（企业视需要可添加）		其他单位（企业视需要可添加）	
13	合计	$Q_甲$	合计	$Q_乙$
14	原始费用（元）	$F_甲$	原始费用（元）	$F_乙$
15	**辅助生产费用分配结果数据显示区**			
16	单位名称	费用分配（元）		
17		甲辅助车间费用分配（保留2位小数）	乙辅助车间费用分配（保留2位小数）	合计（保留2位小数）
18	甲辅助车间/乙辅助车间	（此处显示分配给乙辅助车间的费用）	（此处显示分配给甲辅助车间的费用）	
19	A产品			
20	B产品			
21	C产品			
22	第一基本生产车间			
23	第二基本生产车间			
24	厂部管理			
25	销售部门			
26	其他单位			
27	合计			
28	对外分配合计			（此处显示数据应等于 $F_甲+F_乙$，否则错误）
29	分配率	$r_甲$（保留9位小数）	$r_乙$（保留9位小数）	

在表15-1界面中，上半部分区域为“辅助生产车间原始数据输入区”，这个区的功能是完成数据输入任务。成本核算人员以当月月末辅助生产费用明细账、生产统计单证等为依据，将各辅助生产车间发生的原始费用、各个单位消耗辅助生产车间劳务量等数据输入此区。下半部分区域为“辅助生产费用分配结果数据显示区”，这个区的功能是显示辅助生产费用的分配结果，即当输入工作结束时，精确的分配结果就即时显示出来，从而大大提高了辅助生产费用分配的准确性和工作效率，是辅助生产费用分配工作质量的综合提高。

15.3.2 数学逻辑设计

1）数学公式设计

（1）联立方程组。

$$\begin{cases} F_{甲} + q_{乙} \cdot r_{乙} = Q_{甲} r_{甲} & (1) \\ F_{乙} + q_{甲} \cdot r_{甲} = Q_{乙} r_{乙} & (2) \end{cases}$$

需要说明的是，此处联立该方程组，旨在帮助有兴趣系统学习代数分配法设计的会计人员。对没有兴趣系统学习的设计者而言，直接利用下面设计的分配率求解模型即可。

（2）分配率求解模型设计。

对方程组中的分配率$r_{甲}$，$r_{乙}$求解。此处直接将求解结果以数学模型的方式列出，对两个辅助车间的企业具有普遍适用性，简便易行（即企业会计人员自行设计代数法Excel软件时可以直接套用以下设计的分配率求解模型，不必要根据方程组亲自推导）。

$$r_{乙} = \frac{F_{甲} \cdot q_{甲} + Q_{甲} \cdot F_{乙}}{Q_{甲} \cdot Q_{乙} - q_{甲} \cdot q_{乙}}$$

$$r_{甲} = \frac{Q_{乙} \cdot r_{乙} - F_{乙}}{q_{甲}}$$

（3）设计辅助生产费用分配模型。

分配率求出后，即可设计辅助生产费用分配模型，此部分内容各类成本会计书籍都有，属于辅助生产用分配的基本常识，此处不再赘述。

2）根据界面和数学公式编辑Excel程序

界面设计和数学逻辑设计为Excel公式编辑指明了方向，故完成界面设计和数学逻辑设计后，即可进行Excel公式编辑工作。Excel公式编辑虽然工作量比较大，但难度比较小（属于Excel基础知识），且Excel编辑灵活多变（即同样的界面，实现同样的功能，但公式编辑因人而异有所区别），故此处对公式编辑不再赘述。

15.3.3 初稿试运行及定稿

1）初稿试运行

根据设计思路（步骤），完成的设计初稿必须进行试运行检测。此处采用一组数据[①] 进行检验。南方厂有两个辅助车间，一个基本生产车间（生产A产品）。该年9月份供电车间发生原始费用69 440元、供水车间35 000元，合计104 440元。供电车间本月供电112 000度（其中：供水车间用电12 000度，产品生产用电80 000度，车间管理用电12 000度，厂部管理部门用电8 000度）；供水车间本月供水10 800吨（其中：供电车间用水800吨，产品生产用水6 000吨，车间管理用水1 000吨，厂部管理部门用水3 000吨）。

经手工完成的代数分配法辅助生产费用分配结果为（该数字经过反复计算，没有错误）：供电车间分配率为0.64829元/度。应分配给供水车间电费为7 780元，A产品51 863元，基本生产车间（即第一基本生产车间）管理7 780元，厂部管理5 186元；供水车间分配率为3.96107元/吨，应分配给供电车间水费为3 169元，A产品23 767元，基本生产车间（即第一基本生产车间）管理3 961元，厂部管理11 883元。供电供水对非辅助生产单位分配合计104 440元。

现在在软件设计初稿的“辅助生产车间原始数据输入区”输入各辅助生产车间9月份发生的原始费用和统计的辅助生产车间劳务供应及消耗量数据。当输完劳务量栏目时，“辅助生产部门原始数据输入区”的“合计”分别显示“12 000”和“10 800”，表明数据输入无误。同时

① 数据来源：孙颖.成本会计理论与实务［M］.北京：清华大学出版社，北京交通大学出版社，2010：43.

“辅助生产费用分配数据显示区”即时显示分配结果，与正确数字相同。值得一提的是，因“正确数字”是手工计算的，为降低计算量，一定程度上牺牲了分配精度（分配率和分配结果都没有表15-2中的数据精确）。但设计的Excel计算软件却剔除了这一缺点，可见Excel计算软件使代数分配法优势发挥得更充分。

表15-2　**代数分配法Excel软件基本设计（初稿试运行）**

	A	B	C	D
1	**辅助生产车间原始数据输入区**			
2	**供电车间发电量及原始费用**		**供水车间供水量及原始费用**	
3	单位名称	劳务数量（度）	单位名称	劳务数量（吨）
4	供水车间	12 000	供电车间	800
5	A产品	80 000	A产品	6 000
6	B产品		B产品	
7	C产品		C产品	
8	第一基本生产车间	12 000	第一基本生产车间	1 000
9	第二基本生产车间		第二基本生产车间	
10	厂部管理	8 000	厂部管理	3 000
11	销售部门		销售部门	
12	其他单位		其他单位	
13	合计	112 000	合计	10 800
14	原始费用（元）	69 440	原始费用（元）	35 000
15	**辅助生产费用分配结果数据显示区**			
16	**单位名称**	**费用分配（元）**		
17		供电车间费用分配	供水车间费用分配	合计
18	供水车间/供电车间	7 779.52	3 168.85	10 948.37
19	A产品	51 863.47	23 766.40	75 629.87
20	B产品			
21	C产品			
22	第一基本生产车间	7 779.52	3 961.07	11 740.59
23	第二基本生产车间			
24	厂部管理	5 186.35	11 883.20	17 069.55

续表

	A	B	C	D
25	销售部门			
26	其他单位			
27	合计	72 608.86	42 779.52	115 388.38
28	对外分配合计			104 440
29	分配率	0.648293333	3.961066667	

2）定稿

根据前述设计思路（步骤），对通过测试的代数分配法Excel计算软件予以锁定，作为可使用的正式软件予以推广。

15.4 本章小结

辅助生产费用分配方法虽然有多种，但随着Excel软件知识的普及，以及会计人员对Excel软件应用能力的提升，客观上仅采取代数分配法进行辅助生产费用分配即可。如此不仅提高了辅助生产费用分配结果的精确性，而且可以将会计学习者从诸多辅助生产费用分配方法的学习压力中解放出来，使其有更多的精力和时间学习更有价值的成本管理知识（如成本分析、成本控制、成本预测、成本决策等），以提高企业的成本管理综合能力。

主要参考文献

[1] 王平心.作业成本计算理论与应用研究[M].大连：东北财经大学出版社，2001.

[2] 刘萍，于树彬，洪富艳.管理会计[M].4版.大连：东北财经大学出版社，2019.

[3] 杨晔.管理会计案例分析与解析[M].北京：经济科学出版社，2019.

[4] 万寿义，任月君.成本会计[M].6版.大连：东北财经大学出版社，2022.

[5] 晏辉.谈石材产品加工中的装夹[J].石材，2022（9）.

[6] 蒋彦青，李颖.我国连锁超市经营管理中存在的问题及对策[J].中小企业管理与科技，2022（7）.

[7] 杨泓禹，韩永奇，于合龙，等.改进层次分析法在生猪养殖工艺评估的应用[J].中国农机化学报，2020，41（10）.

[8] 王砺镝.高速公路隧道通风系统的烟气扩散模拟与应急响应策略[J].黑龙江科学，2024，15（4）.

[9] 崔仪，李玮.高速公路收费广场照明节能方案研究[J].公路，2024，69（3）.

[10] 刘凤玉.物流成本控制对企业经济效益的影响研究[J].物流科技，2024，47（2）.

[11] 徐家源.基于计算机技术的化纤纺织工艺优化研究[J].化纤与纺织技术，2023，52（11）.

［12］ 栾建洋，徐立立，吴超云，等.基于性能参数退化的电机寿命评估［J］. 机电工程技术，2022，51（6）.

［13］ 李明珠，莫云霞，张怀礼，等.龙门行吊系统及其力学分析［J］. 锻压装备与制造技术，2023，58（5）.

［14］ 张涵.皮革制鞋业精确定位制鞋机控制系统的设计研究［J］. 鞋类工艺与设计，2022，2（16）.

［15］ 陈兴业，向铁，陈艳艳，等.高炉煤气精脱硫工艺路线探究［J］. 中国环保产业，2021（3）.

［16］ 张丽，薛万珍，罗国琼，等.生猪现代化养殖关键措施［J］. 今日畜牧兽医，2023，39（12）.

［17］ 钟正明.全面预算管理下制药企业生产成本控制［J］. 质量与市场，2023（16）.

［18］ 赵飞红.金华市五金产业高质量发展路径研究［J］. 现代工业经济和信息化，2023，13（2）.

［19］ 米永军.工程项目租赁施工机械设备管理［J］. 设备管理与维修，2020（8）.

［20］ 刘宇琛，张悦，周欣然，等.基于Excel的账务处理流程实现［J］. 企业科技与发展，2020（8）.

［21］ 李芳.企业业财融合存在问题及优化措施探讨［J］. 中国产经，2024（4）.

［22］ 姜慧，龙子午.业财融合管理新模式研究——以蒙牛集团为例［J］. 中国商论，2020（6）.

［23］ 申利锋.业财融合视角下G企业财务管理优化策略研究［D］. 邯郸：河北工程大学，2023.

索引

业财融合—1-7，75，195，210，212，223，237

生产组织费用—1，7-16，39，56，59，61，69，70，71

辅助生产—1，18-24，27-29，44，45，237，248-256

作业成本法—76，120，121，124，128-133，138-142，144-152，154，155，157-166，168-177，179，182，184-190，192-194，237-243，245-247

后记

我的大学老师蒋季成教授当年在专业介绍会上教导我们说："经济越发展，会计越重要。"这句话使当时对会计专业发展尚存疑虑的我们坚定了职业方向和学习信心。我清楚地记得，在进行专业介绍的前一天晚上，有几位同学为"这一辈子要当小会计了"而心有不甘，但当参加专业介绍会后，这种现象没有了，甚至庆幸被会计专业录取。毕业后，从事会计教育工作的同学们，用同样的话激励自己的学生，同时激励自己在会计教育战线上不断进取；在会计实务界工作的同学们，也同样激励自己克服各种困难，通过会计师、高级会计师、注册会计师等考试，以便更好地从事会计实务工作。就这样，会计人一路奋斗，并鼓励后来人选择会计专业。

进入21世纪后，会计人的这种自豪感逐渐降低。会计从业者的薪酬普遍表现不突出，考生报考会计专业的热情不似以往高涨，学生就业形式严峻。这其实不仅是会计专业面临的问题，更是所有文科类专业都面临的问题，但会计专业的表现更为突出。只需完成记账工作的财务会计岗位能够被人工智能替代，而且人工智能更快、更准，那么企业就会减少会计人员的岗位。其实，这一现象在会计电算化普及时就初露端倪。

那么，会计不重要了吗？会计行业真的从此就逐渐消失了吗？不，会计行业里不仅有财务会计，而且有成本管理会计，而成本管理会计是有“思想”的，但财务机器人是不可能有“思想”的。这个“思想”是与企业具体经营管理情景紧密结合的，对企业经营管理活动具有极强的针对性。“千企千面”，普适化的财务机器人不可能解决这一问题。这个将成本管理会计理论与企业具体情况相结合，进而提出成本管理新思想并付诸实施的过程，即成本管理会计业财融合。

成本管理会计业财融合的难度非常大。它涉及企业经营管理的诸多方面，与生产活动的联系既深又宽，并随着企业生产工艺技术进步、企业经营管理技术进步而发展。

笔者大学毕业后，在国家一级工业企业沉入基层从事成本管理工作时，将企业生产经营管理特点与成本管理会计理论相结合，完成成本核算任务。到高校后又从事成本管理会计教学工作，并为业财融合不断鼓与呼，粗略算来已三十余个春秋。本书将笔者自己在成本管理会计业财融合方面的一点积累奉献出来，希望能为成本管理会计业财融合事业添砖加瓦。

在此，衷心感谢恩师王平心教授将我领进了作业成本法的研究领域，使我对作业成本法业财融合产生了浓厚的兴趣，并取得了一定的研究成果！同时，衷心感谢东北财经大学出版社相关工作人员对书稿付出的宝贵心血，使拙作能顺利出版！

由于作者水平有限，加之成本管理会计业财融合涉及的知识面很广泛，一家之言难免失之偏颇。欢迎广大读者在阅读时检视书中存在的谬误并不吝指教。

党晓峰

2024年8月5日于玥珑湖